유대인 부자들의
돈 버는 지혜

세계에서 가장 유능한 민족이자
가장 부유한 유대인의 부자 수업

유대인 부자들의
돈 버는 지혜

시멍(西蒙) 지음 | 정주은 옮김

태인문화사

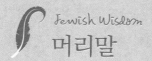

머리말

　유대 민족은 인류문명사에서 중요한 지위를 차지한다. 비록 자신들의 나라가 있었던 역사는 길지 않지만 인류 문명에 지대한 공헌을 했기 때문이다.

　유대 민족은 세상에서 가장 똑똑하고 신비로우며 부유한 민족이다. 전 세계 인구 중에서 유대인은 극히 적지만, 이들은 전 세계 부의 상당량을 차지하고 있다. 수천 년 동안 온갖 박해와 수난을 당하며 세상 곳곳을 떠돌았지만, 놀라울 만큼 엄청난 부를 일군 것이다. 맨 주먹으로 시작해도 언제나 돈의 정점, 권력의 중심에 섰다.

　유대인 상인은 자신만의 경영 비법과 전 세계에서 따를 자가 없는 사업적 성취 덕분에 '세계 제일의 상인'이라는 타이틀을 거머쥐었다. 그들이 쌓은 부의 크기에 온 세상이 놀랄 정도다.

　뉴욕 월 가Wall Street의 어느 유력자가 친구에게 이런 말을 했다.

"유대인 부자가 집에서 재채기를 하면 세상의 모든 은행이 감기에 걸리고, 유대인 기업 5개가 모이면 세계의 황금시장을 지배할 수 있다네."

로스차일드 가문부터 조지 소로스, 존 록펠러부터 피터 피터슨에 이르기까지 수많은 유대인 사업가가 이룬 기적과도 같은 성공에 세계가 주목한다. 전 세계 인구 중 400분의 1밖에 되지 않는 소수민족이자 발 디딜 땅 한 조각이 없어 정처 없이 세상을 떠돌던 그들이 어떻게 세상의 이목을 사로잡을 수 있었을까?

이 책을 보면 그러한 의문이 하나둘씩 풀리면서 유대인의 부유해지는 비법도 그다지 신비할 게 없다는 점을 깨닫게 될 것이다.

지금까지 노벨상을 수상한 과학자 중 17%가 유대인이고, 미국 부자 중 2%가 유대인이며, 세계 10대 철학자 중 8명이 유대인이다. 유명한 예술가 중에도 널리고 차이는 게 유대인이다. 세상 사람들은 유대인의 비범한 지혜와 재능에 절로 감탄사를 내뱉는다.

위대한 혁명가 카를 마르크스, 천재 과학자 알버트 아인슈타인, 정신분석학자 지그문트 프로이트, 음악의 거장 펠릭스 멘델스존, 미술의 대가 파블로 피카소. 20세기 '원자폭탄의 아버지' 로버트 오펜하이머, 미국 정재계를 주름잡은 전설적 인물이자 옥시덴탈 석유회사의 회장 아먼드 해머, 전 미국 국무장관 헨리 키신저, '할리우드 반항의 아이콘' 더스틴 호프만, 이스라엘의 고집불통 정치가 이츠하크 샤미르, 이스라엘 전 총리 아리엘 샤론 등, 이들 정계의 유명 인사, 예술계의 기린아, 과학계의 거두, 위대한 사상가, 억만장자 들은 유대인들의 이미지를 신비스럽게 포장했다.

유대 민족은 이렇듯 세상에 다시없을 위대한 인물들과 각 분야의 유명인사들을 배출했다.

이 책은 다양한 사례와 이야기로 유대인의 장사·경영·마케팅·게임·모험·재테크·협상·관리 등에서 활용되는 지혜 전부를 간결하게 알려준다. 이런 지혜의 법칙은 유대인이 오랜 실천 끝에 얻은 결론으로, 유대인 사이에서는 이미 널리 알려져있고, 이제는 유대인의 지혜를 배우거나 연구하는 다른 민족의 관심까지 끌고 있다.

이 책을 읽는 독자들이 유대인의 역사를 이해하고 성공의 지혜를 깨우쳐 요긴하게 쓸 수 있기를 바란다.

다소 부족한 점이 있으면 따뜻한 가르침을 주기 바란다.

Contents

제 3장

뉴비즈니스 문명: **계약 이행의 지혜**

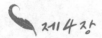

제 4장

실적이 전부다: **원가를 통제하는 지혜**

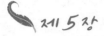

제 5 장

적합한 대상, 진정한 대화, 적확한 거래
유대인 마케팅의 지혜

제 6 장

빅 데이터 시대: **숫자에 관한 지혜**

제7장

세뇌와 반세뇌: **게임의 지혜**

 제8장

두려움을 모르는 희망: **모험하는 지혜**

제 9 장

부자들은 왜 장지갑을 쓸까?: **재테크의 지혜**

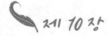

제 10 장

말 한마디로 천 냥 빚도 갚는 재주: **협상의 지혜**

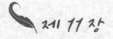 제 11 장

경영의 30%는 업무, 70%는 사람 관리다: **관리의 지혜**

Jewish
Wisdom

제1장

황금알을 낳는 지혜
유대인의 돈 버는 지혜

Jewish wisdom

부는 지혜에서
나온다

> 지식은 가장 믿을 만한 부이자 평생토록 몸에 지닐 수 있는 유일한 자산이다. 이는 한때
> 의 견해가 아니라 오랜 옛날부터 유대인의 머릿속에 자리 잡은 관념이다.

《탈무드》에 '포도송이는 무거울수록 아래로 처진다'라는 말이 있다. 이 말처럼 사람은 지혜로울수록 겸손한 법이다.

유대인은 배움의 가치를 높이 사며, '책 속에 부가 있다'고 여긴다. 그래서 서발막대 거칠 것 없는 가정 형편에도 자녀교육에 소홀함이 없다. 형편이 매우 곤궁한데도 주경야독을 하며 대학을 졸업하는 사람도 있다. 그뿐인 줄 아는가! 여가시간을 그러모아 과학과 기술을 배우는 데 쏟는 사람도 있다.

도대체 왜 유대인은 이토록 '배움'에 목숨을 걸까? 이유는 간단하다. 지식이 곧 힘이며, 이는 타고나는 것이 아니라 노력해야만 얻을 수 있다고 믿기 때문이다. 유대인이 박학다식의 대명사가 되고 다양한 분야에서 우위를 점한 것은 다 죽기 살기로 배운 덕분이다.

유대인은 지식이 없으면 지혜도 없고, 지혜가 없으면 성공한 비즈니스맨이 될 수 없으며, 성공한 비즈니스맨이 아닌 사람과는 비즈니스를 논할 필요도 없다고 생각한다. 교양과 학식을 갖춘 사람은 존중받아 마땅하다고 생각하는 반면, 이런 덕목을 갖추지 못한 사람은 발끝의 때만도 못하게 여긴다.

유대계 비즈니스맨은 대개 박학다식하고 두뇌회전이 빠른 편이다. 이들은 부보다 지식을 가진 것이 낫고, 지혜는 부를 일구는 밑거름이라고 생각한다. 유대인은 자신의 지혜로 거대한 부를 일구기를 꿈꾼다. 이것이 바로 유대인이 다른 민족보다 교육을 중시하는 까닭이자, 유대인이 세상에서 가장 뛰어난 민족이 된 까닭이며, 그들이 뛰어난 지혜를 갖추게 된 까닭이다.

유대인은 지혜와 돈이 정비례한다고 생각한다. 풍부한 경험과 해박한 지식이 있어야만 뛰어난 지혜를 가질 수 있다는 것이다. 뛰어난 지혜는 비즈니스 무대에서 불필요한 시간과 정력을 낭비하거나 실수를 범할 확률을 낮춘다. 이는 돈을 벌기 위한 필수불가결한 조건이자 비즈니스맨의 기본적인 자질이다.

지식은 가장 믿을 만한 부이자 평생토록 몸에 지닐 수 있는 유일한 자산이다. 이는 한때의 견해가 아니라 오랜 옛날부터 유대인의 머릿속에 자리 잡은 관념이다. 유대교의 경전 《탈무드》를 보면 유대인의 지적 욕구가 얼마나 강렬한지 느낄 수 있다.

유대인은 흰머리가 희끗희끗한 나이여도, 똥구멍이 찢어지게 가난해도 마음만 있으면 누구나 지식에 다가갈 수 있다고 생각한다. 그

래서 배움을 통해 '젊음'을 유지하고, 젊은이의 마음가짐도 유지할
수 있으며, 부와 정신적 풍요도 얻을 수 있다고 생각한다.

돈은
국경이 없다

> 돈을 벌 생각이라면 너무 많은 것을 고려하지 말라. 전통적인 습관과 관념에 얽매이면 안된다. 새로운 사고방식을 받아들이려면 낡은 전통을 과감하게 깨부수어야 하듯이, 돈을 벌려면 고정관념을 깨야 한다.

유대계 비즈니스맨은 모든 고객을 선입견 없이 대한다. 선입견 때문에 돈을 벌 수 있는 기회를 망치는 것은 그야말로 어리석기 짝이 없는 일이라면서 말이다.

유대인은 세계 각지에 흩어져 살고 있다. 비록 사는 지역에 따라 '유대계 미국인'이니 '유대계 러시아인'이니 하지만, 그들 스스로는 모든 유대인을 '동포'라고 생각한다. 워싱턴·모스크바·런던 등 어느 곳에 살든 유대인들은 자주 연락을 주고받으면서 끈끈한 관계를 유지한다.

예를 들어 미국에 사는 해리 웨일스톤이라는 다이아몬드상은 세계 각지의 유대계 다이아몬드상과 손을 잡고 거대한 그룹을 형성해 다른 나라 사람들과 비즈니스를 하고 있다. 또 스위스에 사는 유대인은 중립국이라는 특수성을 적극적으로 이용해 미국 유대인과 접촉하는 동시에 러시아 유대인과도 만나면서 국제적인 거래를 하고 있다.

유대인은 오랜 세월 상업에 종사하면서 '돈을 벌려면 고정관념을 버려야 한다'는 진리를 깨우쳤다. 돈 자체는 더럽지도 깨끗하지도 않은 것처럼, 유대인은 돈벌이 대상도 구분하지 않는다. 돈벌이만 된다면, 거래만 이루어진다면, 상대방에게서 돈을 받을 수만 있다면 무슨 일이라도 가리지 않는다.

유대인의 머릿속에는 자본주의나 사회주의에 대한 의식이 없다. 자본주의사회에 사는 유대인이든 사회주의사회에 사는 유대인이든 공동의 목적을 위해서라면 손을 굳게 맞잡고 외부인에게 맞설 수 있다. 당신이 미국인이든 러시아인이든, 서유럽인이든 아프리카인이든 상관없다. 당신과의 거래를 통해 이윤을 얻을 수만 있다면 유대인은 당신과 거래할 것이다.

그래서 누군가가 적국 출신 비즈니스맨과 거래하는 유대인을 비난한다면, 그 유대인은 이해할 수 없다는 표정을 짓고 고개를 갸웃거리며 반문할 것이다.

"그들과 거래하는 것이 왜 문제가 되죠?"

유대인은 자신들을 제외하고는 영국인·독일인·프랑스인·이탈리아인 등 국적에 상관없이 모두 다 '외국인'이라고 생각한다. 유대인은 돈을 벌수만 있다면 당신이 어느 나라 사람이든, 무슨 이데올로기를 신봉하고 어떤 종교를 믿든 상관없이 거래한다. 단언하건대 유대인들은 결코 당신의 종교나 민족을 이유로 돈을 벌 수 있는 기회를 포기하지 않는다.

돈을 벌 생각이라면 너무 많은 것을 고려하지 말라. 전통적인 습관과 관념에 얽매이면 안 된다. 새로운 사고방식을 받아들이려면 낡은 전통을 과감하게 깨부수어야 하듯이, 돈을 벌려면 고정관념을 깨야 한다. 한번 생각해보라. '상대방의 견해가 내 것과 달라서' 같은 낡은 고정관념에 얽매여 일확천금의 기회를 걷어차는 건 너무 어리석은 짓이 아닌가!

돈은 국적이 없다. 그러니 쓸데없이 국적을 따지느라 자신의 비즈니스에 족쇄를 채우면 안 된다. 유대인은 영리하게도 일찌감치 이 점을 깨닫고 자기들끼리 똘똘 뭉쳐 '외국인'의 돈을 벌어들였다. 이것이 바로 유대인의 성공 비결이다.

유대인은 세계 각지에 흩어져 살기 때문에 가진 힘이 미약한 데다 차별까지 받고 있다. 그런 상황에서 이런 의식조차 없이 국적이나 이데올로기에 얽매여 서로 힘을 합치지 않는다면 이 복잡한 세상에서 살아갈 수 있겠는가? 세상 사람들이 유대인의 장사 수완을 한목소리로 칭찬했겠는가? 오늘날 세계 금융 시장을 유대인이 쥐락펴락할 수 있었겠는가? 당연히 아니다!

돈 되는 사업이라면
물불 가릴 이유 없다

이데올로기에는 중립이 없지만, 돈은 오롯이 중립적이다. 유대인과 손잡는 순간, 상대방의 배경은 사라지고 '친구'라는 두 글자만 남는다. 이는 돈을 위해 백방으로 뛰어다니는 유대인의 비즈니스 원칙이다.

오랜 세월, 유대인은 나라 없이 이리저리 떠돌아다녔다. 그 때문에 유대인은 나면서부터 한 국가가 아니라 세계에 적籍을 두게 되었다. 또 그 때문에 고정적으로 활동할 수 있는 시장이 없었던 유대인 상인은 전 세계를 누비게 되었다.

가나안(현재의 이스라엘_옮긴이) 땅에 처음 모여 살았을 때, 유대인은 지리적 이점을 이용해 전매를 하거나 먼 곳으로 물건을 실어가 팔기도 했다. 그러다가 솔로몬 왕조에 이르러 자신들의 무역선과 해군 함대를 보유하게 되면서 인도까지 원정을 가 황금·상아·단향목·보석·원숭이·공작을 사왔다.

디아스포라((바빌로니아 제국과 로마 제국에 의해 이루어진 가나안 땅에서의 유대인 추방_옮긴이) 이후 싫든 좋든 국제 무역 시장에 뛰어드는 것 외에 유대인에게 남은 선택지는 없었다. 자신들을 눈엣가시로 여기는 몇몇 국가 지도자들의 박해를 피해 이리저리 도망 다니면서 유대인은 온갖 예상 밖의 돌발변수에 슬기롭게 대처하는 법을 배웠고, 세계 각지의 시장 상황을 통찰했으며, 이 나라 저 나라에서 동업자를 사귀게 되었다.

유대인 상인은 세계 곳곳, 다양한 영역으로 촉수를 뻗으면서 끊임없이 사업을 확장했다.

이데올로기에는 중립이 없지만, 돈은 오롯이 중립적이다. 유대인과 손잡는 순간, 상대방의 배경은 사라지고 '친구'라는 두 글자만 남는다. 이는 돈을 위해 백방으로 뛰어다니는 유대인의 비즈니스 원칙이다.

유대인은 태생적으로 돈 냄새를 좇는다. 그들 자신이 돈 될 거리를 찾아 세계를 누빌 뿐만 아니라 타인에게도 동참하라고 권한다.

혹자는 유대인 상인이 세계 시장에 가장 크게 공헌한 것으로 신대륙 발견에 후원한 것을 꼽는다. 그러나 엄밀히 말하자면 유대인이 돈 냄새를 좇아 세계를 '누빈' 덕분에 신대륙이 발견된 것이다.

신대륙이 발견되고 얼마 지나지 않아 유대인은 신대륙으로 이민을 시작해 최초의 식민지 건설에 동참했다. 그 후 유대인은 한 세기만에 신대륙 식민지 무역을 거의 장악해버렸다. 신대륙 식민지의 수출입 무역 중 거의 대부분이 유대인의 손으로 이루어진다고 해도 과언이 아닐 정도였다. 유대인은 식민지의 원자재를 유럽 대륙으로 운송하고, 유럽의 공산품을 식민지로 들여오는 무역으로 큰돈을 벌었다. 훗날에는 악명이 자자했던 노예무역에까지 손을 뻗쳤다.

정리하자면 유대인은 세계 원시 자본의 축적과 세계 시장 개척 및 형성에 지대한 공헌을 했는데, 이는 모두 돈 냄새를 좇아 세계를 거침없이 누비는 민족성에서 비롯되었다.

세계적으로 자본주의시장이 형성되고 나자 유대인은 더 이상 주머니 쌈짓돈 놀이에 만족할 수 없었다. 그때 이후 전 세계 곳곳, 그들의 발길 닿지 않은 곳이 없었으며, 옷감부터 금은보화까지 손대지 않는 분야가 없었다. 그리하여 세계 각지의 돈이 유대인의 손으로 흘러 들어갔다.

오늘날, 비즈니스 무대는 총성 없는 전쟁터와 같다. 그런데 유독 유대인만이 이 전쟁터에서 백전백승을 올리고 있다. 유대인은 늘 엉뚱하면서도 기발한 착상으로 성공을 거뒀다. 위스키부터 새 모이, 립스틱부터 양곡 거래, 국방 협약에서 바닥 마무리용 재료, 희소금속에서 의류, 임시 인사대리에서 광전식 복사, 컴퓨터 하드웨어에서 소프트웨어, 호텔에서 치즈까지…… 유대인은 언제 어디서든 남들이 생각지도 못한 방식으로 승리를 거머쥐었다.

그리하여 유대인은 그 지역의, 국가의, 나아가 전 세계의 은행, 통화 공급, 경제, 비즈니스를 장악했다. 유대인들이야말로 세계적인 수준의 비즈니스맨이라고 할 수 있다.

학식이
부를 부른다

지혜의 최고 경지는 스스로 생각할 줄 아는 것이다. 이 경지에 이르려면 반드시 지식을
이해하고 체계적으로 철저하게 파악하며 하나를 보고 열을 깨달을 수 있어야 하고, 여
기에 날카로운 직각(直覺)과 넓은 시야와 포부를 더해야 한다.

유대인의 비즈니스 법칙에서 중요한 것은 스스로 사고할 줄 아
는 것이다. '사고思考'라 함은 단순히 지식에 대해 이해하거나 음미하
는 것만을 뜻하는 것이 아니라, 환경·변화에 대한 일종의 반응이라고
할 수 있다.

우리는 날마다 변화를 겪고, 바뀌어가는 과정을 목도하거나 풍
문으로 듣기도 한다. 그러나 이 변화의 규칙을 통찰해 앞으로 어떤
변화가 이루어질지 예견할 수 있는 사람이 몇이나 될까?

지혜의 최고 경지는 스스로 생각할 줄 아는 것이다. 이 경지에
이르려면 반드시 지식을 이해하고 체계적으로 철저하게 파악하며 하
나를 보고도 열을 깨달을 수 있어야 하고, 여기에 날카로운 직각直覺
과 넓은 시야와 포부를 더해야 한다.

체인점 경영의 선두주자 중 하나였던 '로빈'이라는 유대인은 관찰을 잘했다. 그는 미국의 골드러시 당시 금광 발견을 꿈꾸며 몰려온 사람들에게 생필품을 팔았는데, 날이 갈수록 장사가 잘돼 점점 더 규모를 키웠다.

　　그런데 몇 년간 장사를 하면서 시장이 돌아가는 상황을 살펴보다가 문득 어떤 사실을 깨달았다. 바로 상품의 가격을 정하지 않고 물건을 사고파는 당사자끼리 흥정을 하는 거래 방식이 사업에도 이롭지 못할 뿐만 아니라 소비자의 불신과 의심을 불식시키지도 못한다는 것이었다. 게다가 가격이 시시때때로 변하다보니 참고할 만한 기준이 없다는 것도 문제였다.

　　로빈은 이 문제에 대해 깊이 고민한 끝에 '정찰제'라는 참신한 경영 방식을 생각해냈다. 이는 모든 상품에 정해진 가격을 매기고, 이 가격으로 판매하는 방식이었다. 정찰제를 도입하면서 소비자는 자신이 구매하는 상품의 가격을 일목요연하게 파악할 수 있게 되었고, 당시 공공연하게 행해지던 '소비자 기만 행위'도 일소되었다. 덕분에 거래는 훨씬 효율적으로 이루어졌고, 소비자의 신뢰까지 얻을 수 있었다.

　　그러다보니 정찰제를 도입한 로빈의 가게는 연일 문전성시를 이뤘다. 그런데 손님이 늘면서 로빈은 새로운 문제를 발견했다. 사람이 너무 많이 몰려 서로 이리 치이고 저리 치이다 보니 손님은 귀한 시간을 뺏겨 손해를 봤고, 로빈은 거래 속도가 느려져 손해를 봤던 것이다. 또 하나, 점포 하나가 포괄할 수 있는 범위는 제한적이었다. 다시 말해 먼 곳에 있는 손님이 굳이 물건 몇 개 사자고 발품을 팔아 찾아올 리 없었다.

이 문제로 고심하던 로빈은 '체인 경영' 방식을 생각해냈다. 이는 여러 점포에 같은 상품을 같은 가격으로 공급하고 점포 설계, 상품 배치, 내부 장식도 똑같이 하는 것을 이른다. '체인 경영'을 한다는 것은 어떤 가게를 여러 지역에 개설해 운영한다는 의미이기 때문에 사업 규모가 커지는 것은 당연한 이치였다.

로빈은 어떻게 해서 이처럼 참신한 아이디어를 떠올릴 수 있었을까? 이유는 간단하다. '사고'했기 때문이다. 로빈은 주변을 잘 관찰해 숨겨진 문제를 찾아냈으며, 그 문제에 관한 자신의 지식을 총동원해 맞춤형 해결 방안도 찾아냈다.

사실 로빈의 이러한 견식과 지략도 부라고 할 수 있다. 그리고 이렇듯 학식이 부를 부른다. 로빈은 깊이 사고하여 타인을 뛰어넘는 직관력·판단력을 기른 결과, 어마어마한 부를 손에 넣은 것이다.

돈 버는 데는
귀천이 없다

> 유대인들은 돈을 벌 때 돈에 귀천의 구분이 있다고 생각하지 않는다. 또한 자신이 하는
> 일이 별 볼 일 없다며 부끄러워하지 않는다. 소위 '밑바닥'이라고 여겨지는 일을 하면서
> 도 마음만은 잔잔한 호수처럼 평온하다.

'딕'이라는 유대인은 뛰어난 다이아몬드상이었지만, 그보다도 훌륭한 연사로 이름 높았다. 딕은 사람이 어떤 상황에서도 자신을 높이 사고 인정해야 한다는 점을 증명하기 위해서 종종 이런 내용의 강연을 했다.

딕은 수많은 관중 앞에서 50달러 지폐를 꺼내 머리 위로 높이 들며 말했다.

"보세요. 50달러입니다. 빳빳한 신권이죠. 이 50달러를 원하시는 분 있습니까?"

그 말에 강연을 듣던 사람 모두 손을 번쩍 들었다.

이에 딕은 50달러 지폐가 구깃구깃해질 정도로 조몰락거리더니 다시 물었다.

"아직도 이 50달러를 원하는 분 있습니까?"

이번에도 모든 사람들이 손을 들었다.

그러자 딕은 지폐를 바닥에 놓고 너덜너덜해질 때까지 지근지근 밟았다. 그러고 나서 다시 지폐를 집어 들고 같은 질문을 던졌다.

"아직도 이 돈을 원하는 분 있습니까?"

이번에도 결과는 마찬가지였다. 사람들은 너도 나도 손을 높이 들었다. 그제야 딕이 본론으로 들어갔다.

"여러분, 돈은 어떤 상황에서도 똑같은 돈일 뿐입니다. 여러분이 구기거나 밟는다고 해서 가치가 변하지 않아요. 여전히 값을 치르는 데 쓸 수 있는 '돈'이죠."

왜 딕이 지폐를 구기고 발로 밟기까지 했는데도 사람들은 그 지폐를 원한다고 했을까? 돈은 그저 돈일 뿐이기 때문이다. 돈은 귀천을 따지지 않는다. 어떤 '대우'를 받았다고 해서 그 가치가 변하는 것이 아니다. 똑같은 액수가 쓰인 다른 돈과 똑같은 돈일 뿐이다. 그 액수만 같다면, 돈은 모두 평등하다.

화폐, 즉 돈은 사람이 물질적으로 얼마나 풍요로운지를 보여주는 상징이기도 하다. 돈 자체에는 귀천의 구분이 없다.

유대인의 돈 버는 관념은 우리의 전통 관념과는 사뭇 다르다. 유대인들은 삼륜차를 끌고 공사장 막일을 하면 천하고, '아무개 사장님'이라고 불리면 귀하다고 생각하지 않는다.

누구의 주머니에 들어있든, 돈은 그저 돈일 뿐이다. 내 주머니에 있다가 다른 사람의 주머니로 넘어간다고 해서 돈이 휴지조각이 되는 것은 아니다. 그래서 유대인들은 돈을 벌 때 돈에 귀천의 구분이 있다고 생각하지 않는다. 또한 자신이 하는 일이 별 볼 일 없다며 부끄러워하지 않는다. 소위 '밑바닥'이라고 여겨지는 일을 하면서도 마음만은 잔잔한 호수처럼 평온하다.

돈 벌기에 앞서
남을 도우라

록펠러처럼 유대인 상인이 가장 즐겨 하는 거래는 '남을 도우면서 자신도 이득을 보는' 일이다. 오늘날에는 갈수록 많은 유대인이이런 생각으로 사업을 해야 크게 성공할 수 있다고 생각하고 있다.

어느 맑은 여름날, 지저분한 기차 대합실에 어떤 노인이 초라한 행색에 피곤이 잔뜩 묻어나는 얼굴을 하고서 앉아있었다.

기차가 선로에 들어서자 노인은 자리에서 일어나 개찰구 쪽으로 걸어갔다.

그때 대합실 밖에서 뚱뚱한 아주머니가 커다란 가방을 들고 걸어왔다. 보아하니 이 기차를 탈 모양인데 가방이 너무 무거운 탓인지 연신 거친 숨을 몰아쉬었다.

그러다가 문득 노인을 발견하고는 대뜸 소리를 질렀다.

"이봐, 영감탱이. 얼른 와서 이 가방 들어. 이따가 팁 좀 챙겨줄 테니까!"

노인은 여성이 넘긴 가방을 들고 개찰구 쪽으로 걸어갔다. 언제

다리가 꺾여도 이상하지 않을 만큼 위태위태해 보였다.

기차가 천천히 움직이기 시작했다. 뚱뚱한 여성은 줄줄 흐르는 땀을 훔치더니 다행이라는 듯 말했다.

"그쪽이 아니었으면 기차를 못 탔을 거야."

그러면서 1달러를 꺼내 노인에게 내밀었다.

노인은 거절하지 않고 그 돈을 받았다. 얼굴에는 미소를 띤 채.

이때 열차장이 다가와 노인에게 말했다.

"록펠러 씨, 안녕하십니까? 이 열차를 이용해주셔서 영광입니다. 도움이 필요하시면 언제라도 불러주십시오."

"마음은 고맙지만 괜찮습니다. 사흘간의 도보여행을 마치고 이제 뉴욕 본사로 돌아가는 길이거든요."

노인은 예의를 갖춰 대답했다.

그때 옆에 있던 뚱뚱한 여성이 새된 소리를 질렀다.

"뭐라고요? 록펠러 씨라고요? 맙소사, 제가 지금 '석유왕' 존 록펠러 씨에게 제 짐가방을 들게 하고 팁까지 줬단 말인가요? 대체 제가 무슨 짓을 한 거죠!"

서둘러 록펠러에게 사과한 여성은 그 앞에서 쩔쩔매며 아까 준 1달러를 돌려달라고 했다.

"아닙니다. 당신은 사과하실 만한 일을 하지 않았어요."

록펠러는 미소를 머금고 말했다.

"이 1달러는 내가 번 것이니 내 돈이 맞습니다."

말을 마친 록펠러는 그 1달러를 정중히 주머니 속에 집어넣었다.

록펠러처럼 유대인 상인이 가장 즐겨 하는 거래는 '남을 도우면서 자신도 이득을 보는' 일이다. 오늘날에는 갈수록 많은 유대인이 이런 생각으로 사업을 해야 크게 성공할 수 있다고 생각하고 있다.

목표가 없으면
죽도 밥도 안 된다

목표를 확고히 정해야만 부유해질 수 있다. 고군분투할 목표가 생기면 무슨 일을 해도 힘
이 넘친다. 목표는 가치관·신념 그리고 의사결정 방식과 행동 방식까지 바꾸며 거침없이
나아갈 수 있는 힘을 준다.

'인생'이라는 경기장에서 확실한 목표를 세우지 않으면 성공은
요원하다. 자신감·능력·지능 중 무엇 하나 부족한 게 없으면서도 목
표를 세우지 않았거나 잘못된 목표를 세운 탓에 성공의 문 안으로 들
어서지 못한 사람이 부지기수니까 말이다.

유대인은 비즈니스를 시작하기 전에 먼저 정확한 목표를 세운
다. 그 목표는 도저히 실현할 수 없는 허황된 것이 아닌, 자신의 실제
능력과 환경을 고려한 현실적인 목표다. 이렇게 확고한 목표를 세운
뒤에는 '가다가 멈추면 아니 감만 못함'을 실천으로 증명하듯 결코
중도에 포기하지 않는다.

영국에 사는 유대인 데이비드 브라운의 성공이 좋은 예다. 데이
비드 브라운은 평생 목표를 세우고 이를 실현하기 위해 고군분투하

면서 성공에 다가섰다.

데이비드 브라운은 1904년에 태어났다. 그의 아버지는 몇 십 년 동안 조그마한 기어 제조공장을 운영하고 있었는데 겨우 입에 풀칠할 정도의 벌이밖에 못했다.

브라운의 아버지는 경영에는 재간이 없었지만 영 머리가 나쁜 사람은 아니었다. 그는 목표를 제대로 세우지 않은 탓에 허송세월한 자신을 반성하며 모든 희망을 아들에게 걸었다. 그는 아들이 학업에 힘쓰도록 다그치는 한편, 쉬는 날에는 공장에 와 일하게 했다. 자신의 아들이라고 해서 특별히 봐주는 것 없이 다른 노동자들과 똑같이 고된 일을 시켰다.

이렇게 엄한 아버지 밑에서 공부는 공부대로 하고 오랜 세월 동안 고된 노동까지 하면서 데이비드 브라운은 하루가 다르게 변했다. 힘들어도 이를 악물고 버티는 악바리 정신이 생겼고, 전문가 못지않게 제조업 분야의 기술에 통달했으며, 고군분투를 하도록 만든 목표도 생겼다. 데이비드 브라운이 정한 인생의 목표는 '기어'가 아니라 그간 기어를 다루면서 쌓은 경험을 활용할 수 있는 '스포츠카' 생산이었다.

데이비드 브라운은 머지않아 자동차 경주가 선풍적인 유행을 끌리라고 직감했다. 그래서 온갖 어려움을 이겨내고 자기 회사를 세운 다음, 큰돈을 들여 전문가와 기술자를 초빙해 설계를 맡기고 최신식 설비를 도입해 생산에 들어갔다.

1948년, 마침내 데이비드 브라운의 인생을 바꿀 사건이 발생했다. 벨기에에서 열린 국제 자동차 경주 대회에서 데이비드 브라운이 생산한 '애스턴마틴' 브랜드의 경주용 자동차가 1등을 차지한 것이다. 이 일을 계기로 데이비드 브라운의 회사는 하루아침에 세계적인 회사로 거듭났고, 끝도 없이 밀려드는 주문서에 행복한 비명을 질렀다. 그렇게 데이비드 브라운은 성공의 문을 밀어젖혔다.

목표를 확고히 정해야만 부유해질 수 있다. 고군분투할 목표가 생기면 무슨 일을 해도 힘이 넘친다. 목표는 가치관·신념 그리고 의사결정 방식과 행동 방식까지 바꾸며 거침없이 나아갈 수 있는 힘을 준다.

부지런히만 한다고
돈이 들어오는 것은 아니다

성공한 기업가가 되려면 자기 혼자 부지런히 일하는 것만으로는 부족하다. 부하직원이
더 부지런히 일하게 할 수 있느냐에 기업의 성패가 달려있다는 것이다. 따라서 기업가는
자기 자신을 어떻게 써먹을지 궁리할 시간에 자신이 가진 자원을 최대한 활용할 방법에
대해 고민해야 한다.

유대인의 생존법 중 하나는 부지런해지는 것이다. 그래서 유대인 부모는 자녀에게 근면·성실함을 길러주기 위해 노력한다. 하나님이 부지런한 사람에게는 최고의 영예와 상을 주지만 게으른 사람에게는 아무런 선물도 주지 않는다고 생각하기 때문이다. 그러면서 《탈무드》의 가르침도 잊지 않는다.

'끊임없이 일만 하는 것만으로는 부족하다.'

수많은 성공한 유대인이 생각하는 성공의 요인은 보통 사람들과는 사뭇 다르게 사는 것이다. 그들이 볼 때 성공한 기업가가 되려면 자기 혼자 부지런히 일하는 것만으로는 부족하다. 부하직원이 더 부지런히 일하게 할 수 있느냐에 기업의 성패가 달려있다는 것이다. 따라서 기업가는 자기 자신을 어떻게 써먹을지 궁리할 시간에 자신이 가진 자원을 최대한 효율적으로 활용할 방법에 대해 고민해야 한다.

술에 취한 부하직원이 유대인 사장에게 자조 섞인 넋두리를 늘어놓았다.

"근면성실함만 따지면 사장님은 저만 못한데, 어째서 저는 꿈도 못 꿀 성공을 거두신 걸까요?"

그 말에 놀란 사장은 이해할 수 없다는 투로 대답했다.

"왜 내가 여러분보다 더 부지런해야 한다고 생각하죠? 왜 내가 여러분보다 부지런해야만 돈을 벌 수 있다고 생각하죠? 나는 단 한 번도 내가 근면성실해서 돈을 번다고 생각한 적이 없어요. 물론 부지런히 일했던 적도 있지만, 그건 다 옛날 일이죠. 그때는 내가 다니던 회사 사장을 대신해 일했던 거예요. 그때의 나는 여러분보다 훨씬 더 열심히, 정말 죽기 살기로 일했지만 지금 여러분이 받는 돈보다도 적은 돈에 만족해야 했어요. 이 사회에서 근면성실한 사람은 발에 채일 정도로 많지만, 그 사람들이 다 부자가 되는 건 아니에요. 부지런히 일한다고 돈이 들어오는 건 아니란 말이죠."

부하직원은 의아하다는 듯이 물었다.

"부지런하다고 돈 버는 것이 아니라면 도대체 어떻게 해야 돈을 벌 수 있죠?"

사장은 비웃으며 말했다.

"이 세상 사람들이 다 부지런한데 나 하나 안 그런다고 지구가 멈추기라도 한답니까? 내 장기는 다른 사람들에게 부지런히 일할 수 있는 일자리를 제공하는 거지, 내가 더 열심히 일하는 게 아닙니다!"

부지런함은 성공의 수많은 요인 중 하나일 뿐이고, 심지어 그저 사람의 성품 중 하나일 뿐이지 결코 성공을 위한 필수조건이 아니다.

　　인류의 지혜가 성장하면서 우리는 더 이상 과중한 노동에 시달리지 않고도 보다 편안하고 풍족한 삶을 누릴 수 있게 되었다. 이는 이러한 지혜를 바탕으로 이루어진 기술과 효율 덕분이다.

　　우리가 선조들보다 부지런하지 않으면서도 그들보다 훨씬 나은 삶을 영위하고 있음은 현실에서 일찌감치 증명되었다. 이는 무엇 덕분일까? 부지런함이 성공의 유일한 요인이 아님은 분명하다. 일반적인 노동과는 다른 '경영'이라는 행위가 우리에게 이 의문에 대한 답을 주었다. 이 또한 우리가 경영의 가치를 높이 평가해야 하는 이유다.

　　《탈무드》에서도 말하지 않았던가!

　　'묵묵히 열심히 일만 하는 것보다 머리를 쓰는 게 낫다!'

Jewish
Wisdom

제2장

0에서 1까지
유대인 경영의 지혜

Jewish wisdom

자신과 현금만 믿는다

무조건적인 현금주의는 유대인 상인의 거래 원칙 중 하나다. 그들은 오직 자신과 현금만 믿는다. 현금만이 각종 천재지변과 인재 앞에서 생명과 삶을 지켜준다고 믿는 것이다.

유대인 상인은 대개 현금으로 거래하고 외상은 사절한다. 그들은 무역 파트너의 신용을 평가할 때, 그 회사의 가치가 얼마나 되고, 그의 자산을 현금으로 바꾸면 얼마나 되는지를 고려한다. 그러고 나서 이를 바탕으로 거래를 하거나 가격 조항을 확정한다.

유대인은 한 치 앞을 내다볼 수 없는 것이 세상사고, 어느 날 갑자기 천재지변이나 인재가 발생하더라도 손에 현금을 쥐고 있으면 재기의 발판을 마련할 수 있다고 생각한다.

이 점에는 유대인 상인뿐만 아니라 다른 민족 상인들도 공감한다. 다음에서 현금에 집착하는 유대인 상인의 이야기를 들어보자.

죽음을 앞둔 유대인이 유서를 작성했다.

'내 재산을 모두 현금으로 바꿔 그 돈으로 좋은 담요와 침대를 사고, 남은 돈은 내 베개 속에 넣어라. 그리고 내가 죽거든 이것들을 나와 함께 묻어다오. 천국까지 가져갈 수 있도록…….'

그 유대인이 죽자 가족은 유서에 따라 모든 재산을 현금으로 바꿔 관에 넣으려고 했다. 그때, 아무리 생각해도 그 돈이 너무 아까웠던 한 친구가 수표와 펜을 꺼내 땅에 묻으려던 현금과 똑같은 액수를 적어 관에 넣었다. 그러고는 죽은 유대인에게 가만히 말했다.

"여보게, 묻으려던 돈과 똑같은 액수니 자네도 마음에 들 걸세."

어처구니없는 우스갯소리 같지만 이는 유달리 현금에 집착하는 유대인의 특징을 말해준다.

모두 알다시피 로마 제국에 조국이 멸망한 뒤, 유대인은 박해와 핍박을 피해 세계 곳곳을 떠돌기 시작했다. 정치적 상황은 도저히 예측할 수 없었고, 현지의 유대인 정책은 권력자의 자의적 판단에 따라 시시때때로 변했다.

이처럼 한시도 마음 편히 살 수 없는 상황 때문에 유대인은 살육과 박해를 피해 언제라도 떠날 준비를 해야 했다. 어수선한 삶과 뒤숭숭한 사회 환경 탓에 유대인은 자산을 고를 때도 남다른 선택을 할 수밖에 없었다. 유대인은 대개 현금 아니면 황금이나 보석을 소유했고, 웬만해서는 부동산 같은 고정자산을 소유하지 않았다.

똑똑한 유대인은 휘황찬란한 호화저택을 짓기 위해 쓸데없이 토지를 사들이지 않았다. 특히 전쟁의 포화 속에서는 더더욱 고정자산에 눈길도 주지 않았다. 일단 정치적 상황에 미묘한 기운이 감돌면 곧바로 자산을 정리해 도망쳤다. 이렇게 도망치는 상황에서 몸에 지닐 수 있는 자산은 목숨을 이어주는 동아줄이나 다름없었다. 현금만 있으면 그 어떤 천재지변이나 인재가 일어나도 걱정할 일이 없었으니까 말이다. 이처럼 삶을 영위할 수 있도록 해주는데 어떻게 현금에 집착하지 않을 수 있겠는가!

사실 오늘날에도 무역거래에서 현금의 가치는 매우 중요하다. 거래 과정 내내 변화무쌍한 시장리스크가 도사리고 있기 때문에 현금주의의 중요성을 간과하면 언제라도 밑천을 탈탈 털릴 수 있다. 그렇게 보면 유대인 상인의 현금주의 관념은 매우 일리가 있다.

무조건적인 현금주의는 유대인 상인의 거래 원칙 중 하나다. 그들은 오직 자신과 현금만 믿는다. 현금만이 각종 천재지변과 인재 앞에서 생명과 삶을 지켜준다고 믿는 것이다.

이 때문에 유대인은 은행에 예금하지 않는다. 은행에 저축하면 이자가 붙지만 쥐꼬리만큼도 안 되고, 이자가 느는 속도가 물가 성장세를 따라가지 못하기 때문이다. 현금을 가지고 있으면 이자는 붙지 않지만, 은행 예금과 같은 증거가 남지 않으니 증여세를 낼 필요도 없다. 그래서 현금을 가지고 있으면 재산이 늘지는 않지만, 그렇다고 줄지도 않는다. 유대인에게 '줄지 않는다'는 것은 손해를 보지 않는 최소한의 조건이다.

비즈니스는
비즈니스다

일상생활에서 유대 민족은 타민족과는 비교할 수 없을 정도로 많은 금기를 엄격하게 지킨다. 그러나 이와 반대로 상거래에서는 타민족과는 비교할 수 없을 만큼 금기가 없다. 이 때문에 원래 상업으로 여겨지지 않았던 분야 중 상당수가 금단의 영역을 뛰어넘은 유대인 덕에 훗날 상업으로 재분류되었다.

유대인은 비즈니스를 할 때 먼저 각종 윤리·도덕규범의 제약과 감정의 방해를 떨치고 부담 없이 가벼운 마음으로 임한다. 더 넓게 보고 더 거침없이 행하니 무슨 일이든 마음먹은 대로 이루는 것이다.

유대인이 회사를 세우는 목적은 돈을 벌기 위함이다. 따라서 돈만 벌 수 있다면 자신의 회사를 파는 것도 비즈니스의 일종일 뿐이다. 같은 이치로 비즈니스를 할 때도 어떤 수단을 사용하든지 개의치 않는다. 돈 버는 데 도움이 되고 법을 위반하지만 않는다면 어떤 수단이라도 거리낌 없이 사용한다.

일상생활에서 유대 민족은 타민족과는 비교할 수 없을 정도로 많은 금기를 엄격하게 지킨다. 게다가 이러한 금기는 2천여 년이 흐르는 동안에도 거의 변하지 않았다. 그러나 이와 반대로 상거래에서는 타민족과는 비교할 수 없을 만큼 금기가 없다. 이 때문에 원래 상업으로 여겨지지 않았던 분야 중 상당수가 금단의 영역을 뛰어넘은 유대인 덕에 훗날 상업으로 재분류되었다.

1922년, 최초의 공산주의국가 소련의 성립 당시 대다수 자본가는 소련을 재앙거리로 여겼지만 미국 옥시덴탈 석유회사의 회장 아먼드 해머만은 어떤 편견에도 사로잡히지 않고 오로지 사업만을 생각해 큰돈을 벌었다.

소련에서의 성공으로 자신감이 생긴 해머는 미국으로 돌아가 다른 제품을 생산하는 기업과 손잡고 소련에서 더 많은 무역을 해야겠다고 생각했다. 그렇게 해서 처음으로 찾아간 사람이 '자동차왕'이자 포드 자동차의 창업자인 헨리 포드였다.

포드 자동차는 이미 세계적인 기업이었고, 헨리 포드는 괴팍한 성품으로 이름이 자자한 노인이었을 뿐만 아니라 골수 반공주의자였다. 아먼드 해머는 지인의 소개로 포드와 만났다. 이 자리에서 포드는 소련 시장에서 자기 회사 제품을 팔면 큰 이문을 남길 것이라는 사실을 인정하면서도 "소련 정부가 바뀌지 않는 한, 적국인 소련에는 나사 1개도 보낼 수 없소!"라고 했다.

포드의 태도는 역시나 단호했지만 해머는 포기하지 않았다.

"만약 정부가 바뀐 뒤에야 소련에서 사업을 하려고 하신다면 이 큰 시장을 포기하시는 셈이 될 겁니다."

해머는 자신이 소련에서 보고 들은 바와 사업 경험, 소련의 지도자 블라디미르 레닌이 자신을 어떻게 지원해주었는지에 대해 상세하게 들려줬다.

"우리는 비즈니스맨입니다. 그냥 우리의 사업만 하면 되죠. 비즈
니스는 비즈니스일 뿐입니다."

해머의 말에 빠져든 포드는 해머를 점심식사에 초대했다. 식사
를 마친 포드는 해머에게 자신의 기계화된 농장을 참관시켜주었다.
두 사람은 이야기를 나눌수록 서로의 말에 매료되었다.

마침내 포드는 포드 자동차의 소련 판매에 동의하면서 해머를
단독대리상으로 삼았다. 해머는 포드를 돌파구로 삼아 순식간에 고
무·선반·기계 관련 기업 등 많은 미국 기업의 소련 내 단독대리상이
되었다.

불공정한 거래는
하지 않는다

> 유대인은 거래를 할 때 설령 사전에 어떠한 보증을 받지 못했더라도 자신이 구매하는 제품에 하자가 없을 것을 요구할 권리가 있다고 생각한다. 물건을 산다는 것은 곧 아무런 흠이 없는 상품을 산다는 의미이기 때문이다. 그래서 거래에 앞서 '일단 판매한 물건은 절대로 환불해주지 않는다'라고 표명했더라도 제품에 흠이 있다면 구매자는 환불을 요구할 수 있다. 또한 상인들도 마땅히 환불해주어야 한다.

농경사회 때만 해도 유대인에게 '거래'는 매우 생소한 행위였고, '상인'이라는 말조차 매우 낯설었다. 그 당시 유대인은 상품을 사고파는 행위를 거의 하지 않았기 때문에 상업행위와 관련해서는 '무게를 공정하게 잰다', '속이지 않는다' 등 간단한 도덕규범만 가지고 있었다. 그러나 이처럼 간단한 도덕규범도 '공평'과 '공정'을 중시하는 유대인의 거래 원칙을 잘 보여준다.

상업이 발달하고 거래가 활발해지면서 《탈무드》가 생겨났다. 《탈무드》는 상업거래에 대한 많은 규칙을 정했다. 유대교 학자인 랍비들은 사회가 점차 진보한다는 전제에서 《탈무드》를 편찬했는데, 진보한 사회를 상업이 극도로 발달한 사회로 묘사했다. 《탈무드》에서 랍비들은 많은 페이지를 할애해 상업에 종사할 때 지켜야 할 도덕규범에 대해 이야기했다.

《탈무드》에서 상업거래에는 일상생활 영역에서의 행위규범을 넘어서는 특별한 원칙이 반영되었다. 이는 곧 매우 독실한 사람이라도 '사업을 할 때는 사업에 관해서만 말한다'는 원칙에 따라 상업에 종사할 수 있다는 뜻이었다.

그러나 《탈무드》에서 랍비들이 탐구한 것은 주로 '어떻게 해야 도덕적인 상인이 될 수 있느냐?'는 문제지, 돈만 된다면 뭐든 해도 된다는 식의 맹목적인 배금주의가 아니었다. 이 때문에 유대인은 상업에 종사하되 상업윤리를 지키는 전통을 형성했다.

유대인은 거래를 할 때 설령 사전에 어떠한 보증을 받지 못했더라도 자신이 구매하는 제품에 하자가 없을 것을 요구할 권리가 있다고 생각한다. 물건을 산다는 것은 곧 아무런 흠이 없는 상품을 산다는 의미이기 때문이다. 그래서 거래에 앞서 '일단 판매한 물건은 절대로 환불해주지 않는다'라고 표명했더라도 제품에 흠이 있다면 구매자는 환불을 요구할 수 있다. 또한 상인들도 마땅히 환불해주어야 한다.

유일하게 예외인 상황은 판매자가 사전에 제품에 흠이 있음을 고지한 경우다. 예를 들어 당나귀를 팔기 전에 "이 당나귀는 병에 걸렸소"라고 알렸음에도 거래가 이루어졌다면 구매자는 환불을 요구할 수 없다.

그래서 《탈무드》에서는 판매자는 흠이 있는 상품을 판매할 때, 반드시 사전에 구매자에게 상품에 흠이 있음을 구체적으로 설명해야 한다고 규정했다. 그래야만 저질 상품 또는 판매자의 부주의나 고의적 사기 등의 피해로부터 구매자의 권익을 보호할 수 있기 때문이다.

유대인은 사고파는 거래 행위가 다음의 2가지 조건으로 이루어진다고 생각한다.

1. 대금이나 물품의 값에 상당하는 대가를 지불한다.
2. 물품을 넘긴다. 이 말은 곧 판매자는 이 물품을 안전하게 구매자의 손에 넘길 의무가 있고, 그런 다음에야 거래가 끝난다는 뜻이다. 또한 상인이라면 반드시 해당 물품을 가지고 있어야 한다. 있지도 않은 상품을 판매한다고 나서서는 안 된다.

이처럼 유대인은 시종일관 구매자의 권익을 보호한다.

유대인은 비즈니스를 할 때, '거래는 이치를 따져가며 해야 한다'라는 말을 금과옥조로 여긴다. 그래서 유대인 상인은 세상에서 가장 이치를 따지는 장사꾼이 된 것이다. 여기에서 말하는 '이치'는 바로 사기 치지 않고 공정하게 거래함을 이른다.

값을 지불한 물건만 받는다

유대인은 부를 좇으면서도 1가지 전제 조건을 꼭 지킨다. 바로 자신의 지혜와 노력으로 정정당당하게 돈을 버는 것이다. 유대인은 부정한 재물을 손에 넣으면 하나님에게서 벌을 받는다고 생각한다.

돈은 사람을 유혹한다. 그래서 동서고금을 막론하고 돈에 눈이 멀어 영혼까지 판 사람이 수두룩하다. 그런데 유대인은 돈을 어떻게 여길까? 이 질문의 답은 유대인의 돈 버는 관념과 맞닿아있다. 한마디로 유대인은 자신에게 속한 돈만 가질 뿐, 자신의 것이 아닌 돈은 욕심내지 않는다.

유대인은 돈 버는 일이라면 물불을 가리지 않고 달려든다. 이는 온 세상 사람들이 다 인정하는 사실이다. 그러나 유대인은 부를 좇으면서도 1가지 전제 조건을 꼭 지킨다. 바로 자신의 지혜와 노력으로 정정당당하게 돈을 버는 것이다. 유대인은 부정한 재물을 손에 넣으면 하나님에게서 벌을 받는다고 생각한다.

한 유대인 여성이 백화점에서 물건을 샀다. 집에 돌아온 여성이 쇼핑백에서 물건을 꺼내는데 그 안에 반지 하나가 들어있었다. 반지를 산 적이 없던 그녀는 어린 아들에게 이 사실을 말하고 아이와 함께 랍비를 찾아가 어떻게 하면 좋을지 물었다.

랍비는 두 사람에게 《탈무드》에 나오는 이야기를 들려줬다.

나무를 해서 사는 랍비가 있었다. 그 랍비는 날마다 산에서 나무를 해와 도시에 내다 팔았다. 랍비는 일하는 시간을 절약해 《탈무드》를 공부하려고 나귀 한 마리를 사기로 했다.

랍비는 아랍인에게서 나귀 한 마리를 산 뒤 집으로 돌아갔다. 제자들은 랍비가 사온 나귀를 보고 무척 기뻐하며 나귀를 강으로 데려가 씻겼다. 그런데 씻기고 나니 나귀 목에서 눈부시게 반짝이는 다이아몬드 한 알이 떨어졌다. 제자들은 기쁨에 못 이겨 환호성을 질렀다. 이제 스승이 가난한 나무꾼 신세에서 벗어나 열심히 《탈무드》만 탐구하면 될 터였기 때문이다.

하지만 뜻밖에도 랍비는 제자들을 데리고 서둘러 도시로 가 아랍인에게 다이아몬드를 돌려주면서 말했다.

"내가 산 것은 나귀지, 다이아몬드가 아닙니다. 나는 내가 산 물건만을 가질 수 있습니다. 그래야만 정당한 행위라고 할 수 있죠."

아랍인은 놀라움을 감추지 못했다.

"당신은 이 나귀를 샀고, 다이아몬드는 이 나귀의 몸에 있었습니다. 그러니 당신은 이것을 제게 돌려줄 필요가 없었습니다. 저는 당신의 행동을 이해할 수가 없네요. 도대체 왜 이것을 제게 돌려주신 겁니까?"

랍비가 대답했다.

"이는 유대인의 전통입니다. 우리 유대인들은 값을 지불한 물건만 가질 수 있습니다. 그러니 이 다이아몬드는 반드시 당신에게 돌려줘야 합니다."

아랍인은 그 말을 듣고 숙연한 마음이 들었다.

"당신들의 신은 틀림없이 세상에서 가장 위대한 신일 겁니다."

이 이야기를 들은 여성은 반지를 백화점에 돌려줘야겠다고 결심했다. 하지만 자신의 행위를 어떻게 설명해야 할지 몰라 난감해했다. 그러자 랍비가 말했다.

"반지가 백화점 측의 소유인지는 알 길이 없습니다. 그러나 상대방이 반지를 돌려주는 이유를 물으면 한 마디만 하십시오. '우리는 유대인이니까요.' 아이와 함께 가서 이 모든 일을 직접 보게 하십시오. 틀림없이 자신의 어머니의 정직함과 위대함을 영원히 기억할 겁니다."

이 이야기는 교훈 하나를 담고 있다.

'돈은 영혼을 유혹하는 힘이 있고, 이 유혹을 이겨내려면 확고한 원칙이 필요하다.'

어떤 민족의 영혼이 더러워졌다면 그 민족은 이미 끝난 것이다. 그렇기에 이러한 유대인의 가르침은 우리 모두가 보고 배울 만한 가치가 있다. 영혼의 순결함은 가장 큰 미덕이다. 그러니 우리 모두 다음과 같은 가르침을 기억해야 할 것이다.

'당신에게 속한 돈만 가져가고, 당신의 것이 아닌 돈은 욕심내지 마라!'

체면,
그 까짓것!

유대인의 사전에 '대충대충', '건성건성'은 없다. 서로의 의견이 다를 경우, 유대인은 항상 끝까지 물고 늘어지면서까지 그 자리에서 결론을 본다. 토론하거나 옳고 그름을 가릴 때, 유대인은 '체면'을 고려하지 않는다. 상대방이 누구든 맞으면 끝까지 맞는 것이고, 틀리면 목에 칼이 들어와도 틀린 것이다.

상인이라면 누구나 이익에 목을 맨다. 유대인도 예외는 아니다. 유대인은 '변검술變臉術(순식간에 얼굴을 바꾸는 기술_옮긴이)'로 이익을 얻으며, 어떠한 상황에서도 물러서지 않는다. 유대인은 타인에게 미소를 '선물'하는 데 매우 익숙하다. 그러나 금전 문제와 관련해서는 날카롭게 빛나는 두 눈에 경계심을 가득 담아 상대방을 응시한다. 이런 경우에는 대개 옴니암니 따지기 일쑤다.

가격을 협의하는 유대인의 태도는 더할 나위 없이 진지하다. 유대인은 가격과 관련된 모든 문제에 대해 심사숙고할 뿐만 아니라 이윤의 0.1%, 계약서의 형식 등도 세세하게 따진다. 유대인은 이런 문제를 결코 허투루 다루지 않는다. 게거품을 뿜고 언성을 높이면서까지 돈 앞에서는 결코 꼬리를 내리지 않는다.

유대인의 사전에 '대충대충', '건성건성'은 없다. 서로의 의견이 다를 경우, 유대인은 항상 끝까지 물고 늘어지면서까지 그 자리에서 결론을 본다. 토론하거나 옳고 그름을 가릴 때, 유대인은 '체면'을 고려하지 않는다. 상대방이 누구든 맞으면 끝까지 맞는 것이고, 틀리면 목에 칼이 들어와도 틀린 것이다. 그러다 보니 어떤 때는 좋은 말로 시작했으면서도 결국 이견을 좁히지 못해 서로 욕설을 퍼붓는 지경에 이르기도 한다.

유대인은 협상 첫날 대개 상대방과 얼굴을 붉히며 끝내 좋게 마무리하는 경우가 거의 없다. 하지만 그 전날 실컷 으르렁거려놓고도 다음 날이면 언제 그랬냐는 듯 사람 좋은 미소로 협상테이블에 앉는다. 얼굴을 바꾸는 속도가 어찌나 빠른지 감탄이 절로 나온다. 하지만 그러다가도 협상이 시작되면 자신의 이익과 관련해서는 한 발짝도 양보하지 않는다. 유대인의 '변검술'과 지혜를 상대할 사람은 어디에도 없다. 이익 앞에서 '체면'이 다 뭐란 말인가! 체면이 밥 먹여주는가?

이익을 위해서 유대인은 곧잘 상대방을 압박한다. 그들이 주로 사용하는 방법으로 다음의 3가지가 있다.

1. 거래를 할 때는 시종일관 경쟁하는 태도를 유지한다. 어느 선까지는 얻을 수 있는 선택지가 많을수록 좋다. 어느 단계에 이르면 상대방을 압박하기 위한 대안이 많을수록 좋다.
2. 틈만 나면 상대방에게 딴죽 걸고 끊임없이 상대방의 반대와

불만을 일으킨다. 상대방이 적대감을 느끼지 않게, '인정' 있게 압박하면서 애정 어린 관심과 격려를 더하면 상대방은 서서히 기대치를 바닥까지 낮춘다.

3. 상대방의 입지를 약화시킨다. 이 목적을 달성하기 위해서는 매우 신중하게 상대방을 조종해야 한다. 우위를 점하게 되면 일이 쉬워진다. 상대방을 압박하여 그의 심기가 불편해지는 게 걱정이라면 쓸데없는 기우라고 일깨워주고 싶다. 어차피 상대방도 당신을 압박할 테니 말이다. 물론 상대방을 무릎 꿇려 협상 목적을 이루기 전까지는 쉬지 않고 가차 없이 상대방을 압박해야 한다.

하나님과도
협상한다

> 고객이 가격 인하를 요구하면 적당히 고개를 숙일 줄 알아야 한다. 괜히 뻗대다가는 죽
> 쒀서 개 주는 꼴 날 수 있다.

유대인의 '협상하기' 전통은 그 역사가 유구하다. 《구약성서》에는 유대인과 하나님이 협상하는 이야기가 있다. 하나님이 소돔과 고모라를 심판하려고 하자 유대인의 조상 아브라함이 용감하게 하나님과 협상을 벌였고, 이 과정에서 계속 하나님과 '흥정'을 한다. 유대인은 이 전통을 아주 잘 계승했다. 하나님과도 협상하는 유대인에게 평범한 사람과 협상하는 것은 지극히 당연한 일이다.

유대인의 영리함이 가장 잘 드러나는 때는 구매자로서 가격을 깎을 때다. 유대인의 생각은 이러하다.

1. 물건을 살 때는 앞뒤 재지 않고 무조건 가격을 깎아야 한다.
   그것도 웬만큼 깎는 게 아니라 상대방이 입을 떡 벌리도록 한

60% 정도는 깎아야 한다. 괜히 마음이 여려지거나 스스로 부끄럽다 느껴서는 안 된다. 똑똑하게 굴지 않으면 교활한 상대방에게 휘둘리는 건 바로 나 자신이 될 테니까.

2. 값을 깎을 때는 합당한 이유가 있어야 한다. 아무리 자질구레한 문제라도 일일이 따져야 한다. 다만 이런 문제들은 실질적이거나 보완할 수 없는 것이 아니다. 말이 크기가 작다면 체격이라도 건장해야 짐을 나를 수 있다. 다리를 절면 박혀있는 못을 빼야 달릴 수 있다. 그러지 않으면 살 때는 돈 몇 푼 아낄 수 있었을지 몰라도 사온 뒤에 확인해보면 문제투성이라 아무짝에도 쓸모없을 수도 있다. 이야말로 흥정할 때 절대로 범해서는 안 되는 금기다.

3. 흥정이 너무 순조롭다고 방심하지 마라. 값을 치를 때는 무의식이 발동하기 때문에 저도 모르는 사이에 깎았던 가격까지 더해서 지불하고 있을지도 모른다. 단위가 큰 지폐를 잘못 내거나, 거스름돈을 잘못 계산하거나, 심지어 거스름돈을 깜박해서 실제 물건 가격보다 더 많은 돈을 지불할 수도 있다.

이와 마찬가지로 물건을 팔 때도 유대인의 경험을 참고할 만하다.

1. 손님이 걸어오는 흥정에 맞대응할 준비를 한다. 먼저 실제 가격의 200% 정도 되는 터무니없는 가격을 제시한다. 손님이 실제 가격까지 못 깎으면 그건 손님이 무능한 탓이니 덤으로

들어온 돈은 마땅히 내 호주머니로 들어갈 테고, 실제 가격보다 싼 값을 요구하면 아예 팔지 않으면 되니 이러나저러나 주도권은 내 손 안에 있다.

2. 구매자가 트집을 잡을 때마다 3치 혀로 잘 구워삶아 '흠'을 '흠'이라 부를 수 없게 만든다. 만약 모든 트집에 그럴 듯한 해명을 내놓아 상대방을 꿀 먹은 벙어리로 만든다면 원하는 가격대로 팔 수 있다. 실제로 유대인 상인은 설득의 고수다. 협상에 앞서 유대인은 상대방을 설득할 수 있는 충분한 자료와 근거를 마련한다.

3. 구매자의 분명한 실수를 경솔하게 넘기지 않으며, 구매자의 실수에 지나치게 긴장하지도 않는다. 자칫 자만에 빠지면 본전도 못 건지는 수가 있다.

흥정은 푼돈을 탐하는 것이 아니다. 만약 이 원칙을 기업 경영에 적용하면 이와 관련된 액수는 어마어마하게 큰돈이겠지만 말이다.

하버드 경영대학원의 마이클 포터 교수는 기업의 경쟁 환경에 대해 '5세력 모델Five Forces Model'이라는 유명한 이론을 제시했다.

마이클 포터는 기업의 최대 관심사는 특정 산업 분야에서의 경쟁력인데, 이 경쟁력은 '기존 기업 간의 경쟁 정도', '신규 기업의 진입 위협', '대체재의 위협', '구매자의 협상력', '공급자의 협상력' 등 5가지 기본적인 경쟁 요인에 달려있다고 주장했다. 구매자가 협상을 하는 직접적인 이유는 기업의 '경쟁자'가 품질은 더 뛰어나고 가격은 더 싼 동종 제품을 제공할 수 있기 때문이다. 그래서 기존에는 고객이 직접 기업을 상대로 가격을 깎던 것이 이런 5가지 요인 때문에 기업과 '경쟁자' 사이의 경쟁으로 바뀌었다는 것이다.

그러므로 고객이 가격 인하를 요구하면 적당히 고개를 숙일 줄 알아야 한다. 괜히 뻗대다가는 죽 쒀서 개 주는 꼴 날 수 있다.

시장 가격이 형성되기 전에는
헐값에 팔지 않는다

> 물론 소비자들은 대개 값싼 상품을 선호한다. 그러나 싼 가격으로 인한 생산자의 손실은 다른 상품의 가격을 올리는 것으로 이어질 테고, 이렇게 되면 소비자와 생산자 모두 피해를 입을 수밖에 없다.

유대인은 상거래 행위에서 '공정'을 매우 중시한다. 《탈무드》에 나오는 한 판례를 보면 고개가 끄덕여질 것이다.

예를 들어 A와 B가 밀 4톤과 현금 1만 달러를 거래한다고 해보자. 판매자 A가 구매자 B에게 지금 당장 1만 달러를 지불하지 않고 몇 달 뒤 밀이 다 익고 나서야 지불한다면 그때는 1만 2천 달러를 지불해야 한다고 했다. 《탈무드》에 따르면 판매자 A의 요구는 무효다. 그 까닭은 무엇일까?

일단 밀 4톤을 지금 거래하고 있느냐는 점은 차치해두고 같은 상품에 이중가격을 매기는 것은 '거래하는 상품의 가격은 공정해야 한다'는 원칙에 위배되기 때문이다. 사실상 대금 지불을 연기한 상황에서 구매자 B로부터 이자를 받은 셈이니까 말이다.

만약 임대료를 받는 자리라면 달라진다. 다시 말해 1년 동안 토지를 빌려 쓰면 총 10만 달러를 지불해야 하는데, 매달 1만 달러씩 총 1만 2천 달러를 상환한다면 이는 위법이 아니다. 최초 계약을 체결할 때 '매달 대금 지불'과 계약 조건이 상충하는 부분이 있다면 임차인은 자신의 지불 능력에 따라 지불 방식을 임의로 선택할 수 있기 때문이다.

반대로 말해 밀 4톤을 수확기에 반환한다는 조건은 지금 밀을 빌려주는 행위를 금지한다. 그 까닭은 무엇일까? 밀 4톤의 현재 시가는 1만 달러다. 수확기에 이르러 풍작을 거두면 가격이 8천 달러로 떨어질 수 있고, 생산량이 줄어든다면 가격이 1만 2천 달러로 오를 수도 있다. 그러므로 만약 그저 '수확기에 같은 양의 밀로 갚는다'라고 한다면 빌려주는 입장에서는 부당한 손실을 입거나 별도의 이익을 볼 가능성이 높다. 이를 감안해 이런 상황에서는 먼저 밀 4톤의 시가를 분명히 정해야 한다. 그런 다음 밀 수확 시기에 같은 양의 현금 또는 밀로 갚아야 한다.

물가 안정은 유통경제에 매우 필수적이다. 물가를 불공정하게 높이는 것은 말할 것도 없고, 이와 반대로 물가를 억지로 낮추는 것도 온당하지 않다. 특히 누군가가 먼저 시장에 진입해 상품을 헐값에 팔면 전체 시장에서 이 상품의 가격은 폭락하게 된다. 《탈무드》에서는 이런 행위를 가장 금기시한다. 그래서 상품의 시장 가격이 형성되기 전에는 헐값에 팔 수 없다. 이는 투기를 금지하는 것이 아니라 개인이 시장을 통제하는 행위를 금지하는 것이다.

가격이 적당하면 생산자와 소비자 모두 만족할 것이다. 그러나 누군가가 다른 사람의 밀이 여물기도 전에 자신의 밀을 헐값에 내다 팔면 다른 밀 생산 농가는 어마어마한 타격을 입게 된다.

물론 소비자들은 대개 값싼 상품을 선호한다. 그러나 싼 가격으로 인한 생산자의 손실은 다른 상품의 가격을 올리는 것으로 이어질 테고, 이렇게 되면 소비자와 생산자 모두 피해를 입을 수밖에 없다.

일찍 일어나는 새가
벌레를 잡는다

바루크가 과감하게 열차를 빌리지 않았다면 제시간에 뉴욕에 도착하지 못했을 것이다.
또 미국의 주식 거래 시간까지 기다렸다면 신속히 원하는 거래를 할 수 없었을 것이다.
얼핏 생각하면 당시 바루크가 취한 조치는 그다지 특별할 게 없어 보인다. 그러나 그 '특
별한 것 없는' 조치 덕분에 과감하고 신속한 결정이 이루어질 수 있었다.

우유부단한 사람은 큰돈을 벌기 어렵다. 재빠르고 날쌔야만 치
열한 경쟁에서 승기를 잡을 수 있다. 이 점에서 유대인은 제대로 훈
련을 받았다고 할 수 있다.

미국 유대인인 버나드 바루크는 명성이 자자한 실업가였다. 그
는 서른 살에 만인의 부러움을 사는 백만장자가 되었다. 박학다식하
고 영리했던 바루크는 미국 정부의 위임을 받아 여러 중대한 임무를
맡았다. 그의 성공은 모두 남달리 민첩한 행동력 덕이었다.

1898년, 젊은 바루크는 부모님과 함께 살고 있었다. 당시 무서
운 기세로 급부상한 미국과 오랜 전통을 자랑하는 제국주의국가 스
페인은 전쟁을 치르고 있었다. 한때 '무적함대'라 불리며 혁혁한 위
명을 떨치던 스페인 함대는 미 대륙까지 원정을 나섰지만 쿠바 부근

유대인 부자들의 돈 버는 지혜

에서 미국 해군에 대패하고 말았다

이날 저녁, 바루크는 스페인의 패전 소식을 듣고 각국 주식시장에서 미국 관련 주식의 가격이 크게 오를 것을 직감했다.

사실 월요일인 다음 날은 미국 주식시장이 휴장하지만 영국 주식시장은 개장하는 날이었다. 바루크는 국제전신으로 주식을 거래하려고 했다. 하지만 안타깝게도 시간이 너무 늦어 국제전신을 보낼 수 있는 뉴욕으로 가는 열차는 이미 끊긴 상태였다. 바루크는 지체 없이 열차 1대를 통째로 빌렸다. 그 덕에 동 트기 전에 뉴욕에 도착할 수 있었다. 영국 주식시장이 개장하자마자 바루크는 과감하게 주식을 사고팔아 엄청난 수익을 올렸다. 바루크는 이때를 기점으로 어마어마한 부자가 되었고, 그의 이름도 전 세계에 알려졌다.

바루크의 사례를 통해 우리 스스로를 돌아보자.

1. 우리는 경제와 직접적인 연관이 없어 보이는 소식에서 돈이 될 정보를 포착할 수 있는가?
2. 정보를 포착했다면, 그 정보를 써먹을 방법을 곧바로 생각해 낼 수 있는가?
3. 그 방법을 떠올렸다면, 구태의연한 상식을 깨고 과감하게 행동할 수 있는가?
4. 행동에 나섰으나 장해물에 부딪혔다면, 그 장해물을 뛰어넘을 수 있겠는가?

사실 바루크가 네 번째 문제에 부딪혔을 때 과감하게 열차를 빌리지 않았다면 제시간에 뉴욕에 도착하지 못했을 것이다. 또 미국의 주식 거래 시간까지 기다렸다면 신속히 원하는 거래를 할 수 없었을 것이다. 얼핏 생각하면 당시 바루크가 취한 조치는 그다지 특별할 게 없어 보인다. 그러나 그 '특별한 것 없는' 조치 덕분에 과감하고 신속한 결정이 이루어질 수 있었다.

예감을 믿어라

> 의식하지 못한 상황에서 이 문제에 관한 자료를 수집했다는 사실을 믿을 수 있는가? 이
> 문제에 대해 내가 생각할 수 있는 모든 상황을 파악했고, 내가 할 수 있는 모든 일을 다 했
> 는가? 만약 이 질문에 대한 답이 'Yes'라고 확신한다면 나는 그대로 행할 따름입니다.

호텔 경영인 콘래드 힐튼이 엄청난 부를 이룬 데는 번뜩이는 예감이 한몫 단단히 했다. 어느 날 콘래드 힐튼은 시카고에 있는 낡은 호텔을 인수하려고 했다. 경매인은 가장 높은 응찰가를 써낸 사람에게 팔기로 하고 정해진 날에 응찰가를 공표하기로 했다.

이날이 오기 며칠 전, 콘래드 힐튼은 17만 5천 달러를 써넣은 응찰 서류를 제출했다. 그날 저녁 잠자리에 누운 힐튼은 찜찜한 기분을 떨칠 수 없었고, 잠에서 깨자마자 이 호텔이 자신에게 낙찰되지 않을 거라는 확신이 들었다. 훗날 힐튼은 '그저 느낌이 아니었다'라고 했다. 이 기묘한 예감에 따라 힐튼은 다시 18만 달러를 적어 제출했다. 이는 당시 경매 최고가였는데, 두 번째 최고가는 17만 9,800달러였던 것이다.

콘래드 힐튼의 예감은 원래 그의 마음속 깊은 곳 어딘가에 자리 잡고 있던 사실에서 비롯된 것이었다. 젊은 시절 텍사스 주에서 처음으로 호텔을 사들였을 때부터, 콘래드 힐튼은 항상 호텔업계의 정보를 수집하고 있었다. 시카고 호텔 경매에 참여할 때도 다른 입찰자들에 대해 속속들이 알고 있었다. 다만 알고만 있었을 뿐, 그 정보들의 의미를 파악할 수 있을 만큼 유기적으로 얽지 못했다.

힐튼이 머릿속의 정보들을 의식적으로 끌어 모아 응찰가를 제출했을 때, 힐튼의 무의식은 거대하고 은밀한 방 안에서 또 다른 정보를 들쑤신 끝에 기존에 써낸 응찰가가 '너무 적다'는 결론을 내렸다. 힐튼은 자신의 예감을 믿었다. 그리고 그 예감은 경탄스러울 만큼 적확했다.

믿을 만한 예감을 어떻게 알아낼 수 있을까? 성공한 예언가이자 일선에서 물러난 어느 주식 거래인은 이렇게 말했다.

"나는 나 자신에게 묻습니다. 의식하지 못한 상황에서 이 문제에 관한 자료를 수집했다는 사실을 믿을 수 있는가? 이 문제에 대해 내가 생각할 수 있는 모든 상황을 파악했고, 내가 할 수 있는 모든 일을 다 했는가? 만약 이 질문에 대한 답이 'Yes'라고 확신한다면 나는 그대로 행할 따름입니다."

이쯤에서 2가지 조언을 주고자 한다.

1. 복권이나 도박 따위에서 드는 예감을 믿지 마라. 이러한 예감은 당신의 내면 깊은 곳에 숨겨진 정보에서 비롯된 것이 아니

다. 그것들은 믿을 만한 근거가 없기 때문이다.

2. 예감과 희망을 혼동하지 마라. 졸렬한 예감들은 강렬한 희망이 모습을 바꾼 것인 경우가 많다.

발이 빨라야 승기를 잡는다

유대인은 비즈니스 무대에서 누가 승기를 잡느냐는 '속도'에 달려있다고 생각한다. 흐르는 물이 돌을 굴릴 수 있는 까닭은 빠르기 때문이다. 하늘을 나는 새가 먹이를 낚아챌 수 있는 것도 빠르기 때문이다. 발이 빨라야 승기를 잡는다.

유대계 독일인 은행가 마이어 로스차일드에게는 아들이 몇 명 있었는데, 그중 셋째 아들 나단 로스차일드는 젊은 시절부터 면직물·모직물·담배·설탕 등을 팔아 큰 이문을 남기면서 부호로 성장했다. 이 전설적인 인물이 남긴 이야기 중 가장 놀라운 것은 바로 그가 단 몇 시간 만에 주식 거래를 통해 수백만 파운드를 벌어들였다는 사실이다.

1815년 6월 19일, 영국과 나폴레옹의 프랑스 사이에 워털루 전투가 발발했다. 이 전투에서 영국이 이긴다면 당연히 영국 정부의 국채 가격은 오를 테지만, 반대로 나폴레옹이 이긴다면 뚝 떨어질 것이 분명했다. 그래서 거래소에 모인 투자자들은 바짝바짝 타들어 가는 심정으로 전투 결과가 전해지기만을 기다렸다. 단 30분, 아니

10분이라도 다른 사람보다 먼저 전투의 결과를 알게 된다면 큰돈을 벌 수 있는 상황이었다.

전투가 벌어진 벨기에 수도 브뤼셀 동남쪽의 워털루 지방은 런던에서 매우 멀었다. 당시에는 일부 지역에서 증기선을 사용하기는 했으나 무선전신도 철도도 없었기에 통신수단은 사실상 '말馬'이 고작이었다. 또 워털루 전투가 있기 전의 몇 차례 전투에서 영국은 잇따라 패했기에 영국이 승리할 수 없으리라고 보는 사람들도 있었다.

이때 나단 로스차일드는 무표정하게 '로스차일드의 기둥(나단 로스차일드가 애용하다시피 기대던 기둥_옮긴이)'에 기댄 채 영국 국채를 매각하기 시작했다. '나단이 팔았다'는 소식은 그 즉시 거래소 곳곳에 퍼져나갔고, 너도 나도 그 행렬에 참여하면서 영국 국채는 순식간에 폭락했다. 그러는 와중에 나단은 계속 무표정하게 국채를 매각했다. 국채 가격이 바닥을 찍자 갑자기 나단이 국채를 대량으로 사들이기 시작했다.

'워털루 전투의 승패는 영국 국채 시세를 결정짓는다.'

이 말은 당시 투자자라면 누구나 아는 사실이었다. 그래서 모든 사람들은 단 1초라도 다른 사람보다 먼저 영국 정부가 전하는 전투 결과를 알고자 했다. 단 한 사람, 나단만 빼고 말이다. 나단은 자신의 정보망이 있어서 영국 정부보다 더 빨리 전투 결과를 알 수 있었기 때문에 정부가 전하는 소식에는 관심도 없었다. 이처럼 믿을 만한 정보망 덕분에 나단은 영국 정부보다 앞서 워털루 전투의 결과를 알 수 있었고, 그래서 이런 '장난'도 칠 수 있었던 것이다.

과감함은 비즈니스맨에게 매우 중요한 자질이다. 과감해야만 승리하기 때문이다. 속도와 힘은 정비례하고 발이 빨라야 승기를 잡을 수 있다.

출중한 인재와 강자가 득시글거리는 비즈니스 무대에서는 일단 기회가 오면 수많은 눈이 동시에 주목할 것이고, 바로 그 기회를 향해 돌진할 것이다. 결국 힘과 지혜를 겨루는 각축장에서 힘과 지혜보다 중요한 것이 바로 속도다.

유대인은 비즈니스 무대에서 누가 승기를 잡느냐는 '속도'에 달려있다고 생각한다. 흐르는 물이 돌을 굴릴 수 있는 까닭은 빠르기 때문이다. 하늘을 나는 새가 먹이를 낚아챌 수 있는 것도 빠르기 때문이다. 발이 빨라야 승기를 잡는다. 이 점을 깨닫지 못한다면 비즈니스를 논하지 말아야 한다. 이 모든 것은 과감한 행동력에 달려있음을 명심하라.

도와준 사람이 많을수록
성공에 가까워진다

유대인 상인은 '비즈니스에는 정해진 성공 법칙이 없다'고 생각한다. '하늘은 스스로 돕는 자를 돕는다'는 말대로 모든 것은 스스로 찾고 쟁취해야 한다고 본다. 비즈니스를 하면서 다른 사람을 돕는 것은 자신에게도 성공의 문을 활짝 여는 것이나 다름없다면서 말이다.

1950년대 초, 미국 서부 외딴 산골 출신인 '다니엘'이라는 청년이 뉴욕으로 향했다. 딱딱하고 차가운 빵을 씹으며 번화가를 걷던 그는 반드시 성공하리라 속으로 다짐했다.

그러나 대학 문턱에도 안 가본 다니엘이 제대로 된 일자리를 구할 수 있을 리 없었다. 다니엘은 거의 모든 회사에서 문전박대를 당했다.

숱한 거절에 지칠 때쯤, 다니엘은 어떤 생활용품회사에서 보내온 면접 통지서를 받았다. 한껏 들뜬 발걸음으로 면접장을 찾은 다니엘은 쏟아지는 면접관의 질문에 머릿속이 하얘졌다. 눈앞에 놓인 각종 상품의 성능과 사용법에 대한 질문이 이어졌지만, 다니엘은 입에 풀이라도 바른 듯 아무런 대꾸도 하지 못했다. 당연한 일이었다. 면접관이 보여준 상품들 중 대부분은 다니엘이 처음 보는 것이었기 때문이다. 성능이나 사용법은커녕 이름조차 모르는 것도 있었다.

마지막 기회라고 여겼던 면접이 물거품이 되는 순간이었다. 면접장을 나오려던 다니엘은 문득 불퉁한 마음이 들어 면접관에게 물었다.

"실례지만, 이 회사는 어떤 인재를 필요로 하십니까?"

면접관이 미소를 지으며 답했다.

"창고 안에 쌓인 상품을 팔 수 있는 인재면 됩니다."

숙소로 돌아와 면접관의 말을 되새기던 다니엘의 머릿속에 갑자기 기묘한 생각이 떠올랐다.

'어느 회사든 자신의 문제를 해결해줄 수 있는 사람을 찾는다. 그렇다면 도움이 필요한 곳에 직접 찾아가면 될 일이 아닌가? 내가 도울 수 있는 일이 적어도 하나는 있지 않을까?'

얼마 후 뉴욕의 어느 신문에 기상천외한 광고가 실렸다. 광고 내용은 대충 이러했다.

'제 인생을 걸고 말씀 드리건대, 귀하 또는 귀사가 어려움에 처해 도움이 필요하시고, 제가 적절한 도움을 드릴 수 있다면 열과 성을 다해 최상의 서비스를 제공할 겁니다.'

그 후에 벌어진 일은 다니엘 자신도 믿을 수 없을 정도였다. 곧 각지에서 도움을 요청하는 전화와 편지가 빗발쳤기 때문이다.

처음에는 그저 적당한 일이나 찾아보려던 다니엘은, 눈코 뜰 새 없이 쏟아지는 요청을 받으며 새로운 사실을 발견했다. 예를 들면,

동쪽에 사는 존은 기르던 고양이가 낳은 새끼들까지 돌볼 수 없어 고민인데, 서쪽에 사는 캐시는 고양이를 사달라는 딸의 부탁에도 고양이를 판다는 사람을 찾을 수 없어 애가 탔다. 북쪽 지역의 한 초등학교에서는 우유가 많이 필요한데, 남쪽 지역의 한 목장에서는 우유가 남아돌아 처리할 방법이 없었다. 얼핏 보아서는 아무 상관도 없는 문제들이 다니엘의 머릿속에서 연결고리를 찾아갔다.

다니엘은 이런 일들의 상관관계를 알아내 곧바로 도움이 필요한 사람들에게 알렸다. 그러던 중 마케팅 직원을 구하는 회사에서 적당한 일자리까지 구했다. 그런데 얼마 후 다니엘에게서 도움을 받았던 사람들이 감사의 표시로 사례금을 보내왔다.

이 일로 새로운 생각에 눈뜬 다니엘은 그 길로 회사를 그만두고 정보회사를 차렸다. 시작부터 술술 풀리는 사업 덕분에 다니엘은 얼마 지나지 않아 뉴욕에서 가장 젊은 백만장자가 되었다.

유대인 상인은 '비즈니스에는 정해진 성공 법칙이 없다'고 생각한다. '하늘은 스스로 돕는 자를 돕는다'는 말대로 모든 것은 스스로 찾고 쟁취해야 한다고 본다. 비즈니스를 하면서 다른 사람을 돕는 것은 자신에게도 성공의 문을 활짝 여는 것이나 다름없다면서 말이다.

《탈무드》에 나온 말을 깊이 새겨라.

'도와준 사람이 많을수록 성공에 가까워진다.'

거래금은 돈만 뜻하지 않는다

협상에 임하는 유대인은 마음속으로는 필승 전략을 짜고 있을지라도 겉으로는 매우 공손하고 예의바르게 행동한다. 유대인 상인은 시종일관 웃는 낯으로 협상을 이어간다. 상대방과 신뢰를 쌓기 위해 먼저 호감을 보인 다음 인간미 넘치는 '잡담'을 하며 상대방과의 거리를 좁혀나간다.

유대인 상인은 '협상에서 이룬 합의는 양측의 성실한 이행으로 보장되며, 협상 당사자들은 자신은 물론 상대방의 이익까지 고려해야 한다'고 생각한다.

전 미국 국무장관이자 뛰어난 협상가인 헨리 키신저도 이렇게 말했다.

"일반인들은 외교관이 교활하다고 생각합니다. 그러나 현명한 외교관은 절대로 상대방을 우롱해서는 안 된다는 사실을 잘 알고 있습니다. 멀리 보면 신용과 공평은 매우 중요한 자산이니까요."

상인에게도 '솔직함'은 매우 중요한 자질이다. 만약 당신에 대한 깊은 신뢰가 없다면, 상대방은 당신에게 결코 중요한 정보를 제공하지 않는다. 이와 반대로 당신을 정말로 믿는다면, 상대방은 당신이 생각지도 못한 선물을 선뜻 건넬 것이다.

A: 나도 우리가 제시한 가격이 낮은 편이라는 사실을 알고 있습니다. 하지만 우리는 정말로 귀사의 제품에 관심이 많습니다.
B: 그렇지만 당신이 제시한 가격을 보면 협상의 여지가 없는 것 같은데요.
A: 그 점을 모르지 않습니다. 하지만 귀사가 조금만 양보하면 우리도 가격을 조정할 여지가 없는 것은 아닙니다.

평범한 대화 같지만 이는 협상 성공의 밑거름이 무엇인지를 보여준다. 이 대화에서 A는 음모와 계략으로 상대방을 제압해서가 아니라, 상대방의 신뢰를 얻었기에 성공한 것이다.

정직과 신뢰는 비밀의 문을 여는 열쇠다. 상대방이 당신을 믿을 만한 사람이라고 여긴다면 그 이미지를 악착같이 지켜라. 이는 다음 비즈니스 협상에 큰 도움이 될 것이다. 만남과 이해를 통해 상호 존중과 배려가 이루어지면 무난한 업무관계가 형성되면서 순조롭고 효과적인 협상을 이끌어낼 수 있다. 그러니 상대방을 동반자로 생각해 솔직하고 성실한 언행으로 다가서서 함께 문제를 해결해나가야 한다.

협상에 임하는 유대인은 마음속으로는 필승 전략을 짜고 있을지라도 겉으로는 매우 공손하고 예의바르게 행동한다. 유대인 상인은 시종일관 웃는 낯으로 협상을 이어간다. 상대방과 신뢰를 쌓기 위해 먼저 호감을 보인 다음 인간미 넘치는 '잡담'을 하며 상대방과의 거리를 좁혀나간다. 서로의 가족에 대해 이야기하기도 하고 양측이 모두 관심을 가지는 일에 대해 말하기도 하면서 향후 협력에 대한 간절한 바람을 '솔직하게' 털어놓기도 한다. 그러다가 상대방의 경계심이 차츰 풀리면 그제야 가격 문제를 거론한다. 그러면 상대방은 자기도 모르는 사이에 바로 그 유대인 상인의 손아귀에 떨어져 제 이익을 지킬 수 없게 된다.

솔직하고 성실하게 협상에 임해야만 귀중한 '신뢰'를 얻을 수 있다. 거래금은 단순히 오간 돈만 뜻하는 것이 아니라 거래로 생기는 다른 이익도 포함한 것이다. 예를 들어 판매자의 신용도 구매자가 지불한 돈에 내포되어있다. 구매자가 자신이 보고 들은 바를 정찰하고 확인하는 것은 상품을 구매하고 서비스의 질을 확보하는 것과 마찬가지로 거래의 중요한 사항이기 때문이다.

유대인 상인은 거래의 상대방과 더 효과적으로 협상하려면 반드시 자신과 관계된 정보를 제공해야만 한다고, 그래야 거래하는 양측에게 도움이 된다고 생각하는 것이다.

Jewish
Wisdom

제3장

뉴비즈니스 문명
계약 이행의 지혜

Jewish wisdom

계약이 곧
상품이다

유대인 상인은 툭하면 계약을 '팔아먹는다'. 유대인은 계약 그 자체도 상품이므로 다른 상품과 마찬가지로 자유로이 사고팔 수 있다고 생각하기 때문이다. 물론 이러한 계약은 반드시 합법적이고 신뢰할 수 있으며 이문을 남길 수 있어야 한다.

유대인은 약속을 하고 지키는 것을 매우 중요하게 생각하며, 심지어 신성시하기까지 한다. 그래서 유대인은 '계약의 백성'이라고 불린다. 그러나 비즈니스 무대에서만은 예외다.

유대인 상인은 툭하면 계약을 '팔아먹는다'. 유대인은 계약 그 자체도 상품이므로 다른 상품과 마찬가지로 자유로이 사고팔 수 있다고 생각하기 때문이다. 물론 이러한 계약은 반드시 합법적이고 신뢰할 수 있으며 이문을 남길 수 있어야 한다.

계약을 파는 사람은 가만히 앉아서 거저먹으려는 사람이다. 힘들게 경영을 할 필요도 없고, 계약서에 명시된 책임을 이행하지도 않고서 손가락 하나 까딱하지 않고 돈을 벌어들인다.

돈 버는 데 앞뒤 재지 않는 유대인에게 이보다 더 기꺼운 일이 어디 있겠는가? 그래서 파는 쪽과 사는 쪽의 조건만 맞으면 기뻐하면서 계약을 팔아치운다. 다만 그들이 신뢰할 수 있고 신용할 수 있는 상인에게서만 계약을 사들인다.

바로 이처럼 계약을 사들여 편하게 이윤을 거둬들이는 사람들을 흔히 '브로커(중개인)'라고 부른다.

브로커는 다른 회사가 맺은 계약을 사들여 판매자를 대신해 계약을 이행함으로써 이윤을 얻는다.

유대인 브로커는 세계 각지에서 활발히 활동하고 있다. 이들은 대개 신뢰할 만한 대기업이나 대형 제조업체를 노린다. '도쿄 긴자 거리의 유대인'으로 불릴 정도로 유대인들과 친했던 일본 사업가 후지타 덴(1926~2004)의 회사는 종종 브로커와 만난다.

"후지타 덴 씨, 안녕하십니까? 요즘은 무슨 사업을 하고 계십니까?" 유대인 브로커는 자주 이런 질문을 던진다.

"마침 뉴욕의 고급 여성 구두 업체와 10만 달러짜리 계약을 맺었습니다."

"잘됐군요! 그 계약을 제게 넘기지 않겠습니까? 그러면 이윤의 20%를 현금으로 드리죠."

그러면 양측 모두 흥미를 보이면서 곧바로 계약을 사고파는 '또 다른' 계약이 이루어진다. 후지타 덴은 그야말로 '손가락 하나 까딱하지 않고' 무려 20%에 달하는 이윤을 얻고, 유대인 브로커도 해당 여성 구두에 대한 독점수입업자가 되어 구두 판매를 통해 많은 이윤을 거둔다. 계약을 사고판 양측 모두에게 만족스러운 결과다. 브로커의 행보는 '속전속결'이다.

새로운 거래가 이루어지면 브로커는 계약서를 들고 곧바로 뉴욕에 있는 구두 업체로 날아가 10만 달러에 달하는 독점수입 권한이 자신에게 있음을 천명한다. 이렇듯 굳이 계약을 체결하느라 힘 뺄 필요 없이 그냥 구미에 맞는 계약을 사들이기만 하면 되는 것이다.

물론 계약을 사고파는 일은 결코 쉽지 않다. 이 과정에서 불필요한 손해를 줄이려면 살얼음판을 걷는 심정으로 매사 신중히 행동하면서 통찰력을 극한으로 끌어올려야 하고 말이다. 하지만 유대인은 탁월한 암산 능력에 타의 추종을 불허하는 박학다식함, 혀를 내두를 만한 이해력을 고루 갖춘 덕에 '타고난 브로커'라는 찬양을 받을 정도니, 이런 일도 잘해내고 있다.

계약은
완전무결해야 한다

영리한 유대인은 계약을 맺을 때 매우 사소한 것까지도 극도로 신중하게 생각하며 아무런
문제도 없도록 고심하고 또 고심한다. 비즈니스 무대는 전쟁터나 다름없으니까 말이다.
실제로 비즈니스계에서는 아무리 작은 계약이라도 경솔하게 맺어서는 안 된다. 대충대충
했다가는 상대방에게 덜미를 잡히기 십상이다.

한 미국인 변호사가 '일본의 유대인' 후지타 덴에게 만남을 요청
했다. 이때 후지타 덴은 한창 바빴던 탓에 만남을 거절했다.

그러자 상대방이 간청했다.

"잠깐이라도 좋으니 시간을 내주십시오."

그러나 후지타 덴은 완곡히 거절했다.

"미안하지만 정말로 짬을 낼 수 없습니다."

이에 상대방은 생각지도 못한 제안을 했다.

"그렇다면 이렇게 하죠. 저와 만나주시면 한 시간에 200달러씩
드리겠습니다."

돈까지 주겠다며 적극적으로 부탁해오자 후지타 덴은 몹시 난처
했다. 이 정도까지 한다는 것은 정말로 중요한 일이 있다는 뜻이니까

말이다.

"좋습니다. 그럼 딱 30분만 시간을 내죠."

변호사가 꺼낸 이야기의 요지는 이러했다.

"저는 미국의 한 유대인 회사의 법률 고문인데, 우리 회사는 한 일본 회사와 거래하려고 합니다. 그런데 이 일본 회사가 계약을 제대로 이행하는지 감시할 만한 사람이 필요합니다. 보수로 매달 1천 달러를 지급할 계획입니다. 이에 후지타 덴 씨께서 적당한 사람을 추천해주셨으면 합니다."

변호사는 회사 사장이 후지타 덴에게 보낸 편지도 내밀었다.

'당신은 유대인의 친구이니, 당신이 소개한 감독관이라면 믿을 수 있을 겁니다.'

그런 다음 변호사는 자신의 회사와 일본 회사의 거래의향서를 내밀었다.

후지타 덴은 거래의향서를 살펴보더니 웃음을 터뜨렸다. 미국인이 봤을 때는 흠잡을 데 없는 거래의향서일지 몰라도, 일본인이 봤을 때는 허점투성이에 상대방의 목을 조를 수 있는 항목도 있었기 때문이다. 그래서 후지타 덴은 변호사에게 이 거래의향서의 문제점을 조목조목 알려준 다음 믿을 만한 감독관을 소개해주었다. 이 감독관은 가만히 앉아만 있어도 매달 1천 달러씩 수입을 챙길 터였다.

그러거나 말거나 변호사는 이번 만남에 매우 만족했다. 그 덕분에 계약서의 문제점을 사전에 발견했고 적당한 감독관까지 찾아냈기 때문이다. 이 사실을 모르고 덜컥 계약을 맺었다가 훗날 일본 회사가 그 틈을 비집고 수를 쓰면 감당할 수 없는 손실을 입을 수도 있었다.

영리한 유대인은 계약을 맺을 때 매우 사소한 것까지도 극도로 신중하게 생각하며 아무런 문제도 없도록 고심하고 또 고심한다. 비즈니스 무대는 전쟁터나 다름없으니까 말이다. 실제로 비즈니스계에서는 아무리 작은 계약이라도 경솔하게 맺어서는 안 된다. 대충대충 했다가는 상대방에게 덜미를 잡히기 십상이다.

비즈니스계에서의 갈등 중 상당수는 계약서를 둘러싼 다툼이다. 당사자들의 뜻을 제대로 반영하지 않아 계약 내용이 불분명할 수도 있고, 모든 경우의 수를 고려한 완벽한 계약서도 존재하지 않기 때문에 계약 당사자 중 어느 한쪽이 일부러 맹점을 노려 사달을 불러일으킬 수도 있기 때문이다. 그래서 유대인은 비즈니스를 할 때 티끌만큼의 허점도 남기지 않기 위해 대비해야 할 사항을 명문화해서 명확한 증거로 남긴다. 이러한 태도는 비즈니스에 종사하는 사람이라면 마땅히 참고할 만하다.

계약 위반은
하나님을 모욕하는 행위다

상인들은 대부분 유대인과의 계약을 반긴다. 그도 그럴 것이 유대인이라면 어떤 변고가
생기더라도 계약 내용만큼은 칼같이 지킬 것이기 때문이다.

유대인들은 계약을 어기면 하나님이 벌을 내린다고 믿는다. 이
와 반대로 계약을 잘 지키면 성공하는 그날까지 하나님이 함께한다
고 믿는다.

유대인은 어려서부터 《탈무드》의 가르침을 배우면서 계약을 지
키는 일이 얼마나 중요한지 뼛속 깊이 새긴다. 그래서 상인들은 대부
분 유대인과의 계약을 반긴다. 그도 그럴 것이 유대인이라면 어떤 변
고가 생기더라도 계약 내용만큼은 칼같이 지킬 것이기 때문이다.

전 세계 어디에서나 유대인 상인의 신용을 칭송하는 목소리를
들을 수 있다. 유대인은 '계약은 하나님과의 약속'이라고 생각하기
때문이다. 즉, 계약을 하나 체결하는 것은 곧 하나님에게 맹세를 하
는 것이자 결코 무르거나 후회하지 않겠다는 뜻이 된다. 만약 계약을

어기면 하나님의 신성을 모욕하는 셈이 된다.

'계약'은 유대인식 비즈니스의 비결이다. 세상은 끊임없이 변하지만 계약 내용은 영원불변하다. 계약을 따르고 지키면 양측의 이익이 침해받지 않으므로 돈은 저절로 굴러 들어온다. 유대인은 바로 이 '계약'의 울타리 안에서 부를 일궜다.

유대인은 일단 계약을 체결하면 반드시 지킨다. 아무리 어렵고 위험한 일이 생겨도 계약한 내용만큼은 어김없이 지킨다. 이는 수많은 유대인이 성공을 거두는 데 중요한 밑거름이 되었다. 유대인 스스로 계약을 엄수할 뿐만 아니라 상대방도 계약을 잘 지키리라고 믿어 의심치 않는다. 그래서 유대인 상인에게는 '채무불이행'이라는 말 자체를 쓸 일이 없다.

자신들이 그러하기 때문에 유대인은 계약을 어긴 사람을 벌레만도 못하게 취급한다. 계약을 위반한 책임을 지게 하는 것은 물론이고, 그로 인한 손실에 대해서는 치사할 정도로 꼼꼼히 따져 모조리 받아낸다. 또 유대인임에도 계약을 이행하지 않은 사람은 하나님의 뜻을 저버린 사람이라고 생각한다. 유대인들은 하나님의 뜻을 저버린 동포를 결코 용납하지 않는다. 결국 그 사람에게 남은 길은 동포들의 비난과 질책을 당하면서 유대인 상업계에서 쫓겨나는 것뿐이다.

변통의 최고 경지는
법을 바꾸는 것이다

> 유대인은 법을 변통하는 데도 도가 텄다. 형식적으로 법을 따르면서도 자기 나름의 활동
> 방식을 고수한다.

예로부터 유대인 상인은 약속을 잘 지키는 것으로 이름 높았다. 실제로 경영을 하다 보면 유대인 상인도 다른 상인과 마찬가지로 갖가지 법규며 경영 목표와 부딪히는 경우에 맞닥뜨린다. 이때 유대인 상인은 기본적으로 2마리 토끼를 모두 잡는 방침을 따른다.

이런 유대인의 방침을 잘 보여주는 유머가 있다. 이스라엘의 주거 문제가 매우 심각한 탓에 독일에서 온 몇몇 유대인들은 버려진 기차 객실을 임시 거처로 쓰고 있었다. 어느 날 저녁, 그들이 잠옷을 입고 차가운 칼바람에 온몸을 부들부들 떨면서 힘겹게 기차 객실을 이리저리 밀고 있었다. 그 모습을 본 현지 유대인이 물었다.

"도대체 뭘 하는 겁니까?"

그들 중 한 명이 차분하게 설명했다.

"안에서 볼일을 보는 사람이 있거든요. 차량 안에 '기차가 멈춘 상태에서는 화장실을 이용하지 마시오'라고 써있어서 이렇게 계속 움직이게 하고 있는 겁니다."

장거리 기차를 타본 사람이라면 이 문구를 읽어본 적이 있을 것이다. 이 문구의 뜻 또한 다들 잘 알고 있을 것이다(역 밖의 철도 위에 배설물이 떨어지게 했다는 뜻_옮긴이). 하지만 그들이 사용하는 기차 객실은 이미 더 이상 원래 의미의 객실이 아니라 '거주지'가 되었기 때문에 달리는 기차의 객실로 쓰일 때의 규정 따위는 전혀 지킬 필요가 없었다. 이 유대인들은 불필요한 규정을 고수한 탓에 몸은 몸대로 얼면서 헛수고만 한 셈이다.

대부분의 사람들은 이 유머를 듣고 '참 답답한 사람들이네.' 하며 혀를 찰 것이다. 그러나 조금만 틀어서 생각해보면 이는 '고지식하기' 때문이 아니라 '변통했기' 때문임을 알 수 있다.

이 유대인들은 기차 객실을 임시 거처로 사용했는데, 이는 유대인 상인이 오랫동안 다른 민족의 사회에 섞여 살던 것과 다를 바 없다. '기차가 멈춘 상태에서는 화장실을 이용하지 마시오'라는 규정은 철도 관리 부서에서 정한 것이다. 따라서 이 규정의 유효성 여부는 기차 차량의 소유자나 철도 관리 부서에서 결정할 일이다. 유대인들은 법을 만들 권력도, 그 법을 폐기할 권력도 없다.

규정을 폐기할 수도 없고 화장실은 써야겠으니 똑똑한 유대인들은 객실을 '움직이게' 만들기로 한 것이다. 기차 객실이 움직이기만 하면 규정을 지킬 수 있으니까 말이다. 비록 철도 관리 부서에서 사람이 차량을 밀어도 된다고 규정한 적은 없지만, 그런 건 유대인 스스로도 결정할 수 있다. 이러나저러나 부들부들 떨리는 몸으로 열심히 밀어댄 덕분에 규정을 위반하지도 않았고 볼일도 해결했으니 누이 좋고 매부 좋은 일임에는 분명했다.

이 유머에서 알 수 있는 유대인의 특징은 '변통'에 능하다는 것이다. 유대인은 이렇듯 법을 변통하는 데도 도가 텄다. 형식적으로 법을 따르면서도 자기 나름의 활동 방식을 고수한다.

계약에서 고려할 사항은 도덕성 유무가 아니라 합법성 유무다

민족성 탓인지 유대인은 너 죽고 나 죽자는 식으로 판을 깨느니 떳떳하게 허점을 공략하는 편을 선호한다. 쥐도 새도 모르게 감쪽같이 처리하면서 뒤탈을 걱정할 일도 없는데 안 할 이유가 없지 않은가!

유대인 상인은 계약을 맺는 양측이 자발적으로 원할 때 합의를 이뤘고, 관련 법규를 어기지만 않는다면 결과가 불공정하더라도 손해 본 자신을 탓해야 한다는 걸 분명히 알고 있다.

왜 사전에 주도면밀하게 따져보지 않았나? 바로 이러한 이치 때문에 《구약성서》에서는 야곱에 관한 이야기를 당당히 기록했다.

이스라엘인은 12개의 지파(부족)로 이루어졌다고 한다. 이 12개 지파의 선조는 배다른 형제들인데, 그 형제들의 아버지가 바로 야곱이다. 일찍이 야곱은 각지를 떠돌다가 외삼촌이자 훗날 장인이 될 라반의 양 떼를 치는 일을 했다.

그런데 품삯을 정하면서 야곱은 돈 대신 '엉뚱한 것'을 요구했다. 바로 얼룩무늬가 있거나 색이 검은 양이 태어나면 자신에게 주고, 다른 색깔의 양이 태어나면 모두 라반이 가지라고 한 것이다. 또 라반더러 지금 가지고 있는 양 중에 이런 양이 있으면 미리 가져가라고 했다.

라반은 야곱이 내건 조건에 매우 흡족해하며 그러자고 했다. 그 후로도 야곱은 늘 하던 대로 양 떼를 돌봤다. 세월이 흘러 어느덧 양이 짝짓기를 하는 시기가 되었다. 야곱은 나뭇가지를 가져와 흰 줄무늬가 보이게끔 껍질을 벗겼다. 그런 다음 이 나뭇가지를 양들이 물을 마시는 물구유나 도랑에 꽂아놓고 양들이 물을 마시러 올 때마다 이 나뭇가지를 보며 짝짓기를 하게 했다. 그러자 얼룩무늬가 있는 양들이 태어났다. 야곱은 이 양들을 골라내 따로 돌봤다.

그 뒤에도 양이 튼실하게 살이 쪘을 때마다 이렇게 짝짓기를 시켰더니 얼룩무늬가 있는 양들이 태어났다. 이와 반대로 양들이 마르고 비실거릴 때는 하고 싶은 대로 짝짓기를 하게 했더니 아무 무늬도 없는 양들이 태어났고, 이는 모두 라반에게 주었다.

몇 년 뒤 야곱은 그야말로 '굉장한' 부자가 되었다.

물론 야곱이 쓴 방법은 《구약성서》 속에서나 가능한 일이고, 그 시대 사람이라고 다 아는 방법은 아니었다. 다행이라면 라반은 이 사실을 몰랐다는 점이다. 만약 알았다면 절대로 야곱이 내건 조건에 동의해 그렇게 간단하고 효과적인 방법으로 새끼 양의 색깔을 바꿔 자신의 양을 '빼앗도록' 내버려두지 않았을 것이다.

이러나저러나 야곱은 얼핏 봤을 때는 매우 공정한, 심지어 누가 봐도 제 손으로 제 발등 찍는 것으로 보일 정도로 어리석은 계약에 자신만 아는 '수상한 것'을 끼워 넣었던 것이다. 그리하여 자기가 큰 이득을 보는 줄 알고 기꺼이 계약에 동의한 상대방의 뒤통수를 제대로 날려줬다.

유대교의 율법 연구를 삶의 의무나 유구한 전통으로 생각하는 유대인이 볼 때, 어떠한 법이든 허점이 있기 마련이다. 그리고 개중에는 딱히 불법이라고 명시되지 않아서 잘만 이용하면 '합법적으로 이용할 수 있는' 허점도 적지 않다. 수단과 방법이 깨끗하고 깔끔하기만 하다면 이용할 수 있는 만큼 이용해도 문제될 게 없다는 것이다. 특히 유대인을 차별하고 박해하며 눈엣가시로 여기는 사람들이 만든 법이라면 조금도 망설이지 않고 지근지근 밟아줄 수 있다.

물론 그럴 수 있다는 것이지 정말로 그렇게 한다는 뜻은 아니다. 민족성 탓인지 유대인은 너 죽고 나 죽자는 식으로 판을 깨느니 떳떳하게 허점을 공략하는 편을 선호한다. 쥐도 새도 모르게 감쪽같이 처리하면서 뒤탈을 걱정할 일도 없는데 안 할 이유가 없지 않은가!

자신에게 불리해도
계약을 어기지 않는다

현명한 유대인은 '약속은 반드시 지킨다는 원칙의 의미가 굉장하다고 믿는다. 이는 언젠가 자신이 곤경에 빠질 때 든든한 지원군이 돼 다시 일어날 수 있게 해줄 인맥을 끌어오고, 믿을 만한 기회도 마련해준다는 것이다.

《탈무드》에서는 이렇게 가르친다.

'한번 약속한 일은 자신에게 해가 되더라도 번복하면 안 된다.'

이 가르침을 성실히 따른 유대계 이집트 상인 오스만은 늘 먼 미래를 보고 문제를 판단했다. 지금 당장은 손해를 보더라도 약속을 번복하는 일이 없었기에 고향인 이스마일리아의 사람들은 먼 미래를 내다보는 오스만의 태도에 탄복했다.

1940년, 오스만은 뛰어난 성적으로 카이로 대학을 졸업하면서 공학 학사 학위를 받은 뒤 이스마일리아로 돌아갔다. 대학을 나왔어도 빈털터리였던 오스만은 제 힘으로 당당히 건축청부업자가 되겠다고 결심했다. 그러나 대부분의 사람들은 그의 결심을 헛된 꿈으로 치부했다.

오스만도 고민이 없었던 것은 아니다. 그래도 '지금 나는 무일푼의 가난뱅이지만 건축업에 종사하겠다는 뜻을 세웠다. 이 목표를 이루기 위해서라면 바닥부터 차근차근 밟아 올라갈 수 있다!'라고 생각했다.

건축청부업자였던 오스만의 외삼촌은 늘 이렇게 가르쳤다.

"다른 사람의 의견에 휘둘리지 말고 자신만의 확고한 생각을 가지고 있어야 해."

오스만은 건축청부업을 배우고 대학에서 배운 지식도 써먹을 겸 외삼촌을 돕기로 했다.

오스만은 일을 하면서 업무 경험을 쌓고 시공에 필요한 절차와 작업 효율을 높이며 자재를 아끼는 방법도 터득했다. 1년이 넘는 시간 동안 오스만은 많은 것을 배웠지만 아쉬움도 적지 않았다.

'외삼촌은 건축청부업을 하기에는 자금이 부족해. 설비는 낙후됐고, 기술은 구태의연해. 이런 식으로는 유럽의 청부업체와 경쟁할 수 없어. 아무래도 내 회사를 가져야겠어. 지식과 기술을 갖춰 유럽 업체와 어깨를 견줄 수 있는 청부업자가 되겠어!'

1942년, 오스만은 건축청부업자의 꿈을 실현하기 위해 외삼촌에게서 독립했다. 당시 오스만의 수중에는 180이집트파운드밖에 없었지만 과감하게 업계에 뛰어들었다.

오스만은 '모든 일은 사람이 하기 나름이며, 사람은 환경을 바꿀 능력이 있고, 주어진 환경의 노예가 되어서는 안 된다'고 생각했다. 오스만은 외삼촌 밑에서 일하면서 쌓은 경험을 바탕으로 자신만의 경영 원칙을 정했다.

'일은 성실하게 하면서, 상대방을 평등하게 대하며, 신용을 중시한다.'

창업 초기, 오스만은 사업의 크기나 이윤을 따지지 않고 적극적으로 달려들었다. 오스만이 따낸 첫 번째 일은 한 잡화점을 설계하는 일이었다. 누가 봐도 보잘것없는 일이었고, 계약금도 겨우 3이집트 파운드였다. 그러나 오스만은 이 별거 아닌 거래를 거절하지 않았다.

오스만은 자기가 처음에 정한 원칙대로 골머리를 앓으며 아이디어를 짜냈고, 조금도 소홀하거나 대충하지 않았다. 오스만의 설계안을 받아 든 잡화점 주인은 매우 만족했고, 그 후 누구를 만나든 오스만을 칭찬했다. 그러면서 오스만의 명성도 나날이 높아졌다. 오스만의 경영 원칙은 고객의 믿음을 얻었고, 그의 사업도 나날이 번창했다.

1952년, 이집트를 지배하던 영국은 이집트인들의 반영 투쟁을 진압하기 위해 전투기를 보내 수에즈 운하 연안 마을을 폭격했고, 마을 주민들은 하루아침에 살 집을 잃었다. 이에 오스만은 당장 폭격에 파괴된 마을을 재건하는 사업을 시작했다. 그 후 두 달 만에 160여 가구가 새집을 갖게 되었고, 오스만의 회사는 5만 4천 달러를 벌어들였다.

1950년대 이후 아랍 지역에서 어마어마한 양의 석유가 발견되자 각국 통치자들은 자국의 건설 사업에 박차를 가했다. 왕궁도 증축하고, 군부대도 짓고, 도로도 건설해야 했다. 이는 오스만에게 다시 안 올 기회였다. 사업가로서의 혜안은 오스만을 아랍 지역으로 이끌었다.

오스만은 사우디아라비아 국왕을 만난 자리에서 자신의 뜻을 밝히면서 '싸고 믿을 수 있고 품질 좋은' 공사를 장담했다. 당연히 사우디아라비아 국왕은 오스만의 부탁을 받아들였다. 공사를 마친 오스만은 사우디아라비아 국왕에게 완공식 사회를 부탁했고, 이에 사우디아라비아 국왕은 매우 흡족해했다.

'능력보다 신용이다.'

신용을 중시하고 품질을 보장하는 오스만의 처세술과 경영 원칙 덕에 그의 사업은 승승장구했다. 그 후 몇 년 동안 오스만은 쿠웨이트·요르단·수단·리비아 등에 자회사를 세워 중동 지역에서 혁혁한 이름을 날리는 건축업자가 되었다.

오스만처럼 신용을 첫째로 여기다가 손해를 보는 상황도 생길 수 있다. 그러나 그렇게 입은 손해도 일시적일 뿐이다. 이럴 때 쓰는 말이 전화위복이다. 경제적으로 약간의 손실을 입었더라도 '신용제일주의'는 먼 훗날의 사업에 긍정적인 영향을 미치거나 장기적으로 이득을 가져올 것이다.

오스만과 마찬가지로 현명한 유대인은 '약속은 반드시 지킨다'는 원칙의 의미가 굉장하다고 믿는다. 이는 언젠가 자신이 곤경에 빠질 때 든든한 지원군이 돼 다시 일어날 수 있게 해줄 인맥을 끌어오고, 믿을 만한 기회도 마련해준다는 것이다. 그 원칙 하나로 당신은 이미 상대방의 무한한 신뢰와 승낙을 얻어냈기 때문이다.

남을 속이면
내가 다친다

유대인은 사업을 할 때 매우 진지하고 성실하게 임한다. 맞으면 맞고 틀리면 틀린 거다.
괜히 남을 속였다가는 자신의 신용을 잃게 되고, 결국 마지막에 해를 입는 것은 바로 나
자신이라고 생각한다.

타노푸르시라는 마을에 페웰이라는 사람이 살고 있었다. 어느
날 페웰이 집에서 열심히 《탈무드》를 읽는데 문득 바깥에서 시끄러
운 소리가 들려왔다. 창가로 다가가 내다보니 아이들 한 무리가 놀고
있었다. 페웰은 아이들을 보내기 위해 창문을 열고 말했다.

"얘들아, 어서 예배당에 가봐라. 거기에 가면 괴물이 있을 거야.
다리가 다섯 개 달리고 눈이 세 개인데다 산양처럼 수염이 달렸는데
그 색이 초록색이란다!"

아이들은 그 말을 듣자마자 달리기 시작했다. 페웰은 느긋하게
서재로 돌아가면서 방금 아이들에게 꾸며낸 이야기를 떠올리며 큭큭
터져 나오는 웃음을 참지 못했다.

그러나 다시 찾아온 듯하던 고요는 한 무리의 달음박질 소리에

깨지고 말았다. 다시 창가로 가 내다보니 수많은 사람들이 달리고 있었다.

페윌이 큰 소리로 물었다.

"다들 어딜 그렇게 바삐 가십니까?"

한 사람이 답했다.

"예배당으로 갑니다! 못 들으셨어요? 거기에 다리가 다섯 개 달리고 눈이 세 개인데다 산양처럼 수염이 달렸는데 그 색이 초록색인 괴물이 나타났대요!"

페윌은 회심의 미소를 지으며 다시 자리로 돌아가 책을 손에 들었다. 그런데 자리에 막 앉자마자 이번에는 지축이 흔들릴 정도의 굉음이 들려왔다. 다시 창밖을 내다본 페윌은 그제야 상황이 심상치 않다는 사실을 깨달았다. 남녀노소를 가리지 않고 셀 수 없이 많은 사람들이 예배당을 향해 달리고 있었기 때문이다.

페윌이 소리쳤다.

"무슨 일이 났습니까?"

사람들이 대답했다.

"맙소사! 아직도 모르십니까? 예배당에 괴물이 나타났대요! 다리가 다섯 개 달리고 눈이 세 개인데다 산양처럼 수염이 달렸는데 그 색이 초록색이라지 뭐예요!"

말을 마친 사람들은 우르르 몰려갔다. 페윌은 몰려가는 사람 중에서 랍비까지 발견했다.

페윌은 속이 바짝바짝 타는 듯했다.

"일 났군! 랍비도 저들과 같이 뛰고 있다면 큰일이 벌어진 게 분명해!"

페웰은 모자를 집어 들고 문을 박차고 나가 무리를 따라 뛰기 시작했다.

"도대체 무슨 일이 생긴 거지?"

페웰은 혼잣말을 되뇌며 예배당을 향해 뛰었다.

유대인은 사업을 할 때 매우 진지하고 성실하게 임한다. 맞으면 맞고 틀리면 틀린 거다. 괜히 남을 속였다가는 자신의 신용을 잃게 되고, 결국 마지막에 해를 입는 것은 바로 나 자신이라고 생각한다.

신용 있는 사람만 쓴다

"우리는 지원자의 신용도를 매우 중요하게 생각합니다. 일단 금전적으로 문제될 만한 기록이 있는 사람은 절대 채용하지 않습니다. 다른 많은 회사들도 마찬가지입니다. 직원의 품행을 주의 깊게 살펴보고, 이를 승진이나 임용의 기준으로 삼죠. 업무 경험이 아무리 풍부하고 조건이 좋아도, 그건 중요한 요소가 아닙니다."

유대인의 경전 《탈무드》에 이런 말이 있다.

'돈은 산에 난 나무요, 성실은 산 중의 샘물이라.'

세계 제일의 투자은행 겸 글로벌 금융 서비스 회사인 모건 스탠리에 "사람을 쓰는 데 있어 가장 중요한 원칙이 무엇입니까?"라고 기자가 문의하자 이렇게 대답했다고 한다.

"우리는 지원자의 신용도를 매우 중요하게 생각합니다. 일단 금전적으로 문제될 만한 기록이 있는 사람은 절대 채용하지 않습니다. 다른 많은 회사들도 마찬가지입니다. 직원의 품행을 주의 깊게 살펴보고, 이를 승진이나 임용의 기준으로 삼죠. 업무 경험이 아무리 풍부하고 조건이 좋아도, 그건 중요한 요소가 아닙니다.

우리가 이렇게 하는 데는 4가지 이유가 있습니다.

1. 사람은 자신의 가정에 책임감을 느껴야 할 뿐만 아니라 채권자의 신용도 지켜야 합니다. 금전적으로 약속을 어기고 신뢰를 깼다는 것은 그 사람의 인격에 문제가 있다는 뜻입니다. 물건을 사려면 돈을 지불하고, 빚을 졌으면 갚아야지요. 금전적으로 신뢰를 안 지키는 건 절도나 다름없습니다.
2. 금전적으로 약속을 지키지 않는다면 다른 일에 대해서도 약속을 어길 게 분명합니다.
3. 약속을 지키고 신뢰를 이어갈 뜻이 없는 사람은 업무도 대충할 것입니다.
4. 자신의 재무 문제도 제대로 해결하지 못하는 사람을 어떻게 믿고 씁니까?

경제적으로 자주 어렵다면 절도나 공금횡령 같은 범죄도 서슴지 않고 저지를 겁니다. 금전적으로 문제될 기록이 있는 사람의 범죄율은 보통 사람의 10배나 되는 걸 보세요. 돈을 쓸 때는 약속과 신뢰를 지켜야 합니다. 이 점은 업무를 하거나 처신을 할 때도 똑같이 적용되는 사항이죠."

모건 스탠리의 채용 기준은 '성실은 비즈니스맨의 품행을 가늠하는 잣대'임을 보여준다. 이 잣대는 동서고금을 막론하고 모든 비즈니스맨을 검증하는 데 쓰인다.

성실은 비단 비즈니스맨의 품행을 가늠하는 잣대일 뿐만 아니라 가정과 사회에 대한 책임감을 보여주는 잣대이기도 하다.

유대인의 선조는 먼 훗날 사람을 심판할 때는 5가지를 물을 것이라고 예언했다.

그 질문은 다음과 같다.

1. 사업을 할 때 성실했는가?

2. 따로 시간을 내 공부하였는가?

3. 최선을 다해 일했는가?

4. 하나님의 구원을 받기를 바랐는가?

5. 지혜의 논쟁에 참여한 적이 있는가?

결코 탈세하지 않고
합리적으로 피한다

유대인에게 납세는 국가와 맺은 신성한 '계약'이다. 어떤 문제가 생기더라도 계약은 반드시 이행해야 한다. '신성한' 계약을 어기는 것은 유대인에게 있을 수도 없는 일이다.

　유대인은 '결코 탈세하지 않는다'는 약속을 철저히 지키지만, 법이 허용하는 범위에서 합리적으로 세금을 피하는 데 통달했다.

　'결코 탈세하지 않는다'는 유대인의 비즈니스 격언 중 하나다. 이는 유대인의 강한 납세의식을 보여준다. 유대인은 납세할 수 있는 것을 영광으로 생각한다. 유대인은 세상에서 가장 많은 부를 거머쥐고 있으면서도 다른 어느 국가의 상인보다 납세의 의무를 중요하게 생각한다.

　유대인에게 납세는 국가와 맺은 신성한 '계약'이다. 어떤 문제가 생기더라도 계약은 반드시 이행해야 한다. '신성한' 계약을 어기는 것은 유대인에게 있을 수도 없는 일이다.

한 스위스인이 해외여행을 마치고 귀국하면서 신발 속에 작은 보석 하나를 숨겨 들어왔다. 세금을 내지 않고 입국할 셈이었지만 세관에 들켜 압수당했다. 동행한 유대인은 그 상황을 이해할 수 없어서 물었다.

"왜 법대로 세금을 납부하고 당당하게 입국하지 않은 거야?"

국제적인 관례에 따르면 보석과 같은 액세서리를 들여올 때는 최대 8%의 비용만 내면 된다. 그 비용을 다 내고 당당하게 입국한 다음, 만약 국내에서 보석을 팔고 싶으면 가격을 8% 올려서 팔면 그만이다. 이렇게 간단한 셈은 초등학생도 할 수 있다. 그래서 유대인은 법에 따라 착실히 세금을 납부하는 것이 현명하다고 생각한다.

그러나 유대인이 '결코 탈세하지 않는다'고 해서 불합리하게 부과된 세금까지 고분고분 낸다는 뜻은 아니다. 유대인은 '불합리한 세금'을 몹시 싫어한다. 유대인 상인은 사업을 하기 전에 먼저 그 사업이 이윤을 낼 수 있는지 세심히 따져본 다음, 세금을 제하고 자신의 주머니에 들어올 돈이 얼마나 되는지 대강 셈해본다.

유대인도 더 많은 돈을 손에 쥐기 위해 세금과 관련해 많은 고민을 거듭했다. 그런 고민 끝에 '세금을 합리적으로 피하면 된다'는 결론을 내렸다.

오랜 세월 상업에 종사하면서 유대인은 합법적으로 세금을 피할 수 있는 방법을 알아냈다. 세금과 관련된 각종 법규를 줄줄이 꿰고 있는 유대인은 웬만한 세금징수원보다 세법에 밝다.

사실 유대인 상인은 세계 각지에서 자신들의 사업을 키우느라 눈코 뜰 새 없이 바쁘기 때문에 똑똑한 머리를 '합법적인 탈세'에 쓸 경황이 없다.

유대인은 아무리 합법적이더라도 탈세가 상업에 종사하는 사람의 근본적인 목적이 되어서는 안 된다고 생각한다. 탈세의 천재도 그 돈으로 백만장자가 될 수는 없기 때문이다. 합법적인 탈세는 관리자가 의사결정을 할 때 좀 더 세심하고 치밀하게 생각하면서 관리 수준을 제고하게 하기 위한 차원에서 고려해야 한다.

설령 이런 깊은 생각에서 비롯되었다고 하더라도 탈세 수단을 남용하면 악의적으로 탈세를 하는 것과 다를 바 없다. 유대인에게 신성한 계약은 상품이 될 수 있고, 귀중한 시간도 상품이 될 수 있지만, 양심과 존엄만은 상품처럼 팔 수 없는 것이다.

'납세는 당연한 것이다. 그러나 합리적이고 합법적으로 피할 수 있다.'

유대인의 경전 《탈무드》는 이미 오래전에 이와 비슷한 말을 남겼다. 유대인이 합법적으로 세금을 피하면서도 탈세는 하지 않는 것은 모두 《탈무드》 등 유대인의 경전에서 전해 내려온 지혜 덕분이다.

합법적으로 세금을 피하면서도 절대로 탈세는 하지 않은 덕분에 유대인 상인은 세계 어느 곳에서도 뿌리를 내리고 사업을 번창시킬 수 있었다.

선량과 친절을
근본으로 삼다

> 유대인 상인은 사람의 마음속 깊은 곳에 자리한 욕망을 충분히 이용하기 위해 선량하고
> 친절하고 부드러운 태도로 다가선다. 또한 유대인은 성공한 상인이라면 반드시 타인과
> 잘 지내야 하고, 남의 단점과 결점을 포용하는 아량도 있어야 한다고 생각한다.

큰 성공을 거둔 유대인 상인들의 행보를 보면 공통점 하나를 발
견할 수 있다. 바로 자선사업과 공익사업에 헌신했다는 사실이다.

19세기 중엽부터 20세기 초, 유대계 러시아인 은행가 요셉 긴즈
버그는 1840년 첫 번째 은행을 설립한 이후 10년 이상 러시아 각지
에 분점을 개설하고 서유럽 금융계와도 업무 관계를 맺으며 러시아
최대 금융그룹으로 발전시켜 세계적인 대부호 가문을 일궜다.

요셉 긴즈버그는 다른 유대인 부호처럼 성공을 거두는 과정에서
많은 자선사업을 벌였다. 요셉 긴즈버그는 러시아 황제의 동의를 얻
어 당시 러시아의 수도였던 상트페테르부르크에 두 번째 유대인 예
배당을 세웠다. 1863년, 러시아 유대인 교육보급협회를 만드는 데
자금을 댔고, 러시아 남부에 있는 대농원에서의 수입으로 유대인 농

촌 거주지를 만들었다.

긴즈버그 가문은 대대로 자선사업을 이어갔다. 과거 그들이 소유했던 유럽 최대 도서관의 장서들을 이스라엘의 예루살렘 유대인 공공도서관에 기증하기까지 했다.

미국 유대인 상인인 네이선 스트라우스는 상점에서 장부를 정리하는 일부터 시작해 차근차근 승진하여 결국 미국 최대 백화점 중 한 곳의 사장이 되었고, 1930년대에는 세계에서 제일가는 부자가 되었다. 그 또한 성공가도를 달리면서 자선 활동에도 활발히 참여했다.

회사 직원들의 복지에 관심을 쏟을 뿐만 아니라, 수시로 뉴욕 빈민가를 찾았고, 멸균우유공급소를 지을 자금을 기부하기도 했다. 또 미국 36개 도시에서 영유아에게 멸균우유를 제공했으며, 1920년까지 미국과 해외에 297개소에 달하는 무료우유공급소를 설립할 수 있도록 자금을 기부했다. 아울러 공중위생사업에도 자금을 지원했다.

1909년, 네이선 스트라우스는 미국 뉴저지 주에 첫 번째 어린이 결핵 예방 병원을 세웠다. 또 1911년에는 팔레스타인을 방문해 이 지역 유대인 이민자에게 편의를 제공할 수 있는 우유공급소·병원·학교·공장 등을 설립할 수 있도록 보유 자산의 3분의 1을 기부하겠다고 결정했다.

이처럼 유대인이 열심히 공익사업에 자금을 기부하는 속내를 파헤쳐보면 결국 다 마케팅 전략임을 알 수 있다. 이런 마케팅전략은 기업의 인지도와 영향력을 제고하고 소비자의 호감을 사는 데 큰 영향을 미친다. 또한 기업이 이미 점유한 시장을 공고히 하고, 향후 시장 점유율을 확대하는 데도 긍정적인 영향을 준다.

유대인은 '누구나 관심과 애정·존중을 열망한다'고 생각한다. 그래서 유대인 상인은 사람의 마음속 깊은 곳에 자리한 욕망을 충분히 이용하기 위해 선량하고 친절하고 부드러운 태도로 다가선다. 또한 유대인은 성공한 상인이라면 반드시 타인과 잘 지내야 하고, 남의 단점과 결점을 포용하는 아량도 있어야 한다고 생각한다.

신용은
무형의 자산이다

사업을 하려면 신용이 있어야 한다. 신용이 없는 사람은 벽 위에서 흔들리는 갈대와 같아 결국에는 휘청거리다가 쓰러질 수밖에 없다. 이와 반대로 신용이 있는 사람은 어떤 환경에 처하더라도 타인의 신뢰를 산다. 왜냐하면 '신뢰할 수 있고 약속을 잘 지키는 사람'이라는 평판이 자자하기 때문이다. 신용이 있는 사람은 자기도 모르는 사이에 스스로를 위해 엄청난 자산을 쌓은 셈이다.

이 세상에는 별장이나 자동차·예금 등 손을 뻗으면 잡히고 눈에도 보이는 유형의 자산이 있다. 이와 달리 명성·신용·평판 등은 눈에 보이지 않는 무형의 자산이다. 유대인 상인은 부자가 되려면 먼저 신용을 잘 지켜야 한다고 생각한다. 신용은 무형의 자산이자, 평판이 구체적으로 드러난 것이기 때문이다.

굳이 설명할 필요도 없이 평판이 나쁘고 신용이 없는 사람은 타인의 호감을 사기 어렵다. 그런 사람이 신임을 얻을 수 있을 리 만무하다. 그래서 상인은 반드시 신용을 잘 지켜야 한다.

'카렌'이라는 유대인이 있었다. 어느 해, 카렌은 친구에게 40만 달러를 빌리면서 재산을 담보 잡히지도, 통장을 저당 잡히지도 않고 그저 말로 약속했다.

"날 믿어. 연말에는 무슨 일이 있어도 반드시 갚을 테니까."

연말이 되었을 때 카렌은 자금 압박에 시달리고 있었다. 외채를 돌려 받지 못한 상황에서 빚 독촉은 나날이 심해졌다. 그런 와중에도 카렌은 친구에게 빌린 40만 달러를 갚기 위해 백방으로 뛰어다녀 그나마 20만 달러를 마련했다. 하지만 남은 20만 달러는 마련할 길이 없었다. 결국 카렌은 자신의 집을 담보로 대출을 받으려고 했다. 그런데 은행이 카렌의 집 가치를 24만 달러로 평가해 18만 달러밖에 마련할 수 없었다. 이에 카렌은 굳은 결심을 하고 남편과 상의한 끝에 자신의 집을 헐값인 20만 달러에 팔아넘기고 나서야 40만 달러를 마련했다. 집을 잃은 카렌은 가족과 함께 교외로 옮겨가 셋집을 구했다.

이미 비즈니스계에 몸담은 경험이 있었던 카렌은 다시 비즈니스를 시작했다. 이번에는 지난날의 실패를 거울삼아 매사에 신중했고, 설령 곤경에 빠지더라도 좌절하지 않았다. 결국 카렌은 다시 일어섰다. 2년 뒤, 모든 빚을 청산했을 뿐만 아니라 큰돈도 벌었다. 카렌은 사람들이 기사회생할 수 있었던 까닭을 물을 때마다 정중히 답했다.

"신용 덕분이었죠."

사업을 하려면 신용이 있어야 한다. 신용이 없는 사람은 벽 위에서 흔들리는 갈대와 같아 결국에는 휘청거리다가 쓰러질 수밖에 없다. 이와 반대로 신용이 있는 사람은 어떤 환경에 처하더라도 타인의 신뢰를 산다. 왜냐하면 '신뢰할 수 있고 약속을 잘 지키는 사람'이라는 평판이 자자하기 때문이다. 신용이 있는 사람은 자기도 모르는 사이에 스스로를 위해 엄청난 자산을 쌓은 셈이다.

벌어야 할 돈만
번다

> 말로 한 약속을 성실히 지키는 것도 당신의 신용을 높이는 길이다. 이는 곧 황금알을 낳
> 는 닭이 될 것이다.

유대인의 경전 《탈무드》에는 이런 내용이 나온다.

'만약 누군가가 유대인이 당신을 속였다고 말한다면 절대 믿지
마라. 유대인은 태생적으로 남을 속이지 못하기 때문이다.'

유대인 상인은 '신의·성실'을 최고로 친다. 자신들을 적대시하
는 사람들이 툭하면 공들여 짜낸 거짓말과 덫으로 음해하려고 했어
도 유대인은 결코 하나님의 가르침을 저버리지 않았다. 그들은 시종
일관 율법을 지키고, 성실함으로 타인의 신뢰를 얻었으며, 언젠가는
이에 대한 보답을 받을 것이라고 굳게 믿었다. 그래서 유대인 상인의
거래는 신뢰를 바탕으로 이루어진다.

유대인의 경전 《탈무드》는 상법의 기본 사상과 구체적인 규범을
간단히 규정했다. 다른 민족은 아직 농경생활을 하고 있을 때 유대인

의 선조는 이미 사회의 발전 추세를 예측하고 여러 가지를 규정해두 었다니, 그 탁월한 선견지명에 감탄이 절로 나온다. 오늘날의 사회에 적용해도 합리적이고 효과적임이 증명된 이 법규들은 상업사와 법률 사에서 중요한 의미를 지닌다. 이러한 기본적인 사상과 구체적인 규범은 유대인 상인에게 독특한 경영 스타일을 선사했으며, 오늘날 비즈니스 세계의 가치 기준에도 심대한 영향을 미쳤다.

미국의 '브라운 베리 반^{Brown berry barn}' 빵집의 여사장 캐서린은 요리 실력이 매우 출중했다. 아담한 크기의 빵집은 그다지 눈에 띄지 않았고, 두 딸이 엄마의 일을 도왔다. 빵집을 연 첫 해, 빵집 문턱이 닳도록 손님이 줄을 이었다. 2년이 흐른 뒤, 조그만 가게는 어엿한 회사로 성장했다. 다시 몇 년의 세월이 흘러 캐서린은 '제빵왕'으로 불리게 되었고, 연간 매출이 400만 달러에 이르는 성공한 기업가가 되었다.

처음 빵집을 열 때, 캐서린은 이렇게 말했다.

"사업을 하는 데는 정해진 기준이 없어. 사장이 그때그때 임기응변하는 수밖에 없지. 하지만 '신의·성실은 속이지 않는다'를 원칙으로 삼아 내가 벌어야 할 돈만 벌 거야."

이를 위해 캐서린은 먼저 재료의 원가를 정확히 계산해서 공정한 가격을 정해 포장 겉면에 표기했다.

그런 다음 '사흘이 지난 상품은 모두 회수한다'고 공개적으로 밝히고 제조일자까지 표기했다. 캐서린은 날마다 위탁판매상에게 신선한 빵을 배달하고 유통기한이 지난 빵을 회수했다. 캐서린은 시종일관 자신의 원칙을 성실히 따랐다.

어느 날, 캐서린이 보낸 배송차량이 회수한 빵을 싣고 가다가 화재가 일어난 지역을 지나가게 되었다. 음식이 부족해 굶주리고 있던 사람들은 빵 배송차량을 보자마자 우르르 몰려와 빵을 팔라고 아우성쳤다. 뜻밖의 상황에 배송원들은 난감하기 그지없었다. 굶주린 사람들이 아무리 안타까워도 유통기한이 지난 빵을 팔았다가는 해고당할 게 분명했다. 한쪽은 제발 팔라고 하고, 다른 한쪽은 팔 수 없다고 버티는 상황이었다. 이때 배송원 중 한 명이 사람들을 향해 외쳤다.

"우리 회사는 유통기한이 지난 빵은 팔지 않습니다. 하지만 억지로 사는 것까지 금지한다는 규정은 없습니다. 그러니까 여러분은 이 빵들을 '억지로' 구매할 수 있으니 양심에 따라 빵값을 좀 치러주시면 됩니다."

그러면서 현장에 있던 기자들에게 자신들은 말리고 사람들은 억지로 빵을 구매하려는 모습을 찍어달라고 부탁했다. 그 사진을 근거로 이 상황에 대해 사장에게 변명하기 위해서였다.

이 소식이 전해지면서 캐서린의 회사의 신용도는 급상승했고, 더 많은 소비자의 지지를 받게 되었다. 그 후 반년도 지나지 않아 회사의 이윤은 5배나 늘어났고, 미국 각지에서는 캐서린의 회사에서 생산한 빵을 맛볼 수 있게 되었다.

말로 한 약속을 성실히 지키는 것도 당신의 신용도를 높이는 길이다. 이는 곧 황금알을 낳는 닭이 될 것이다.

Jewish
Wisdom

제4장

실적이 전부다

원가를 통제하는 지혜

Jewish wisdom

큰 이윤을 바란다면
기꺼이 가장 작은 것을 취하라

부하직원은 문제가 쌓이고 더 커져 수습할 수 없는 지경에 이르기 전에 자신의 의견을 밝힐 책임이 있습니다. 리더는 우물쭈물하다가 부하들까지 허둥지둥하게 만들거나, 호시탐탐 기회만 엿보는 하이에나에게 물어뜯기지 않기 위해서라도 과감하게 결단해야 합니다.

유대인 부호 샌포드 웨일은 1981년 6월 세상 사람들이 경악할 만한 놀라운 결정을 내렸다. 바로 20년간 갖은 고생을 해가며 키운 시어슨 러브 로즈Shearson Loeb Rhoades를 자본이 탄탄한 아메리칸 익스프레스American Express에 판 것이다. 아메리칸 익스프레스는 신용카드·여행자수표·은행 등의 업무를 주로 하는 대기업이었다. 웨일의 시어슨 러브 로즈는 전망이 매우 밝았기에 사람들은 웨일이 이번에는 손해 보는 장사를 했다고 생각했다.

그러나 얼마 후, 사람들은 다시 한 번 웨일의 통찰력에 감탄했다. 현재 아메리칸 익스프레스에서 샌포드 웨일보다 높은 사람은 이사장과 총수뿐이고, 웨일이 가진 주식 총액은 2700만 달러이며, 연수입은 190만 달러에 이른다.

물론 웨일도 아메리칸 익스프레스를 키우기 위해 전전긍긍했다. 웨일이 짠 그림에 따라 아메리칸 익스프레스는 5억 5천만 달러로 남미무역발전은행Trade Development Bank of South America 산하의 외국계 은행을 사들였다. 이 은행은 외환업·보석무역·은행업 등 다양한 사업을 하고 있었다. 이렇게 큰 거래를 성사시킨 것에 웨일 스스로도 자부심을 느꼈다. 게다가 이 일로 아메리칸 익스프레스에서 웨일의 몸값이 급등하면서 웨일은 월 가의 화제의 인물로 급부상했다.

아메리칸 익스프레스의 이사장이 접대로 자리를 비우는 때가 잦았기에 자연히 웨일이 실질적인 수장 역할을 했다. 웨일의 지휘 아래 각 부서가 힘을 합쳐 열심히 노력한 덕분에 아메리칸 익스프레스의 영업이윤은 계속 상승곡선을 그렸다.

웨일은 타고난 관리자였다. 그중에서도 회사 내 인간관계를 잘 조율하는 데 뛰어났다. 웨일은 입버릇처럼 말했다.

"리더는 부하직원의 사기를 북돋울 책임이 있습니다. 물론 방법은 다양하죠. 나는 부하직원들과 잘 어울리고, 그들의 목소리를 경청합니다. 이와 마찬가지로 부하직원은 문제가 쌓이고 더 커져 수습할 수 없는 지경에 이르기 전에 자신의 의견을 밝힐 책임이 있습니다. 리더는 우물쭈물하다가 부하들까지 허둥지둥하게 만들거나, 호시탐탐 기회만 엿보는 하이에나에게 물어뜯기지 않기 위해서라도 과감하게 결단해야 합니다."

유대인 부호 웨일이 성공한 데는 여러 가지 요인이 있다. 예를 들어 웨일은 호승심이 매우 강했고, 자신감이 넘쳤다. 그러나 그 모든 요소 중에서 가장 중요한 것은 자신이 언제 무슨 일을 해야 할지 정확히 알고 과감하게 결단해 기회를 잡은 것이다.

웨일은 자신의 회사를 아메리칸 익스프레스와 합병시킬 때에도 우물쭈물하지 않고 과감하게 결단했다. 그 후의 행보에서도 처음에는 조금 손해를 보는 듯하더니 결국에는 큰 이득을 보았다. 아메리칸 익스프레스와의 합병을 성사시키고 얼마 후에는 아메리칸 익스프레스의 2인자가 된 것이다. 이는 모두 비범한 담력과 식견, 과감한 결단력 덕분이다.

내 것이 맞다면
놓지 않는다

유대인은 단 돈 몇 푼까지도 꼼꼼하게 따진다. 대다수 동양인이 '그깟 푼돈'이라며 우습게 여기는 것과는 매우 다르다. 유대인은 그 이윤이 분명 내 것이라는 확신이 들면 절대 놓지 않는다.

유대인의 계산 능력은 사업적 판단을 내리거나 외부와 협상을 진행할 때 큰 도움이 된다. 사실 유대인의 뛰어난 계산 능력은 타고난 것이 아니라 오랜 세월 동안 훈련을 통해 익힌 것이다.

오랜 세월 동안 상업에 종사하면서 유대인은 누구보다 빨리 계산하는 능력을 길렀다. 청바지의 창시자 리바이 스트라우스의 삶을 예로 들 수 있다. 가정 형편이 어려웠던 리바이 스트라우스는 1850년 다른 사람들을 따라 독일에서 미국 서부로 건너가 골드러시 행렬에 동참했다.

샌프란시스코에 도착해 몇 주간 금을 찾아 헤매다보니 그 많은 사람 중에 간혹 돈을 좀 만진 사람을 보기도 했다. 하지만 한 달 가까이 아침부터 저녁까지 허리가 휘도록 금을 찾아봐야 겨우 몇십 달러를 버는 게 고작이었다. 이럴 바에야 차라리 장사를 하는 게 낫겠다는 생각이 들었다. 금을 찾아 끝도 없이 밀려드는 광부들에게 생필품만 팔아도 꽤 이문이 남을 것 같았기 때문이다.

100달러어치 팔 때마다 순이익을 20달러씩이나 손에 쥘 수 있으니, 날마다 100달러어치씩 판다면 한 달에 600달러도 거뜬히 벌수 있었다. 하물며 금에 미친 광부들이 이렇게 많은데 하루에 겨우 100달러씩 밖에 못 팔겠는가?

계산을 마친 리바이 스트라우스는 깔끔하게 손 털고 나온 다음, 물이나 생필품 따위의 잡화를 팔기 시작했다. 과연 리바이 스트라우스의 생각은 적중했다. 장사를 시작한 첫 달 매출액만 5천 달러나 돼 순이익이 1천 달러가 넘었다. 금광에서 일하는 평범한 광부보다 수십 배나 많은 수익이었다. 그 후 판매하는 물품의 종류가 많아질수록 수익이 훨씬 더 늘어난 것은 당연지사였다.

유대인은 단 돈 몇 푼까지도 꼼꼼하게 따진다. 대다수 동양인이 '그깟 푼돈'이라며 우습게 여기는 것과는 매우 다르다.

유대인은 그 이윤이 분명 내 것이라는 확신이 들면 절대 놓지 않는다. 이를 위해 분명히 따져보아야 하고 신속히 결과를 계산할 수 있어야 한다. 유대인은 영리하게도 이 둘에 모두 능숙하다. 덕분에 무슨 사업을 하든 성공을 거둔다.

지혜의 씨앗은
돈보다 귀하다

지혜를 수확하는 것은 돈을 수확하는 것보다 훨씬 값진 일이다. 지혜는 바로 사업 전망을 결정짓는 중요한 요소이기 때문이다. 이와 반대로 다른 민족 비즈니스맨들은 지혜를 기르는 일을 중시하기는커녕 아예 관심조차 갖지 않는다. 그저 어떻게든 교활한 수로 이득을 볼 생각만 한다.

유대인은 비즈니스맨을 '지혜의 씨앗'이라고 부른다. 지혜와 돈은 모두 씨를 뿌리고 잘 돌보면 수확할 수 있다고 생각하는 것이다.

지혜를 수확하는 것은 돈을 수확하는 것보다 훨씬 값진 일이다. 지혜는 바로 사업 전망을 결정짓는 중요한 요소이기 때문이다. 이와 반대로 다른 민족 비즈니스맨들은 지혜를 기르는 일을 중시하기는 커녕 아예 관심조차 갖지 않는다. 그저 어떻게든 교활한 수로 이득을 볼 생각만 한다. 하지만 일은 결코 그들의 바람대로 풀리지 않는다.

유대계 미국인으로 '토목건축업계의 제왕'이라 불린 베다 지위트는 건축업계에서 뿐만 아니라 탄광·목축·보험·출판은 물론 방송국을 비롯한 언론계에서도 성공을 거뒀다.

베다 지위트가 실업가로서 성공한 데는 그 자신의 독특한 경영

철학이 결정적 역할을 했다.

"단돈 1달러라도 벌 수 있는 기회만 주어진다면 나는 결코 포기하지 않는다."

또한 베다 지위트는 예지력이라도 있는 듯, 어떤 일이 일어나기 전에 그 일이 언제 일어날지 정확히 예견했다. 경영자로서 베다 지위트는 사람을 적재적소에 잘 써서 부하의 재능과 사기를 높일 줄 알았다. 그래서 업무 효율이 매우 높았고, 직원들 스스로 더 노력했다. 다음 사례에서 이 점을 확인할 수 있다.

1950년경 베다 지위트는 공사를 한꺼번에 2개나 따냈다. 하나는 오하이오 주에 원자력발전소를 건설하는 공사였고, 다른 하나는 와이오밍 주에 켈리미바 제방Kelimiba Dike을 건설하는 일이었다. 대규모 공사 2개를 동시에 낙찰 받아 시공해야 하는 상황에서 베다 지위트는 그만의 능력을 유감없이 발휘했다.

토목건축기사는 대개 공통점이 있다. 바로 어려운 공사일수록 더 불이 붙어 능력을 십분 발휘한다는 것이다.

원자력발전소 건설은 최고의 기술력을 보여주는 공사일 뿐만 아니라, 국가적으로도 의미가 대단했다. 그래서 원자력발전소 공사를 앞둔 직원들은 전에 없이 한껏 들떠있었다. 그러나 제방 공사에 대해서는 '그깟 제방 쌓는 일쯤이야, 식은 죽 먹기지!'라는 식의 반응을 보이며 그다지 내켜하지 않았다.

이에 베다 지위트는 두 공사의 진행 상황을 예의주시하다가 제방 공사에 참여한 건축기사 중 뛰어난 능력을 보여주는 사람이 있으면 원자력발전소 건설현장으로 보냈다. 반대로 원자력발전소 공사에 참여한 기사 중 성과가 미진한 사람은 제방 건설현장으로 보냈다. 그 결과 어느 쪽 공사에 참여한 기사든 경쟁심을 불태우며 능력을 최대한 발휘한 덕분에 양쪽 다 예정된 기한보다 더 빨리, 더 훌륭하게 공사를 마칠 수 있었다.

베다 지위트는 인재를 적재적소에 쓰는 데도 비범했지만, 모래 속에 감춰진 진주를 발견해 길러내는 데도 적극적이었다. 이제 막 학교를 졸업한 젊은 기술자들에게 1년 동안 직업훈련을 시켜 다양한 분야의 건축기술을 습득하게 한 것이다. 이는 이론적인 지식을 실무에 활용하는 방법을 익히고 잠재력을 끌어내는 데에도 매우 효과적이었다.

이처럼 인적 자원을 제대로 활용한 덕분에 온갖 분야의 공사를 쉴 틈 없이 수주하면서도 하나같이 완벽하게 작업을 마칠 수 있었다.

베다 지위트는 공사에 직접 참여하지 않고 가이드라인만을 제시한 다음, 공사와 관련된 모든 진행을 현장 책임자에게 일임했다. 대신 작업을 신속하게 평가해 긴장의 끈을 놓지 못하게 했다.

'자유를 주되 책임을 묻는 것!'

이것이 베다 지위트의 경영 스타일이었다.

비용을 절약하는 것이 곧
이윤을 늘리는 길이다

> 경영을 하면서 1달러라도 절약하는 것이 곧 1달러라도 더 버는 길이다. 절약과 이윤은 정비례한다.

사업에서는 퍼줄 때는 한없이 퍼주고 아낄 때는 쥐어짤 수 있는 만큼 아껴야 한다.

유대인의 경전 《탈무드》에 이런 말이 있다.

'큰일을 이루는 사람의 비결은 검약이다.'

상인이라면 더더욱 지출을 줄일 방법을 마련하여 이윤을 늘려야만 성공할 수 있다.

선상船商이자 은행가였던 '스튜어트'라는 유대인은 이런 명언을 남겼다.

"경영을 하면서 1달러라도 절약하는 것이 곧 1달러라도 더 버는 길이다. 절약과 이윤은 정비례한다."

스튜어트는 낡은 배를 개조해 더 많은 임대료를 받으면서 연료

비와 인건비를 절약했다. 아마 은행가 출신이었던 까닭에 비용과 지출을 줄이는 데 유독 관심이 많았을 수도 있다.

스튜어트는 자신이 고용한 선장이 단 1달러도 허투루 쓰지 못하게 했고, 기술 담당자가 선거船渠에 직접 수리비를 지불하지 못하도록 했다. 이유는 '그들은 금전의식이 없기 때문'이었다. 그래서 선원들은 스튜어트를 '자린고비'라고 불렀다. 스튜어트는 훗날 엄청난 거상이 된 뒤에도 절약하는 습관을 유지했다.

오랜 세월 동안 스튜어트를 보좌한 직원은 그 당시를 회상하며 이렇게 말했다.

"스튜어트 회장님의 밑에서 일하는 동안, 항상 업무 지시 사항을 직접 메모로 전달받았습니다. 메모지로 쓰인 종이는 질이 형편없는 편지지였는데, 스튜어트 회장님은 한 장에 한 줄씩 메모로 전달하셨지요. 그리고 메모한 부분을 길게 찢어서 좁고 긴 한 장짜리 메모지로 전달했어요. 그러면 편지지만 한 크기의 종이 한 장도 서너 장짜리 'VIP 지시사항'으로 바뀌는 거죠."

5분의 1밖에 쓰지 않은 종이를 그대로 버리는 것은 낭비라는 것이었다. 이처럼 스튜어트는 아낄 수 있는 한 최대한 아꼈다.

스튜어트의 사례에서 볼 수 있듯이 아무리 사업 규모가 크더라도 더 많은 이윤을 얻으려면 단 1달러라도 아껴야 한다. 최소비용의 원칙은 필수라는 뜻이다. 단 1달러라도 아끼고 꼭 필요한 곳에만 지출한다. 이는 유대인 상인이라면 누구나 지키는 기본 원칙이다.

큰 부자는 남의 돈으로
이루어진다

이윤을 좇되, 확실한 실력을 갖춘 사람을 찾아서 수단·방법을 가리지 않고 그와 자신의
이익을 단단히 엮어 뗄 수 없는 이익공동체를 형성한다. 이로써 자신의 목표를 실
현하는데 유용한 아군을 얻는다.

콘래드 힐튼이 등 떠밀려 가족을 떠나 5억 7천만 달러를 소유하
기까지 걸린 시간은 겨우 17년이었다. 힐튼이 부자가 될 수 있었던
까닭은 유용한 자원을 빌린 덕분이다. 힐튼은 한번 빌린 자원을 끊임
없이 새로운 자원으로 변모시킨 끝에 결국 모든 자원의 주인이 되어
억만장자의 반열에 올랐다.

젊은 시절, 힐튼은 늘 부자를 꿈꿨지만 좀처럼 기회가 오지 않았
다. 그런데 어느 날, 힐튼은 텍사스 주 댈러스 시의 번화한 상업지구
를 어슬렁거리다가 호텔이 하나밖에 없다는 사실을 발견했다. 힐튼
은 이 지역에 고급 호텔을 지으면 분명히 성공할 거라는 예감이 들었
다. 그래서 주변 지역을 주의 깊게 살펴본 끝에, 큰길 모퉁이에 있는
땅이 호텔 부지로 적합하다는 결정을 내렸다.

이 땅의 소유주가 '드르미치'라는 부동산업자임을 알게 된 힐튼은 곧바로 그를 찾아갔다. 드르미치는 부지 가격으로 30만 달러를 불렀다.

힐튼은 가부를 표명하지 않고 건축설계사와 부동산평가사를 초빙해 '그'의 호텔 가격을 추산해달라고 했다. 사실 힐튼은 자신이 원하는 호텔을 지으려면 자금이 얼마나 필요한지를 물은 것이다.

이에 건축사는 적어도 100만 달러는 필요하다고 했다.

당시 힐튼은 겨우 5천 달러밖에 없었지만, 그 돈으로 호텔 한 곳을 매입했고 호텔 가치를 높여갔다. 그리하여 얼마 지나지 않아 5만 달러를 손에 쥔 힐튼은 친구와 동업해 10만 달러를 마련한 뒤 처음에 꿈꿨던 호텔을 짓는 작업에 착수했다. 물론 10만 달러로는 부지조차 구입할 수 없고, 그가 꿈꾸던 호텔을 짓기에는 한참 모자랐다. 사람들은 힐튼이 헛된 꿈을 꾼다고 비웃었다.

힐튼은 다시 한 번 드르미치와 토지거래계약을 맺었다. 물론 토지양도금은 드르미치가 요구했던 30만 달러였다. 그러나 30만 달러가 손에 들어오기를 기다리던 드르미치에게 힐튼은 어처구니없는 소리를 하기 시작했다.

"나는 당신의 땅을 사서 고급 호텔을 짓고 싶습니다만, 지금 가진 돈으로는 기껏 해봐야 평범한 여인숙밖에 지을 수 없습니다. 그래서 지금 당장은 당신의 땅을 사지 않고 그냥 빌리고자 합니다."

결국 언짢아진 드르미치는 더 이상 힐튼을 상대하지 않으려고 했다. 그러나 힐튼은 진지하게 말했다.

"만약 당신의 땅을 100년간 빌려준다면 해마다 3만 달러씩 상환할 것이고, 토지소유권은 여전히 당신에게 있을 겁니다. 만약 제가 임대료를 제때 내지 못하면 땅과 함께 이 땅 위에 지어진 호텔까지 당신이 가지면 됩니다."

그 말에 드르미치는 입이 귀에 걸렸다.

'호박이 넝쿨째 들러온다더니, 30만 달러를 못 받는 대신 앞으로 270만 달러를 받을 테고, 토지소유권에 더해 그 위에 지어진 호텔까지 가질 수도 있어!'

그리하여 이 말도 안 되는 거래가 성사되었다. 힐튼은 한꺼번에 30만 달러나 되는 거금을 지불하는 대신, 첫해에 부지 사용료로 3만 달러만 지불하면 됐다. 다시 말해 힐튼은 3만 달러로 30만 달러를 내야만 쓸 수 있었던 땅의 사용권을 얻은 셈이다. 그리하여 27만 달러를 아꼈지만, 원하는 호텔을 짓기 위해 필요한 100만 달러에는 턱없이 모자랐다.

그래서 힐튼은 다시 드르미치를 찾아갔다.

"땅을 담보로 대출을 받고 싶으니 동의해주세요."

드르미치는 몹시 화가 났지만 달리 방법이 없어 울며 겨자 먹기로 동의했다.

그렇게 힐튼은 토지사용권을 가지고 은행에서 30만 달러를 빌렸다. 여기에 드르미치에게서 3만 달러를 지불하고 남은 7만 달러를 합쳐 총 37만 달러를 확보했다. 그러나 이 역시 100만 달러에는 많이 못 미쳤다. 그래서 힐튼은 토지개발업자를 찾아가 호텔 사업에 참여해줄 것을 부탁했고, 힐튼에게 설득당한 개발업자는 20만 달러를 투자했다. 이렇게 해서 힐튼은 총 57만 달러를 마련했다.

1924년 5월, 힐튼 호텔은 자금난을 어느 정도 해소한 상태로 착공에 들어갔다. 그러나 호텔이 절반쯤 지어졌을 때 힐튼 수중의 57만 달러는 이미 바닥을 드러냈다. 힐튼은 다시 곤경에 빠졌다. 이번에도 도와줄 사람은 드르미치밖에 없었다. 힐튼은 드르미치를 찾아가 자금난을 겪고 있다고 솔직하게 털어놓은 뒤, 남은 공사를 마칠 수 있도록 자금을 지원해달라고 부탁했다.

"호텔이 완공되면 이 호텔은 당신 것이 됩니다. 그러나 호텔의 경영권은 저에게 주셔야 합니다. 그러면 매년 임대료로 최소 10만 달러 이상을 지불하겠습니다."

사실 이때 드르미치도 달리 방도가 없었다. 힐튼의 부탁을 거절하면 힐튼은 물론이고 자신 또한 단돈 1달러도 건질 수 없게 될 터였기 때문이다. 결국 드르미치는 마지못해 고개를 끄덕였다. 이러나저러나 돈을 빌려주더라도 자신은 손해 볼 게 없었다. 일단 호텔이 완공되면 호텔은 자신의 것이 될 테고, 토지소유권도 자신에게 있는데다, 매년 10만 달러나 임대수익을 챙길 수 있을 터였으니 말이다.

1925년 8월 6일, 힐튼의 이름을 딴 '힐튼 호텔'이 개장하면서 콘래드 힐튼은 인생의 정점을 향해 내달렸다.

힐튼은 겨우 5천 달러로 2년 만에 꿈에도 그리던 호텔을 손에 넣은 것이다. 그것도 '남의 것을 빌려서' 말이다. 정말이지 힐튼은 사람을 이용하는 데 도가 텄다고 할 수 있다.

사실 이 방법의 이치는 지극히 간단하다.

'이윤을 좇되, 확실한 실력을 갖춘 사람을 찾아서 수단·방법을 가리지 않고 그와 자신의 이익을 단단히 엮어 떼려야 뗄 수 없는 이익공동체를 형성한다. 이로써 자신의 목표를 실현하는데 유용한 아군을 얻는다.'

생각하지 않으면
자산도 빚으로 변한다

생각은 세상에서 가장 고된 일이다. 그래서 사람들은 대부분 깊이 생각하기를 꺼린다.

《탈무드》에 이런 말이 있다.

'독특한 안목은 지식보다 더 중요하다.'

미국 어느 유명 대학의 학장이 넓지만 척박한 땅을 상속받았다. 이 땅에는 상업적 가치가 있는 목재나 광물은 물론이고 이렇다 할 귀중한 자원도 없었다. 한마디로 수익원은커녕 오히려 토지세를 내야 하는 애물단지였다.

이 땅 위로는 주 정부가 낸 도로가 지나갔다. 어느 날, 한 '일자무식'인 유대인이 차를 타고 지나가다가 이 척박한 토지가 산꼭대기에 자리한 덕에 사방 몇 킬로미터 너머까지 이어지는 아름다운 풍광을 감상할 수 있는 곳임을 깨달았다. 게다가 이곳에는 잔솔을 비롯한 묘목들이 잔뜩 자라있었다.

그 유대인은 에이커 당 10달러를 내고 50에이커에 달하는 황무지를 구입했다. 도로에 가까운 곳에 독특한 형태의 목조건물을 짓고, 대규모 식당과 주유소까지 세웠다. 또 도로를 따라 수십 채의 1인용 목조주택을 지어 하룻밤에 3달러씩 받고 여행자에게 빌려줬다. 이렇게 해서 그는 식당·주유소·목조주택으로 첫해에만 15만 달러의 순이익을 얻었다.

이듬해, 그 유대인은 사업을 확장해 방 세 칸짜리 주택 50채를 더 지었다. 그는 이 주택을 인근 도시민들에게 분기당 150달러의 임대료를 받고 피서용 별장으로 임대했다. 그가 이 목조주택을 짓는 데 필요한 건축자재를 사는 데는 단돈 1달러도 들지 않았다. 그의 땅 위에 널린 게 목재였기 때문이다.

또 이 목조주택들의 독특한 외관도 그 유대인의 사업을 알리는 데 한몫했다. 보통사람이 이처럼 가공되지 않은 원시적인 자재로 집을 지었다면 미쳤다고 손가락질 받았을 테니 말이다.

이야기는 여기서 끝이 아니다. 그 유대인은 목조주택에서 5킬로미터 이내에 자리한 150에이커 규모의 오래되고 버려진 농장을 에이커당 25달러에 사들였다. 여담이지만 농장 주인은 자신이 최고가에 농장을 넘겼다고 확신했다.

그 유대인은 이 자리에 100미터 길이의 둑을 쌓고 작은 개울의 물을 15에이커 규모의 호수로 흘러들게 해 거기에 물고기를 길렀다. 그런 다음 이렇게 개조한 농장을 주택 가격으로 호숫가 피서지를 찾는 사람에게 팔았다. 이처럼 간단한 방식으로 여름 한철 동안 2만 5천 달러를 벌어들였다.

이처럼 탁월한 선견지명과 상상력을 가진 그 유대인은 한 번도 정규 '교육'을 받은 적이 없었다.

우리는 이 사실을 마음에 새겨야 한다.

'잡다한 지식을 제대로 활용할 줄만 안다면, 누구나 교양과 힘을 가질 수 있다.'

비록 낫 놓고 기역자도 모르는 무식쟁이였지만 '무지'와 황무지 50에어커를 한데 묶어 생각한 결과, 소위 교육 좀 받았다는 사람들이 지식을 이용해 5년 동안 벌어들인 수입보다 훨씬 많은 돈을 단 1년 만에 벌어들인 것이다.

또 한 명의 유대인 부호이자 '자동차왕'인 헨리 포드는 이렇게 말했다.

"생각은 세상에서 가장 고된 일이다. 그래서 사람들은 대부분 깊이 생각하기를 꺼린다."

당신의 머리는 당신이 가진 자산 중 가장 유용한 것이지만, 제대로 사용하지 않으면 가장 큰 빚이 될 것이다.

영업은 자금을 회수하면서
시작된다

> 만약 고객이 요구하는 할인 액수가 크지 않고 여태껏 대금 지불로 잡음을 일으킨 적이 없
> 다면 적당히 봐주는 것도 나쁘지 않다. 그러나 고객을 신뢰할 수 없고, 고객이 툭하면 돈
> 을 적게 낸다면 가격을 깎아달라는 그 고객의 요구를 거절해 '거래는 공정하게 해야 한다'
> 는 인식을 심어줘야 한다.

유대인은 채무 문제를 해결하려면 채무자의 상황에 대해 제대로
알고 있어야 한다고 생각한다. 대개 채무자는 개인과 법인을 포함한
다. 법인단체는 개개인으로 구성되기에 심리상태는 비슷하지만 처한
상황과 심리외적인 면은 다르다. 다음에서 유대인 상인이 성공적으
로 수금하는 기술 6가지를 소개하겠다.

1. 고객과 수금·지불시간을 정한다.

'정기적 방문'은 순조로운 수금의 첫걸음이다. 사업가는 고객과
수금시간을 정할 때 고객의 입장에서 생각해봐야 한다. 고객과 자신
모두가 편하고 적당한 시간을 고르는 것이다. 무조건 고객 위주로 생
각하면 고객이 '내 마음대로 해도 되겠구나!' 같은 잘못된 생각을 품

을 수 있다. 그렇다고 자신에게 편한 시간만을 고객에게 강요하면 고객은 불쾌할 수 있다.

2. 수금하기 전에 장부 내용을 확인한다.

전통적인 수금 방식은 이러했다. 먼저 판매자가 고객의 영업장에 가서 관련된 채권 증서를 제시하면, 고객이 일일이 대조하며 틀린 부분이 없는지 확인한 다음 판매자에게 어음을 발급하거나 현금을 지불했다. 이처럼 직접 마주한 상태에서 대금을 지불하는 방식의 가장 큰 단점은 고객이 장부를 대조하며 확인하는 동안 판매자도 동석해야 하기 때문에 판매자가 귀중한 시간을 낭비할 수밖에 없다는 점이다.

이런 문제를 해결하기 위해 판매자는 약속한 수금시간 이전에 고객의 '명세표'를 만들어 주문일자·수량·단가·총액·통일영수증번호 같은 항목을 작성한다. 그리고 이것을 우편으로 고객에게 발송해 고객이 사전에 지불 내용을 대조하고 확인토록 한다.

'명세표'를 받은 고객은 사전에 대조 작업을 진행해 틀린 내용이 없으면 양측이 약속한 지불 기한에 따라 미리 어음을 발급하거나 현금을 준비하고, 판매자가 약속한 시간에 맞춰 수금하러 온다. 그러면 양측 모두 단시간 안에 대금 지불과 수금을 마칠 수 있다. 판매자는 물론 고객도 귀중한 시간을 절약할 수 있는 것이다.

3. 수금을 할 때는 '먼저 받고 나중에 판다.'

현명한 판매자는 한번 고객을 방문할 때 영업과 수금을 동시에 한다. 한마디로 도랑 치고 가재 잡는다. 이렇게 하면 시간을 절약할 수 있지만, 한 번에 2가지 일을 하려다 보니 가재도 바구니도 다 잃는 경우가 생기기도 한다. 그래서 제대로 도랑도 치고 가재도 잡으려면 반드시 '먼저 받고 나중에 파는' 원칙을 지켜야 한다. 먼저 고객과 정산해야 할 대금을 계산한 다음, 달리 필요한 것이 있는지 알아본다. 그래야만 순조롭게 영업할 수 있다.

4. 고객이 대금 지불의 어려움을 호소할 때는 분할 지불 방식을 고려한다.

가끔 자금 사정이 어려운 고객을 만나곤 한다. 이들은 입으로는 꼭 갚겠다고 하면서도 구체적인 지불 일자에 대해서는 얼버무리기 일쑤다.

이런 경우 판매자는 고객의 상황에 따라 분할해서 지불할 것을 제의할 수 있다. 다만 매회 지불해야 할 금액과 지불 일자는 명확히 정해야 한다. 이런 지불 방식은 고객이 매회 지급해야 할 금액과 일자를 계약서에 분명히 기록하고 고객이 서명까지 해야 하기 때문에 알게 모르게 고객에게 심리적 부담을 준다. 그래서 연체된 대금을 돌려받는데 상당히 효과적이다.

5. 걸핏하면 깎으려는 고객을 일단 부드럽게 대하되, 그래도 안 되면 강수를 둔다.

걸핏하면 가격을 깎으려는 고객은 작은 이익에 목을 맨다. 그래서 대금을 지불할 때 잔돈은 깎아달라거나 기존에 합의된 정도보다 과도하게 할인해줄 것을 요구한다. 이런 고객은 한 푼이라도 깎을 수 있다면 수단·방법을 가리지 않고, 자신의 이익을 위해 타인의 이익마저 희생시킨다. 이득을 볼 것 같으면 대금을 지불할 때 무슨 수를 써서든 가격을 깎으려고 기를 쓴다.

이런 고객을 상대할 때는 말투를 부드럽게 하되 단호한 태도로 계약 조건에 따라 대금을 지불할 때 얻을 수 있는 장기적 이익에 대해 설명한다. 만약 고객이 요구하는 할인 액수가 크지 않고 여태껏 대금 지불로 잡음을 일으킨 적이 없다면 적당히 봐주는 것도 나쁘지 않다. 그러나 고객을 신뢰할 수 없고, 고객이 툭하면 돈을 적게 낸다면 가격을 깎아달라는 그 고객의 요구를 거절해 '거래는 공정하게 해야 한다'는 인식을 심어줘야 한다.

6. 언쟁은 최대한 피한다.

간혹 수금 문제로 언쟁이 벌어지기도 한다. 언쟁을 하다보면 자신도 모르는 사이에 인정사정없는 태도와 언어·증거로 고객의 자존심에 상처를 입히게 된다. 고객이 대금 지불 기한이 불합리하다며 무리한 시비를 걸 때는 일단 냉정을 유지한다. 직접적인 마찰은 피하는게 상책이다. '평상심'을 유지하며 해결 방법을 '토론'해야지, 절대 말로 이기려고 해서는 안 된다. 언쟁에서 이긴다고 돈을 받을 수 있는 것은 아니다.

이윤은 기회의
씨앗이다

어떤 상황에서든 깊이 생각하는 사람이 우위를 점한다. 유능한 사람은 기회를 기다리는
사람이 아니라, 자신의 목적을 이루기 위해 기회를 잡아 잘 이용하고 통제하는 사람이다.

1992년, 제25회 올림픽이 스페인 바르셀로나에서 열렸다. 이 도시에서 전자제품 상점을 운영하던 한 유대인은 올림픽이 열리기 전에 바르셀로나 시민들에게 공표했다.

"만약 스페인이 이번 올림픽에서 금메달을 10개 이상 따면 6월 3일부터 7월 24일까지 우리 상점에서 상품을 산 고객에게 구매 금액을 그대로 돌려드리겠습니다."

이 소식이 전해지자 바르셀로나 시 전체가 들썩거렸다. 심지어 다른 지역에까지 소식이 전해졌다. 이 말은 곧 이 기간 동안 이 상점에서 전자제품을 공짜로 얻을 수 있다는 것과 다름없었다. 그래서 사람들은 너도나도 달려와 상품을 구매하기 시작했다. 가게는 넘쳐나는 손님들로 북적거렸다. 상품 가격이 결코 싸지 않았는데도 가게 매출은 수직상승했다.

그런데 생각지도 못한 일이 벌어졌다. 7월 4일밖에 되지 않았는데 이미 스페인 선수단은 금메달 10개와 은메달 1개를 목에 걸어 사장이 약속한 구매 금액 반환 기준을 넘어서버렸다. 더군다나 이때부터 7월 24일까지는 아직 20일이나 남아있었다. 만약 이전에 구매한 전자제품의 구매 금액을 고객들에게 돌려준다면 남은 20일 동안 구매한 전자제품의 구매 금액도 돌려줘야 했다. 그래서 사람들은 그 전보다 더 미친 듯이 상품을 구매했다.

계산해보니 고객들에게 돌려줘야 할 금액이 100만 달러를 넘었다. 이제 상점은 문 닫을 일만 남았었다. 고객들이 몰려와 언제쯤 구매 금액을 반환할 거냐고 물을 때마다 사장은 느긋한 태도로 뜻밖의 답변을 내놓았다.

"9월부터 반환하겠습니다."

"왜지? 정말 돌려줄 능력이 되나?"

사람들은 비슷한 의문을 품기 시작했다.

사실 사장은 이미 생각해둔 바가 있었다. 이 광고를 내기 전, 사장은 보험회사에 이와 관련된 보험을 들어뒀다. 보험회사의 스포츠 전문가는 스페인이 획득할 금메달 수가 10개를 넘지 않으리라고 예측했던 것이다. 스페인은 여태껏 올림픽에 참가하면서 금메달을 5개까지 밖에 획득하지 못했기 때문이다. 그래서 보험회사는 사장의 보험을 접수했다.

그 덕분에 상점 사장은 위험하기는 하되 반드시 돈을 벌 수밖에 없는 보험에 가입할 수 있었다.

만약 스페인 선수단이 이번 올림픽에서 획득한 금메달 수가 10개 미만이라면 상점은 큰 이윤을 남길 테고, 보험회사도 배상할 필요가 없으니 결과는 윈윈이 될 터였다. 이와 반대로 스페인 선수단이 획득한 금메달 수가 10개 이상이라면 상점이 돌려줘야 할 물건값은 모두 보험회사가 지불해야 하겠지만 상점과는 아무 상관이 없다. 그러니까 금메달 개수와 상관없이 상점 사장은 돈을 벌 수밖에 없었던 것이다.

어떤 상황에서든 깊이 생각하는 사람이 우위를 점한다. 유능한 사람은 기회를 기다리는 사람이 아니라, 자신의 목적을 이루기 위해 기회를 잡아 잘 이용하고 통제하는 사람이다.

Jewish
Wisdom

—————— 제5장 ——————

적합한 대상, 진정한 대화,
적확한 거래
유대인 마케팅의 지혜

Jewish wisdom

먹거리 사업에
종말은 없다

우리는 항상 어떤 상품을 팔아야 가장 많은 돈을 벌 수 있을까를 고민한다. 대다수 사업
가가 이 물음의 답을 찾아 헤맬 때, 유대인은 일찌감치 분류를 마쳤다. 과거·현재·미래를
불문하고 '여성'과 '입'을 겨냥한 사업은 무조건 돈을 번다. 먹거리 사업은 유대인의 사업
에서 가장 주목받는 분야 중 하나다.

입은 밑 빠진 독이나 다름없다. 지구상에는 70억 개가 넘는 '밑
빠진 독'이 있기 때문에 그 시장잠재력은 가히 상상을 초월한다. 이
때문에 유대인 상인은 양곡점·식품점·어물전·정육점·과일가게·채소
가게·식당·카페·술집·클럽 등 입으로 들어가는 먹거리를 취급하는
거의 모든 상점을 운영한다.

어떤 사업이라도 제대로 하려면 흔히 통용되는 사업 법칙을 답
습해서는 안 된다. 성공을 위해서는 남다른 두뇌 회전과 깊은 통찰력
이 필요하다. '입'으로 돈을 버는 사업도 다를 바 없다. 다음 예를 들
어보자.

일본 오사카에 유명한 대부호이자 일본에서 최초로 고기 패티를
넣은 빵, 즉 햄버거를 판 사업가가 살았다. 1970년대 초, 그는 미국

맥도날드 사와 손잡고 일본인에게 값싸고 질 좋은 햄버거를 판매하기 시작했다.

처음 사업을 추진할 때만 하더라도 다른 일본 상인들은 모두 그를 비웃었다. 일본에서 햄버거를 판다니, 스스로 제 무덤 파는 격이라고 생각했기 때문이다. 그러나 그의 생각은 달랐다. 일본인이 체질이 약하고 체격이 왜소한 까닭은 쌀을 주식으로 하는 식습관 때문이고, 이를 해소하기 위해 미국에서 불고 있는 햄버거 열풍이 일본에도 불 것이라고 생각했기 때문이다.

'똑같은 음식을 파는 사업인데, 미국에서는 성공하고 일본에서는 안 될 까닭이 무엇인가?'

또 유대인의 관점에 따르면 '먹거리' 사업은 어떠한 경우에도 돈을 벌 수 있다. 사업만 제대로 추진하면 성공하지 않을 까닭이 없는 것이다.

이런 신념으로 그는 햄버거를 팔기 시작했다. 그런데 다른 일본 사업가들의 예상을 비웃듯, 가게는 개장 첫날부터 인산인해를 이뤄 그 일본 상인이 예상했던 수준마저 가볍게 뛰어넘는 엄청난 성공을 거뒀다. 그 후로도 이윤은 나날이 늘어 당시 세계에서 가장 앞선 기술로 만든 고기 패티 생산 기계를 몇 대나 망가뜨리고도 고객의 수요를 따라잡지 못할 정도였다. 결국 그 일본 상인인 후지타 덴은 햄버거, 다시 말해 '먹거리' 사업으로 단숨에 큰돈을 벌어들였다.

오늘날의 사회에서는 어떤 것이라도 다 상품이 될 수 있기 때문에 비즈니스의 기회가 무궁무진하다. 그러나 사업마다 이윤 차이가 있기 마련이고, 유행을 타는 사업과 장기적으로 이윤을 창출할 수 있는 사업이 따로 있다. 내놓자마자 불티나게 팔려나가지만 이윤율은 매우 낮은 상품이 있는 반면, 잘 팔리지는 않지만 이윤율이 매우 높은 상품도 있다. 마찬가지로 특정한 환경이나 시기에만 돈을 벌 수 있는 상품이 있는 반면, 사시사철 돈을 벌 수 있는 상품도 있다.

우리는 항상 어떤 상품을 팔아야 가장 많은 돈을 벌 수 있을까를 고민한다. 대다수 사업가가 이 물음의 답을 찾아 헤맬 때, 유대인은 일찌감치 분류를 마쳤다. 과거·현재·미래를 불문하고 '여성'과 '입'을 겨냥한 사업은 무조건 돈을 번다. 먹거리 사업은 유대인의 사업에서 가장 주목받는 분야 중 하나다.

사회적 활동은
상품 판매의 다른 말이다

> 사업을 하면서도 선을 행하고 타인과 우호적인 관계를 맺는 것이야말로 유대인이 성공적
> 으로 부를 일구는 비결이자, 어느 곳에서든 살아남고 뿌리를 내리는 전략이며, 우리가 마
> 땅히 배워야 할 점이다.

《탈무드》에 이런 말이 있다.

'대중에게 선을 행하면 영원히 이름을 남긴다.'

성공한 유대인들의 삶을 살펴보면 공통점 하나를 발견할 수 있
다. 바로 부를 이룬 뒤에는 하나같이 자선사업과 공익사업에 헌신했
다는 점이다.

유대인은 자신이 사는 곳이 어디든 그곳에 뿌리를 내려야 한다
고 굳게 믿는다. 그래서 열심히 사업을 하면서 자신이 일군 부와 사
업으로 유대인 동포는 물론 다른 민족까지 돕거나 지켜야 한다고 생
각한다. 진심으로 대하고 믿음을 얻어야만 적이 아닌 친구를 얻을 수
있다고 확신하는 것이다.

미국의 필립모리스 사는 사회공익사업에 활발히 참여하는 기업

이다. 이 회사는 미국 500대 기업 중 하나이자 '말보로' 브랜드의 담배·식품·음료를 판매하는 다국적 기업이다. 뉴욕에 본사를 둔 필립모리스는 전 세계 곳곳에서 사업을 펼치고 있으며, 연매출이 100억 달러가 넘고, 직원도 11만 4천여 명에 이른다.

필립모리스는 협찬을 장기적인 영업 전략으로 삼고 있으며, 매년 협찬 계획을 세우고 세계 각국의 문화 사업에 엄청난 규모의 인력과 자금을 지원하고 있다. 협찬 분야도 미술·음악·무용·연극 등 광범위하다.

담배와 식품을 주로 생산하는 이 기업은 매년 수천만 달러에 달하는 거금을 들여 자신들이 취급하는 상품과는 아무런 상관이 없는 분야에 협찬하는 것이다. 식견이 짧은 이들은 헛돈 들여 어리석은 일을 한다고 비웃지만, 필립모리스 이사회 의장이자 최고경영자인 해미시 맥스웰의 생각은 다르다.

"다른 기업처럼 제품을 생산해서 노동과 일자리를 제공하고, 정부에 세금을 납부하며, 주주의 이윤을 늘릴 뿐 아니라, 사회의 일원으로서 사회가 달리 필요로 하는 것도 알아야 합니다. 이를 위해 필립모리스는 우리 기업의 사회적 지위에 상응하는 의무를 이행해 사회복지에 공헌하려고 합니다."

또한 해미시 맥스웰은 이렇게 덧붙였다.

"사회가 발전하지 않으면 상업도 번영할 수 없습니다. 기업이 사회의 발전에 이바지하는 것은 단순히 경제적 이익을 좇는 것보다 훨씬 중요합니다. 필립모리스의 일원들은 줄곧 창조적인 사상을 탐색

해왔습니다. 우리는 법인단체로서의 노력을 통해 이러한 탐색 방식을 더욱 활발하고 생동감 넘치게 만들고자 합니다. 이렇게 함으로써 직원들 스스로 추진력 넘치는 환경에서 일한다고 의식하게끔 하면서 직원들을 비롯한 우리 모두, 그리고 우리와 만나는 모든 사람이 필립모리스와 함께 일한다는 사실에 자부심을 갖도록 만들겠습니다."

필립모리스는 자신과 사회의 이익을 한데 묶고 문화사업을 협찬함으로써 기업과 사회 사이의 끈끈한 관계를 형성했다. 그리하여 기업의 영향력과 인지도를 높여 역으로 자신들의 상품을 제대로 홍보했다. 결과를 놓고 봤을 때 이런 전략은 확실히 대중을 움직였다. 예를 들어 '말보로' 담배는 원래 태국 시장에서 팔리지 않았으나, 필립모리스가 태국을 비롯한 동남아시아 일대에서 순회공연을 펼치는 오페라 팀을 협찬하면서 서서히 태국 시장의 문이 열렸다.

유대인 상인은 이 이치를 잘 알고 있다. 사업을 하면서도 선을 행하고 타인과 우호적인 관계를 맺는 것이야말로 유대인이 성공적으로 부를 일구는 비결이자, 어느 곳에서든 살아남고 뿌리를 내리는 전략이며, 우리가 마땅히 배워야 할 점이다.

부자들 사이에서
유행하는 것에 주목하라

> 부자들 사이에서 유행하는 걸 예의주시하며, 그들의 유행을 이끌고, 더 나아가 시장을 깊이 연구하면 유행을 따라잡는 것을 넘어 유행을 앞설 수 있다. 이렇게 주도권을 잡으면 돈은 저절로 굴러 들어온다.

유대인 상인은 부유한 사람의 호주머니를 노리는 한편, 그들을 통해 대중의 소비를 유도한다.

어떤 상품이 유행하려면 먼저 부유한 사람들에게 눈도장이 찍혀야 한다. 특히 값비싼 사치품이라면 더더욱 그렇다. 부자들 사이에서 유행하는 상품은 곧 일반 대중들 사이에서도 유행한다.

물은 아래로 흐르고, 사람은 위로 향한다. 사람은 대개 상류사회를 동경하기에 상류사회에 다가서고 싶어 한다. 상류사회에서 유행하는 옷이나 액세서리·운동·음식·스타일은 일반 대중에게 많은 영향을 미치는데, 특히 여성이나 젊은 남자들에 대한 영향력이 지대하다. 그래서 너도나도 상류사회에서 유행하는 것을 모방하느라 바쁘다.

이러한 이치를 잘 알고 있는 유대인은 이를 이용해 유행을 만들어낸다. 예를 들어 유대인 부호 로스차일드는 고액권 화폐를 먼저 상류사회에서 유행시킨 다음, 서서히 대중에게도 보급되게 했다. 또 앞서 소개했던 일본의 햄버거왕 후지타 덴의 성공 사례도 이 점을 잘 보여준다. '긴자의 유대인' 후지타 덴은 햄버거로 큰 부를 일궜을 뿐만 아니라, 다이아몬드·패션·명품핸드백·장난감 등 여성과 어린이를 대상으로 한 사업도 했다.

후지타 덴은 사업 대상을 일단 상류사회의 부유한 사람들 사이에서 유행하는 제품으로 정했다. 다이아몬드의 모양, 의류의 색상, 핸드백의 스타일 등 모든 것을 부자들의 기호에 맞췄다. 그 결과, 후지타 덴이 내놓은 상품마다 매진 행렬을 이어갈 정도였고, 20년이 지나도록 단 한 번도 '떨이'로 넘기는 수모를 겪지 않았다.

물론 후지타 덴이 경쟁자를 제칠 수 있었던 이유는 단순히 유럽 등지에서 유행하는 것을 그대로 들여오지 않고, 실제 일본 시장 상황에 맞춰 융통성 있게 변화를 주었기 때문이었다.

유럽에서 유행하는 의류와 액세서리는 금발의 푸른 눈, 늘씬한 몸매의 유럽 여성에게나 어울리지 황색 피부, 검은 머리카락에 왜소한 일본 여성에게는 어울리지 않기 때문이다. 아무리 돈이 썩어나게 많아도 자신에게 어울리지도 않는 것을 사는 데 돈을 쓸 이유는 없다. 그래서 하나만 알고 둘은 모르는 어리석은 상인들은 깊이 고민해 보지도 않고 부자들의 유행만 좇다가 본전도 못 찾고 망한다.

후지타 덴이 '긴자의 유대인'으로 불리는 까닭은 그가 유대인의 상술을 적절하게 잘 활용하기 때문일 것이다. 변화무쌍한 오늘날의 시장에서 유행을 정확히 짚어내는 것은 돈줄을 쥐는 것이나 다름없지만, 유행을 읽어내기가 어디 쉬운 일인가! 이 때문에 부자들 사이에서 유행하는 상품에 주목하는 유대인의 사업 전략에서는 배울 점이 많다.

부자들 사이에서 유행하는 걸 예의주시하며, 그들의 유행을 이끌고, 더 나아가 시장을 깊이 연구하면 유행을 따라잡는 것을 넘어 유행을 앞설 수 있다. 이렇게 주도권을 잡으면 돈은 저절로 굴러 들어온다.

개똥도
약에 쓸 수 있다

사물의 좋고 나쁨은 상황에 따라 변할 수 있다. 좋은 것이라고 꼭 좋지는 않고 틀림없이
뭔가 단점이 있게 마련이다. 또 나쁜 것이라고 절대적으로 나쁘지는 않고 반드시 쓰일 데
가 있다. 이는 모두 사람이 하기 나름이다.

유대인의 경전 《탈무드》에 이런 말이 있다.

'세상에 쓸모없는 것은 없다. 그저 쓰인 곳이 틀렸을 뿐이다.'

유대인은 세상에 쓸모없는 것은 없고, 설사 지금 당장 쓸데가 없
는 물건도 결국 그 존재 가치와 쓰임새를 찾을 수 있다고 생각한다.

유대인은 다른 사람들이 무시하는 물건의 존재 가치와 쓰임새를
귀신같이 알아본다. 그래서 유대인의 격언 중에는 '잡초도 쓸모가 있
다'라는 말이 있다. 이 격언은 한 우화에서 나왔다.

어느 날, 한 농부가 허리를 구부린 채 정원에서 잡초를 뽑고 있
었다. 뙤약볕 아래서 일하자니 굵은 땀이 쉴 새 없이 뺨을 타고 흘러
내렸다.

"망할 잡초 같으니라고! 이 잡초만 없었어도 정원이 무척 볼 만

했을 텐데. 하나님은 왜 이런 짜증나는 잡초를 만들어 내 정원을 망치시는 거지?"

농부는 불퉁한 마음에 중얼거렸다.

그러자 농부의 손에 뽑혀서 정원에 누워있던 잡초가 농부에게 답했다.

"우리가 짜증난다고요? 우리도 쓸모가 있다는 생각은 안 해본 모양이군요. 제 말을 좀 들어보세요. 우리가 땅속으로 뿌리를 내리는 것은 흙을 가는 것이나 다름없습니다. 당신이 우리를 뽑아낼 때, 흙은 이미 갈린 후라는 거죠. 또 비가 올 때 빗물에 흙이 쓸려가지 않도록 하는 것도 우리고, 건조할 때 거센 바람에 먼지가 일지 않도록 하는 것도 우리랍니다. 또 우리는 당신의 정원을 지켜주기까지 해요. 우리가 없었다면 당신은 꽃을 심고 감상하는 재미를 느끼지도 못했을 거예요. 빗물에 흙이 쓸려가고 강풍에 흙이 날려간 땅에 어떻게 꽃이 필 수 있겠어요? 그러니까 활짝 핀 꽃을 보고 미소 지으면서 우리의 공로도 좀 생각해주세요."

잡초의 말에 농부는 문득 숙연해졌다. 그 후 농부는 다시는 어떤 것도 얕보지 않았다.

유대인의 이런 생각은 모든 물건에 쓰임이 있다는 사실을 되새기게 해준다. 사물의 좋고 나쁨은 상황에 따라 변할 수 있다. 좋은 것이라고 꼭 좋지는 않고 틀림없이 뭔가 단점이 있게 마련이다. 또 나쁜 것이라고 절대적으로 나쁘지는 않고 반드시 쓰일 데가 있다. 이는 모두 사람이 하기 나름이다.

살다보면 성공하기도 하고 실패하기도 한다. 이는 당연한 이치다. 유대인은 대개 실패하더라도 그 사실을 용인하고 받아들인다. 성공의 달콤함에 빠져 실패의 쓴맛을 잊는다면 결국 진저리치도록 쓴맛만 볼 날이 올 것이라고 생각한다. 성공은 해이함과 자만심을 부르기 때문이다. 이와 달리 실패는 긴장감과 경계심을 일으키기 때문에 좋은 스승이 된다. 실패를 통해 얻는 가르침의 가치가 큰 데 왜 버리겠는가.

유대인이 끊임없는 곤경을 헤치고 앞으로 나아갈 수 있는 까닭은 잡초도 쓸모가 있다고 믿기 때문이다. 그들은 곤경과 실패에 빠졌을 때도 자신의 존재 가치를 발견한다. 이것이 바로 유대인이 가진 남다른 지혜다.

다방면으로
생각하라

어제와 같은 방식으로 행동한다면 어제와 같은 결과만을 얻을 뿐이다. 돈을 벌려면 깊이
생각하고 남다른 것을 발견할 수 있어야 한다. 그래야만 기회를 계속 선점할 수 있다.

유대인은 사업을 성공시키고 이윤을 얻으려면 다방면으로 생각
해야 한다고 본다.

다방면으로 생각하려면 먼저 정형적 사고에서 탈피해야 한다.
'정형적인 사고방식'이란 예전의 사고방식을 가리킨다.

생각을 하는 과정은 대개 기존의 사고방식을 자연스럽게 답습한
다. 하지만 어제와 같은 방식으로 행동한다면 어제와 같은 결과만을
얻을 뿐이다.

돈을 벌려면 깊이 생각하고 남다른 것을 발견할 수 있어야 한다.
그래야만 기회를 계속 선점할 수 있다.

'정형적인 사고방식'은 문제에 대해 깊이 생각하는 데 이점이 많
은 게 사실이다. 불필요한 탐색·모색의 과정을 줄이거나 없애 생각할

시간을 크게 줄이고, 생각의 효율을 높일 뿐만 아니라, 가볍고 즐거운 마음으로 생각하게끔 하기 때문이다. 그래서 일상생활과 업무에서 결코 '정형적인 사고방식'의 가치를 무시할 수 없다. 혹자는 정형적 사고가 사람들이 매일 부딪히는 문제의 90% 이상을 해결해준다고도 했다.

그러나 '정형적인 사고방식'은 '창의적인 사고방식'에 매우 해롭다. 그리고 사업을 하려면 '창의적인 사고방식'이 필요하다. '창의적인 사고방식'은 사업 중에 부딪히는 새로운 문제를 해결하고 기존의 문제도 새로운 방식으로 해결할 수 있게 해준다.

'창의적인 사고방식'은 곧 '정형적인 사고방식'을 깨뜨리고 벗어나는 것이다. '창의적인 사고방식'은 일반적인 사고방식에서 벗어나 기발하고 참신한 해결 방법을 찾는 것이다.

다음에서 '창의적인 사고방식'으로 부를 일군 사례를 살펴보자.

일본 가와사키 시에는 '오카다 하우스Okada House'라는 백화점이 있었다. 이 백화점은 다른 상점들이 겨우 문이나 닫지 않을 정도로 고전을 면치 못할 때 홀로 흑자를 유지하며 끊임없이 규모를 키웠고 해마다 최고매출액을 경신했다. 그 이유는 무엇이었을까? 오카다 하우스의 사장은 시장 상황을 면밀히 관찰하면서 남다른 경영 전략과 마케팅 전술을 구사했다.

소매업을 하다보면 잔돈이 부족해 거슬러주지 못하는 경우가 종종 발생한다. 오카다 하우스는 1961년에 이미 이 문제를 해결할 수 있는 방법을 생각해냈다. 거스름돈이 부족한 상황을 해결하면서 새로운 고객까지 불러 모은 이 방법은 간단했다. 백화점 입구 카운터에 '경품 추첨소'를 마련해 1엔당 한 번씩 추첨할 수 있는 기회를 준 것이다. 그러자 고객들은 쇼핑을 하면서 잔돈을 거슬러주는 대신 추첨을 할 수 있게 해달라고 요구했다.

이 기발한 방법은 적은 돈으로 큰 상을 뽑을 수도 있다는 기대심리를 자극했으며, 백화점의 수입을 늘리는 데에도 크게 기여했다. 오카다 하우스는 이렇게 해서 고객의 마음을 사로잡았고, 고객은 '쇼핑'과 '운', 이 2마리 토끼를 잡으러 기꺼이 오카다 하우스를 찾았다.

주머니 두둑한
고객을 노린다

명품 전략은 시장에서 가장 주머니가 두둑한 고객에게서 이윤을 얻는 방식이다. 이는 매우 현명한 전략이다. 주머니 사정이 두둑한 고객을 겨냥하면 고정시장을 확보할 수 있어 비즈니스 전쟁에서 길을 잃지 않을 수 있고, 적은 품으로 많은 이윤을 거둘 수 있기 때문이다.

일본의 위대한 사업가 후지타 덴은 사업을 처음 시작할 때 한 유대인에게서 큰 가르침을 받았다.

그 유대인이 가르치기를 어떤 상품이 유행하는 상황은 크게 둘로 나눌 수 있다. 하나는 고소득층에서 유행하다가 점차 대중에게 유행이 번지는 경우고, 다른 하나는 대중 사이에서 갑자기 폭발적으로 인기를 끌다가 금세 시들어버리는 경우다. 둘 중 고소득층에서 유행하기 시작한 상품의 수명이 훨씬 길다. 통계에 따르면 적어도 2년 이상 유행이 지속된다고 한다. 이런 상품은 대개 고급 수입품이다.

사실 어떤 수입품은 품질 면에서는 자국 상품과 비슷한 반면 가격은 몇 배나 더 비싼데도 돈 있는 사람들은 수입품을 선호하는 경향이 있다. 마치 비싼 물건을 살수록 남보다 지위가 높다는 증거라고 생각하는 것처럼 말이다. 그래서 사업가들은 고객의 이런 심리를 이용해 수입품의 가격을 터무니없이 높이는데도 없어서 못 팔 지경이다. 결국 그 덕분에 사업가들은 손쉽게 큰돈을 벌어들인다.

후지타 덴은 보통 사람들의 심리를 꿰뚫어봤다. 그래서 의류와 액세서리를 수입할 때 최상위 상류층이 안 사고는 못 배길 최고가 제품을 수입했다. 그러면 얼마 후 그보다 소득이 좀 적은 상류층이 최상위 상류층을 모방해 그 제품을 구매하려고 몰려들었다. 그렇게 해서 원래 예상했던 고객보다 2배나 많은 고객을 확보했다. 그러고 나서는 자연스럽게 그 다음 소득계층이 순차적으로 구매하려고 하기 때문에 고객 수는 처음의 4배, 8배, 16배 등 기하급수적으로 늘어나 마침내 사회 전 계층이 그 제품을 구매하기에 이르렀다.

그래서 후지타 덴은 고소득층을 대상으로 한 상품만을 팔았다. 그랬더니 상품이 없어서 못 파는 경우는 있어도, 팔지 못해 떨이로 넘기는 상황은 절대 발생하지 않았다. 20년 동안 사업을 하면서 후지타 덴은 단 한 번도 떨이로 상품을 판매한 적이 없다. 후지타 덴은 2004년에 사망할 때까지 손대는 사업마다 대박을 터뜨리는 신의 손으로 군림했다.

요즘 많은 기업가들이 박리다매 전략을 추진하는데, 이는 원래 많지도 않은 이윤을 스스로 줄이는 셈이기 때문에 장기적으로 취할 만한 전략이 아니다. 결국 밑지는 장사로 끝날 뿐이다. 게다가 이런 방식은 동종업계 내의 출혈 경쟁을 불러일으키기 때문에 모두 같이 망하는 지름길이다.

이와 달리 명품 전략은 시장에서 가장 주머니가 두둑한 고객에게서 이윤을 얻는 방식이다. 이는 매우 현명한 전략이다. 주머니 사정이 두둑한 고객을 겨냥하면 고정시장을 확보할 수 있어 비즈니스 전쟁에서 길을 잃지 않을 수 있고, 적은 품으로 많은 이윤을 거둘 수 있기 때문이다.

여성에게 직접 만져보게 하는 것이
웬만한 마케팅보다 효과적이다

> 여성은 먹을 수 없는 식품이라면 손으로 만져보기라도 하려고 한다. 품질을 확인하기 위해서다. 좋은 상품이라도 불투명한 포장지로 꼼꼼히 가려두면 여성은 결코 지갑을 열지 않는다.

유대인 상인은 여성의 돈을 얻는 것은 곧 남성이 일해서 번 돈을 얻는 것과 같다고 생각한다.

유대인 사이에서는 여성을 대상으로 한 사업과 관련해서 수많은 속설이 떠돈다.

'남성을 대상으로 돈을 버는 것은 여성을 대상으로 하는 것보다 10배나 힘들다.'

'남성은 돈을 벌고, 여성은 그 돈으로 집안을 돌본다.'

'돈을 버는 것은 남성이지만, 쓸 권리는 여성에게 있다.'

'여성의 지갑을 열 기회가 남성의 지갑을 열 기회보다 훨씬 많다.'

'여성의 마음을 움직여야 사업이 성공한다.'

여성이 감성적이라고 하는데, 꽤 그럴 듯한 말이다. 여성은 소비할 때 눈에 보이는 상품의 질·가격 등 정해진 것 외에도 눈에 보이지 않으면서 자신의 감성에 영향을 미치는 수많은 것에 영향을 받는다. 그래서 여성을 대상으로 사업할 때 여성의 감성적 니즈[needs](소비자의 생리적·신체적 욕구_옮긴이)초점을 맞추고 보다 인간적인 요소를 고려해 소비자와의 거리를 좁힌다면 절반은 성공한 셈이다.

이 분야의 고수인 유대인은 타인에게 비법을 전수하는 것도 꺼리지 않는다. 유대인은 여성 소비자의 특징 또는 약점을 이렇게 정리한다.

'원가가 100달러인 물건을 98달러로 낮추면 세 자릿수였던 것이 두 자릿수가 된다. 그것만으로도 여성은 가격이 무척 싸다고 느낀다.'

'남성은 2달러로 자신에게 필요하고 정가도 1달러인 상품을 사지만, 여성은 1달러로 자신에게 필요 없고 정가는 2달러인 상품을 산다.'

'어떤 광고에서 어떤 업체가 어디에서 창고 대방출 행사를 한다고 하면, 여성은 그냥 살 때보다 겨우 10달러 싼 상품을 사러 교통비 30달러를 써가며 꾸역꾸역 찾아간다.'

'사과 3개의 가격이 90달러면 대부분의 여성은 사과 1개의 가격이 30달러임을 알아챈다. 그런데 사과 3개의 가격이 80달러면 대부분의 여성은 사과 1개의 가격을 계산하기 위해 펜을 꺼낸다.'

'여성은 남성보다 만지는 것을 좋아한다. 여성에 비해 남성은 그저 대놓고 말하기 부끄러운, 그런 식으로 만지는 것을 좋아할 뿐이다. 여성은 어떤 것인지 속으로 가늠해보려고 만진다. 만져보거나 문질러보지 않은 옷은 절대로 사지 않는다. 다른 상품도 마찬가지다.'

'여성은 먹을 수 없는 식품이라면 손으로 만져보기라도 하려고 한다. 품질을 확인하기 위해서다. 좋은 상품이라도 불투명한 포장지로 꼼꼼히 가려두면 여성은 결코 지갑을 열지 않는다.'

'여성에게 직접 보거나 만져보게 하는 것이 웬만한 마케팅보다 효과적이다.'

'사토'라 불리는 일본의 유대인 사업가는 상품을 비싼 가격으로 여성에게 팔고, 또 여성의 눈을 흐릿하게 만들어야 한다고 했다.

사토가 칠순 때 아들에게 쓴 편지에 이런 말이 있다.

'여성들이 관리하는 돈을 벌어들이기 위해 남의 여자를 잘 살피는 한편, 돈을 막 쓰지 않도록 내 여자를 잘 살펴야 한다.'

확실히 유대인은 여성을 대상으로 한 사업 수완이 대단하다. 오늘날에도 이 달콤한 '파이'는 줄어들기는커녕 갈수록 더 커지고 있다. 누구라도 시장의 흐름을 잘 파악하고 여성 소비자의 마음을 읽는다면 이 파이 조각을 나눠 가질 수 있다.

상품을
맹신하지 않는다

유대인은 상품에 자신이 있기 때문에 가격을 낮추지 않는다. '자신의 상품에 자신이 없을 때만 가격을 낮추는 법이고, 이는 스스로 제 발등 찍는 것이나 다름없는 어리석은 행동' 이라고 생각하기 때문이다. 그래서 유대인은 '박리다매'를 우습게 생각한다.

대다수 소비자들은 비싼 상품이 당연히 품질이 좋을 것이라고 믿는다. 가격이 싸면 외관이 아무리 좋고 마케팅을 시끌벅적하게 하더라도 찾는 사람이 없다. 그래서 유대인 상인은 '상품은 비싸게 팔아야 잘 팔린다'고 생각한다.

유럽의 어느 관광지를 찾은 일본인이 케이블카를 타고 산에 오르기 위해 케이블카 매표소를 찾았다. 그런데 그곳에서 운영하는 케이블카는 다른 데 것보다 멋지고 편안해 보였지만 요금이 거의 2배 정도 비쌌다. 그래서 이 일본인은 매표소에 가서 말했다.

"요금을 좀 낮추는 게 낫지 않나요? 그러면 케이블카를 타려는 손님이 훨씬 많아질 텐데요."

그 말에 매표원은 미소를 지으며 답했다.

"저희는 '고가서비스' 원칙을 따르고 있습니다. 저희 케이블카는 다른 케이블카와는 비교할 수 없을 만큼 좋지요. 서비스의 가치가 높을수록 얻고자 하는 보수도 높아질 수밖에 없죠. 그러니 어떻게 서비스의 질이 저희보다 못한 케이블카 영업소와 같은 요금을 받겠어요? 저희 케이블카를 찾는 손님이 다른 지역보다 적은 것은 사실이지만, 요금이 2배나 비싸기 때문에 이러나저러나 흑자를 보고 있어요. 또 저희 케이블카를 한번 타본 손님은 다들 요금이 비싼 데는 그럴 만한 이유가 있다고 생각해 불평하지 않습니다. 그러니 손님께서도 한번 타보시죠?"

잠시 계산기를 두드려보니 매표원의 말에 일리가 있었다. 그 케이블카를 타는 사람은 총 14명이었지만, 다른 케이블카를 타는 손님은 20명이었다. 이쪽 케이블카의 이용료는 다른 케이블카보다 2배나 비싸니까 이쪽이 더 많은 이문을 남길 수 있었다.

유대인은 상품에 자신이 있기 때문에 가격을 낮추지 않는다. '자신의 상품에 자신이 없을 때만 가격을 낮추는 법이고, 이는 스스로 제 발등 찍는 것이나 다름없는 어리석은 행동'이라고 생각하기 때문이다. 그래서 유대인은 '박리다매'를 우습게 생각한다.

"그깟 '박리'를 얻으려고 많이 팔 필요가 있는가? 사업하는 사람이라면 응당 이윤이 높은 쪽을 추구해야 하지 않나? 툭 터놓고 말해 박리다매는 자기기만이며, 남까지 속이는 행위다!"

유대인은 절대로 상품을 맹신하지 않는다. 상품만 좋다고 팔리는 것은 결코 아니므로 수단과 방법을 가리지 않고 상품의 인지도와 신뢰도를 높이기 위해 노력한다.

유대인은 이 분야에 도가 텄다. 그들은 사회의 각종 루트를 이용해 상품을 고가로 판매하는 까닭과 자신의 상품의 장점을 설명한다. 이를 위해 통계 자료와 홍보 책자를 이용하기도 하고, 고객에게 카탈로그를 보내기도 하는 등 다채로운 수단을 적극적으로 활용한다. 한 사업가는 유대인의 그런 적극적인 행보에 질려 이렇게 말했다.

"내 책상에 가장 많이 놓인 것은 아마도 유대인이 보낸 카탈로그일 겁니다. 거의 산처럼 쌓여있죠. 소비자 중에 유대인이 보낸 무료 카탈로그를 안 받아본 사람은 없을 거예요. 유대인의 상품이 미치지 못하는 곳은 없을 걸요."

유대인은 이런 카탈로그를 활용해 적극적으로 자신들의 상품을 홍보한다. 그들의 말을 빌리자면, 이런 카탈로그를 보내 소비자를 교육하는 것이다.

자신이 싫어하는
상품을 판다

한 유대인은 자신이 좋아하는 물건이 아니기 때문에 상품을 들일 때 편견에 빠져 타인의
니즈를 무시하는 일 없이 더 객관적이고 다각도로 판단할 수 있다고 했다. 그래서 현명한
상인은 판매할 상품을 고를 때 자신이 좋아하는 상품이 아닌 싫어하는 상품을 선택한다.
그래야만 더 많은 이윤을 얻을 수 있다.

사업가가 자신의 기호대로 사업을 하면 성공하기 어렵다.

사람은 자신이 좋아하는 상품에 대해서는 소유욕이 강하다. 이
는 사람의 본능이라서 마음대로 제어할 수 없다. 설령 통제하더라도
감정적인 대가를 치러야 한다.

무기를 좋아해서 무기를 팔고, 골동품을 좋아해서 골동품을 팔
고, 보석을 좋아해서 보석을 판다. 이렇게 사업을 하면 결코 좋은 결
과를 볼 수 없다. 자신이 좋아하는 것이기 때문에 이런 상품을 매입
할 때는 틀림없이 자신의 기호대로 세심히 고를 것이다. 그러다 물건
을 팔아야 할 때가 되면 너무 아까워서 망설이다가 마음을 독하게 먹
고서야 겨우 팔게 된다. 이것이 첫 번째 이유다.

두 번째 이유는 자신의 기호대로 골랐기 때문에 상품의 종류가

다양하지 않을 것이다. 이 또한 사업에 안 좋은 영향을 미친다.

유대인은 '진짜 장사꾼은 자신이 싫어하는 물건을 판다'고 생각한다. 예를 들어 골동품을 싫어하는 사람은 골동품을 팔아야 하고, 보석을 싫어하는 사람은 보석을 팔아야 한다. 그 까닭은 무엇일까?

간단하다. 싫어하기 때문에 기를 쓰고 팔아치우려고 할 테니까. 못 팔아서 한 군데 쌓아두면 보는 것만으로도 스트레스가 쌓일 테고, 공간과 보관 비용도 낭비될 것이다. 반대로 자신이 좋아하는 물건이라면 잘 모셔두고 더 오래 보고 싶어 할 것이다.

그래서 보석을 파는 상인은 대부분 보석에 별다른 감흥을 느끼지 못한다. 여성은 대부분 보석에 끌리게 마련이고 보석만 보면 눈을 반짝인다. 그래서 보석상은 대부분 보석에 별 관심이 없는 남성이고 여성은 거의 없다. 마찬가지로 옷이나 액세서리 상품을 취급하는 상인도 대부분 남성이다.

한 유대인은 자신이 좋아하는 물건이 아니기 때문에 상품을 들일 때 편견에 빠져 타인의 니즈를 무시하는 일 없이 더 객관적이고 다각도로 판단할 수 있다고 했다. 그래서 현명한 상인은 판매할 상품을 고를 때 자신이 좋아하는 상품이 아닌 싫어하는 상품을 선택한다. 그래야만 더 많은 이윤을 얻을 수 있다.

이름은 최고의 광고다

> 상호는 시간과 장소를 불문하고 상표와 특허처럼 성실과 신뢰의 동의어로 쓰인다. 사람들은 그러한 상품의 제조 과정을 의심하지 않기에 품질과 신뢰도를 검사하지 않는다. 이름은 곧 신뢰의 상징이다. 훌륭한 수호신이자 최고의 광고다.

'새커레이'라는 유대인이 이렇게 말했다고 한다.

"대자연이 사람의 얼굴에 신용을 대표하는 부호를 새겨놓았기에 어디에 나타나든 존중을 받을 것이다. 당신은 자기도 모르게 이 사람을 신뢰하게 될 것이고, 그들의 겉모습은 사람들에게 신뢰감을 줄 것이다. 그들의 얼굴에는 '약속은 꼭 지킨다'는 글자가 새겨져있어서 다른 사람이 서면으로 보증한 것에 비해 훨씬 큰 믿음을 줄 것이다."

다음 예를 보자.

아메리카 원주민 여인들이 새로 문을 연 가게를 둘러싸고 물건을 들여다보기만 할 뿐 사지는 않았다. 그들의 추장이 와서 가게 주인에게 말했다.

"당신이 파는 물건을 가져와 보여주시오. 내가 쓸 담요 1장과 내

아내가 쓸 무늬가 있는 천을 사려고 하오. 내 담요에는 담비 가죽 3장으로 지불하고 무늬 있는 천에는 담비 가죽 1장으로 지불할 텐데, 그건 내일 가져다주겠소."

이튿날, 추장은 담비 가죽이 잔뜩 든 커다란 짐을 메고 가게를 찾았다.

"안녕하시오. 값을 치르러 왔소."

추장은 짐에서 담비 가죽 4장을 꺼내 계산대에 올려놓더니 잠시 머뭇거리다가 담비 가죽을 1장 더 꺼내 계산대 위에 올려놓았다. 이에 가게 주인 존이 그것을 돌려주며 말했다.

"값은 이미 충분히 받았습니다. 추장님은 제게 담비 가죽 4장만 빚졌으니, 그것만 갚으면 됩니다."

두 사람은 4장을 받느냐, 5장을 받느냐 하는 문제로 한참 씨름했다. 그리고 어느 순간, 추장의 얼굴에 만족스러운 기색이 어렸다.

추장은 다섯 번째 담비 가죽을 짐 속에 넣으며 가게 주인을 몇 번 보더니 그대로 문 밖으로 나갔다. 그러고 나서 밖에서 기다리던 부족민들에게 외쳤다.

"다들 오시오. 이 사람과 거래를 하시오. 이 사람은 우리를 속이지 않습니다. 탐욕스러운 사람이 아닙니다!"

그렇게 외친 추장은 몸을 돌려 가게 주인에게 말했다.

"만약 당신이 방금 다섯 번째 담비 가죽을 받았다면 저들에게 당신과 거래하지 말라고 하고 다른 손님들도 쫓아냈을 겁니다. 당신은 이미 우리의 친구입니다."

날이 어둑어둑해질 무렵, 존의 가게 안에는 담비 가죽이, 서랍 속에는 현금이 가득 차있었다.

왜 많은 회사들이 상호로 수십 년, 심지어 수백 년 전에 살았던 사람의 이름을 쓸까? 바로 그러한 이름이 정직함과 신용을 암시하기 때문이다.

상호는 시간과 장소를 불문하고 상표와 특허처럼 성실과 신뢰의 동의어로 쓰인다. 사람들은 그러한 상품의 제조 과정을 의심하지 않기에 품질과 신뢰도를 검사하지 않는다. 이름은 곧 신뢰의 상징이다. 훌륭한 수호신이자 최고의 광고다. 이름을 부르는 사람들의 목소리에는 항상 경의가 담겨있다.

어떤 상인은 평생 교활한 수작질로 손님을 속여 보석·의류·가구·주식·채권 등 종류를 가리지 않고 조악한 상품을 판매한다. 이런 행실은 정직한 품성을 망가뜨리고 뛰어난 재능을 갉아먹는다.

한 현명한 유대인은 이런 말을 남겼다.

"진실하지 못하고 비열한 짓을 한 상인은, 설령 아주 살짝 발만 담갔더라도 몹시 켕길 것이다. 도둑이 제 발 저리는 법이니까."

세상에는 고상하고 아름다운 일도 널렸다. 그러니 굳이 비열한 사람과 어울릴 필요는 없다. 상인이라면 마땅히 진실한 상품을 만들어 팔고, 고상한 사람과 어울려야 한다.

내 입 말고 남의 입으로
홍보하라

> 스스로 신용을 자랑하지 말고 자신의 상품이 뛰어나다고 떠벌리지도 말라. 홍보를 하고
> 싶거든 남의 입을 빌려라. 입소문이 매출을 이끈다.

"스스로 신용을 자랑하지 말고, 자신의 상품이 뛰어나다고 떠벌리지도 말라. 홍보를 하고 싶거든 남의 입을 빌려라. 입소문이 매출을 이끈다."

이 말은 유대인이 마케팅에서 가장 중시하는 '입소문 마케팅'을 잘 반영한다.

유대인 소매상은 남다른 경영철학이 있다. 그들의 비즈니스 법칙은 상품을 생산하는 다른 평범한 기업들과는 궤를 달리 한다.

각 지점에 독립적인 권한을 부여하면 저마다 이윤을 늘리기 위해 온갖 수단을 동원하기 마련이다. 그러다보면 싸구려나 조악한 상품을 팔거나, 마음대로 가격을 올리거나, 품질을 속이기도 한다. 결국 눈앞의 작은 이익에 홀려 회사의 명성에 먹칠을 하게 된다.

유대인 상인은 이런 문제에 대비해 독특한 방식으로 체인점을 운영한다. 일단 어느 나라에서든 체인점에 들어서면 고객은 평소에 자신이 늘 보던 상품을 보게 되고 똑같은 가격, 똑같은 품질의 상품을 구매할 수 있다. 유대인은 이렇게 해야만 고객이 망설임 없이 지갑을 열고서 상품을 구매한다고 생각한다.

영국의 소매업 전문 대기업인 막스 앤 스펜서Marks&Spencer의 창립자이자 유대계 폴란드인이었던 미하일 막스는 영국 시장 진출 초기에 영어를 할 줄 몰라 입을 꾹 다문 채 상품에 대한 입소문에만 의존해 사업을 했다. 즉, 입소문을 마케팅에 활용하기 위해 애를 쓴 것이다. 그래서 막스 앤 스펜서는 상품 광고를 하지 않겠다고 선언했지만, 어느새 이 회사는 영국인이라면 모르는 사람이 없는 유명 소매유통업체로 성장해 명성을 떨쳤다.

어느 날, 한 기자가 전 영국 수상 마거릿 대처와 인터뷰를 하는 중에 속옷을 어디에서 사는지 묻자 대처가 대답했다.

"당연히 '막스 앤 스펜서'에서 사죠. 다들 거기에서 사지 않나요?"

상품의 품질이 우수하고 입소문이 자자한데 쓸데없이 광고비를 낭비할 필요가 있나? 이에 대해 막스 앤 스펜서의 홍보·재무 담당자는 이렇게 말했다.

"만약 상점 문턱이 닳도록 손님이 줄을 잇는다면 가장 효과적인 홍보 수단은 입소문이다. 입소문이 현황을 제대로 알리지 못할 때만 광고가 필요하다."

뛰어난 상품을 소개하지 않는 것은
고객을 속이는 짓이다

유대인은 세상 어느 곳에 가도 약자였다. 그런 그들이 만약 '신의·성실' 원칙을 지키지 않았다면 유대인 공동체는 일찌감치 모습을 감췄을 것이다.

유대인은 전 세계 곳곳을 누비며 수천 년 동안 상업에 종사하면서도 '속임수'나 '사기' 같은 저급한 단어와는 거리를 뒀다. 일반적으로 유대인은 조악한 상품이나 모조품을 취급하지 않고, 남을 속여 이익을 편취하지도 않는다. 다시 한 번 말하지만 유대인의 처세 원칙은 '신의·성실'이다.

유대인 상인의 '신의·성실'은 그 자신의 전통과 종교문화에서 비롯되었다. 《탈무드》에 보면 무역 활동 중의 '신의·성실' 원칙에 관한 규정이 수두룩하다. 이는 유대인의 탁월한 식견과 선견지명을 반영한 것이기도 하다. 유대인은 세상 어느 곳에 가도 약자였다. 그런 그들이 만약 '신의·성실' 원칙을 지키지 않았다면 유대인 공동체는 일찌감치 모습을 감췄을 것이다.

유대인은 이 '신의·성실'을 마음 깊이 아로새겼다.

한 가난한 여성이 시장에서 사과를 팔고 있었다. 그녀가 파는 사과는 시장에서 가장 품질이 좋았지만 정작 그녀는 이 사실을 떠벌리지 않았다. 그런 탓에 오전부터 저녁까지 한자리를 지켰는데도 파리만 날리고 있었다.

이때, 한 랍비가 그녀의 가판대 앞에 섰다.

"지혜로운 랍비시여! 저는 안식일에 필요한 것들을 살 돈이 없습니다."

여성이 랍비에게 하소연했다.

랍비는 아무런 대꾸도 하지 않고 가만히 사과를 살펴보더니 옆에 있던 바위 위에 올라가 큰소리로 외쳤다.

"누가 이 최고의 사과를 사겠소? 누가 이 최고의 사과를 사겠소? 누가 이 최고의 사과를 사겠소?"

그렇게 세 번 외치고 나니 여성의 사과 가판대 주변은 몰려드는 사람들로 북새통을 이뤘다. 사람들은 묻지도 따지지도 않고 돈부터 들이밀며 사과를 달라고 아우성쳤다. 그 때문에 가격은 원래 가격의 3배까지 치솟았다. 순식간에 가판대에 놓여있던 사과가 다 팔려나갔는데도 사과를 사려는 손님의 발길이 이어졌다.

이때 랍비가 높은 곳에서 사람들을 내려다보며 외쳤다.

"선량한 사람들이여! 물건을 사고팔 때는 반드시 신의·성실을 지켜야 합니다. 상품에 흠이 있으면 반드시 밝혀야 합니다. 반대로 당신이 파는 상품의 품질이 최고라면 그 사실도 밝혀야 합니다."

그때 한 청년이 물었다.

"품질이 최고면 최고인 거지, 굳이 떠벌릴 필요가 있습니까?"

"선량한 사람이여! 만약 그 사실을 알리지 않으면 손님은 조악한 상품을 구매할지도 모르고, 가장 품질이 떨어지는 상품을 사게 될 수도 있습니다. 자신의 뛰어난 상품을 소개하지 않는 행위는 사기꾼을 도와 손님을 속이는 짓이나 다름없습니다!"

상품의 흠을
고객에게 알려라

상품에 흠이 있는 경우, 유대인 상인은 가격을 낮춰서 팔지언정 포장지만 바꿔 좋은 상품인 양 팔지 않는다. 유대인의 상법에는 상품을 구매하는 손님이 상품에 흠이 있다는 사실을 분명히 알고 있는 상태에서 거래하라고 명시되어있다.

조악한 상품이나 모조품을 취급하지 않는 것이 유대인의 사업 원칙이라면, 상품을 판매할 때 고객의 알 권리를 충분히 존중하면서 감추거나 꾸미지 않는 것은 유대인의 장점이라고 할 수 있다.

상품에 흠이 있는 경우, 유대인 상인은 가격을 낮춰서 팔지언정 포장지만 바꿔 좋은 상품인 양 팔지 않는다. 유대인의 상법에는 상품을 구매하는 손님이 상품에 흠이 있다는 사실을 분명히 알고 있는 상태에서 거래하라고 명시되어있다.

유대인은 주변머리가 없는 것이 아니라, 그저 공정한 거래를 중시할 뿐이다. 기회에 공정하게 다가가기 때문에 유대인은 사업을 해도 특출함을 보인다.

예를 들어보자. 한 유대인의 서점에서 새 책을 들여왔는데 사는 손님이 드물었다. 이런 경우, 다른 상인이라면 책을 구입하려는 공공기관에 커미션을 주고 팔아넘기거나, 그 밖의 불공정한 방식으로 책을 팔아치웠을 것이다. 그러나 유대인은 절대 이렇게 하지 않는다.

《탈무드》에서는 덤핑으로 팔아넘기는 행위를 금지한다. 합리적인 가격을 정해놨으면서 상황에 따라 임의로 가격을 낮추는 것은 비도덕적인 행위라는 것이다.

대신 유대인은 이런 방법을 생각할 것이다. 바로 할인해 팔려는 책에 도장을 찍어 '새 책'을 '헌책'으로 바꾸는 것이다. '헌책'은 반값에 팔아넘기더라도 문제될 거리가 없기 때문이다.

유대인이 운영하는 가게에 가면 종종 새로 들인 상품을 할인해 판매하는 경우를 볼 수 있다. 이 가게에서 싸게 파는 상품을 다른 가게에서 정상가에 판다면 손님이 어느 가게를 찾을지 불 보듯 뻔한 일이다. 이 때문에 발생할 수 있는 법률적 갈등을 미연에 방지하기 위해 유대인은 새 상품에 작은 구멍을 뚫어 '흠이 있는 상품'으로 만든다. 이렇게 하면 상도덕을 위반하지 않으면서 저가경쟁의 목적도 달성할 수 있다.

이처럼 유대인은 상도덕과 사업 원칙을 엄격히 지키면서도 성공의 조건을 인위적으로 만들 줄도 안다. 그래서 사람들은 유대인들의 성공에 진정으로 승복한다.

사람의 마음을
휘두르다

> 사람은 누구나 암시의 영향을 잘 받는다. 예를 들어 '피로는 질병의 시작'이라는 광고를
> 본 소비자는 '내가 병에 걸렸을 수도 있다'는 암시를 받는다. 그래서 실제보다 더 피로를
> 느끼며 광고대로 비타민을 복용한다. 사실 소비자는 전혀 피로하지 않을 수도 있다. 단지
> 암시의 영향으로 착각을 하는 것뿐이다.

유대인은 '심리적 암시'를 걸어 상품을 판매하는 데 도통했다. 유대인이 '암시술'에 도통한 까닭은 암시를 건 사람이 아무런 약속도 하지 않아도 암시에 걸린 사람 스스로 암시를 건 사람이 원하는 약속을 들어주므로 이용가치가 매우 크기 때문이다.

'볼프손'이라는 유대인은 미국으로 이민 온 일본 상품 판매상의 아들이었다. 볼프손은 1만 달러를 빌려 고철처리장을 사서 흑자 기업으로 키워냈다. 그리하여 28세에 이미 백만장자가 되었다.

1949년, 볼프손은 110만 달러로 수도운송회사를 사들였다. 이 회사는 미국 수도 워싱턴에서 지상운송시스템을 운영했다. 볼프손은 적자 기업을 흑자 기업으로 변모시킬 능력이 있었다. 그리고 볼프손을 아는 사람들은 이 사실을 믿어 의심치 않았다. 그런데 이번에는 흑자 경영을 이루기도 전에 배당금을 추가 지급하겠다고 선언했다. 문제는 볼프손이 회사가 그동안 거둔 이윤보다 훨씬 많은 배당금을 지급했다는 점이었다. 이 말은 곧 볼프손이 회사가 엄청난 이윤을 거두고 있다는 거짓 메시지를 세상에 보냄으로써 지나친 기대를 하도록 사람들의 마음을 움직이고 있다는 뜻이었다.

과연 주식 시장에서 수도운송회사의 주가는 하늘 높은 줄 모르고 치솟았다. 볼프손은 그때를 놓치지 않고 보유한 주식을 전부 팔아 6배에 달하는 이익을 보았다.

볼프손의 성공을 사람의 마음을 잘 조종한 덕으로 돌리기에는 무리가 있지만, 그가 사람의 마음을 잘 움직인 덕에 남들보다 일찍, 쉽게 성공했다는 사실은 부인할 수 없다.

사람은 누구나 암시의 영향을 잘 받는다. 예를 들어 '피로는 질병의 시작'이라는 광고를 본 소비자는 '내가 병에 걸렸을 수도 있다'는 암시를 받는다. 그래서 실제보다 더 피로를 느끼며 광고대로 비타민을 복용한다. 사실 소비자는 전혀 피로하지 않을 수도 있다. 단지 암시의 영향으로 착각을 하는 것뿐이다. 그러나 사람은 누구나 마지막 심리적 방어선이 있다. 그러니 그들의 정신이 말짱할 때는 전문가조차 어쩔 도리가 없다.

가난하다고
얕보지 말라

유대인 사회에도 빈부의 격차는 존재한다. 그러나 유대인은 가난한 사람을 존중한다. 부유하다고 반드시 즐거운 것은 아니고, 가난하다고 반드시 괴로운 것은 아니기 때문이다.

한 유대인 상인이 엄청난 재산을 상속받았다. 안식일 전날 밤, 그는 안식일에 필요한 음식을 준비했다.

그런데 갑자기 급한 일이 생겨 잠시 외출을 했다가 집으로 돌아가는 길에 안식일에 필요한 음식을 살 돈을 구걸하는 거지를 만났다.

상인은 거지에게 불같이 화를 냈다.

"당신은 어떻게 이 시간이 되어서야 안식일 음식을 사려고 합니까? 틀림없이 내 돈을 가로채려고 거짓말을 하는 걸 테죠!"

집으로 돌아온 상인은 아내에게 방금 있었던 일을 들려줬다.

그러자 아내가 말했다.

"당신이 틀렸어요. 당신은 평생 가난을 모르고 살았기 때문에 가난이 무슨 뜻인지조차 모를 거예요. 나는 가난한 집에서 자랐어요.

그때를 떠올리면 온통 어둠뿐이에요. 안식일이 코앞으로 다가왔는데 아버지는 여전히 가족들 먹일 빵 한 쪽이라도 더 구하기 위해 동분서주하셨죠. 당신은 그 가난한 사람에게 죄를 지었어요."

그 말에 큰 깨달음을 얻은 상인은 서둘러 왔던 길을 되돌아가 그 거지를 찾았다. 거지는 여전히 안식일 음식을 구하고 있었다.

상인은 그 거지에게 안식일에 필요한 빵·생선·고기를 사주면서 용서를 빌었다.

그 일이 있고 나서 상인은 다시는 빈부 차이로 사람을 차별하지 않았다.

물론 유대인 사회에도 빈부의 격차는 존재한다. 그러나 유대인은 가난한 사람을 존중한다. 부유하다고 반드시 즐거운 것은 아니고, 가난하다고 반드시 괴로운 것은 아니기 때문이다. 다른 사람이 주는 것으로 연명하는 가난뱅이도 선행을 베풀 수 있다.

불만이 있으면
무조건 환불해준다

> 고객이 곧 하나님이다. 고객의 이익을 지켜줘야 사업이 번창할 수 있다.

줄리어스 로젠월드는 독일의 유대인 가정에서 태어났다. 소년 시절, 로젠월드는 가족과 함께 미국으로 건너가 일리노이 주 스프링필드 시에 자리를 잡았다.

1925년, 로젠월드는 미국 유통업체 시어스 로벅Sears Roebuck 사의 회장이 되었다. 그는 시어스 로벅 사에 새로운 경영 관리 원칙을 내놓았다. 바로 '고객이 불만을 제기하면 무조건 환불해준다'였다. 로젠월드가 이 원칙을 내놓자 내부에서 반대의 목소리가 속출했다.

"양심이 불량한 고객들이 어떻게든 환불을 받으려고 온갖 치졸한 구실을 만들어낼 겁니다."

"이건 스스로 제 무덤 파는 격이나 다름없습니다."

"이런 식으로 사업을 하면 적자를 면치 못할 겁니다."

동종업계 종사자들도 로젠월드가 미쳤거나 고객을 기만하는 것이라며 '무조건 환불'은 말도 안 되는 소리라고 비꼬았다.

로젠월드는 빗발치는 반대의 목소리를 무시하고 관리자들에게 계속 '무조건 환불'의 필요성을 논리적으로 설명하면서 대대적인 홍보를 개시했다. 결과는 모두의 예상을 뒤엎고 대성공으로 나타났다. 회사 매출액은 2배나 뛴 반면 실제로 환불을 요구하는 고객은 오히려 줄어들었다.

이게 어떻게 된 일일까? 이는 모두 로젠월드가 예상했던 결과다.

'시어스 로벅 사가 업계 최초로 무조건 환불 조치를 실시하면 고객의 관심과 각계의 평론이 쏟아질 수밖에 없다. 그러면 회사의 인지도는 단기간 내에 높아진다. 또 기존 고객들의 충성도는 더 높아질 것이고, 신규 고객들은 우리 회사가 신용을 지킬지 확인하고 싶어할 것이다. 이러나저러나 회사의 매출은 틀림없이 늘어날 것이다. 또 이 조치는 우리 회사로서는 배수진을 친 것이나 다름없다. 이왕 무조건 환불 보장을 약속했으니, 직원들은 고객들이 불만을 갖지 않게 품질 관리에 만전을 기하게 될 것이다.'

이런 이유로 무조건 환불 조치를 실시하면서 오히려 실제 환불 횟수는 줄어든 것이다. 시어스 로벅 사가 '고객이 만족하지 못하면 무조건 환불한다'는 조치를 업계 최초로 실시한 이후, 미국의 많은 회사들이 시어스 로벅 사를 따라하기 시작했다.

고객이 곧 하나님이다. 고객의 이익을 지켜줘야 사업이 번창할 수 있다. 이는 유대인 상인들이 입버릇처럼 하는 말이기도 하다.

고객의 이득이
곧 나의 이득이다

올즈모빌은 이렇듯 케케묵은 영업 방식 때문에 소비자에게 외면받던 현실을 각종 판촉 방법의 장점만 긁어모음으로써 극복하고자 했다. 그래서 자동차를 '1+1'으로 증정하는 놀라운 방법을 선택한 것이다.

미국 코네티컷 주에 올즈모빌Oldsmobile이라는 자동차 공장이 있었다. 올즈모빌은 한때 공장이 문을 닫기 직전까지 가기도 했다. 이때 올즈모빌의 사장은 위기를 극복하기 위해 새로운 판촉 전략을 구상했다.

한치 앞을 예측할 수 없는 비즈니스 무대에서 가장 효과적인 판촉 전략은 무엇일까? 유대인이던 당시 올즈모빌의 사장은 회사가 처한 상황에 대해 깊이 고민하고 내부적 문제, 경쟁 회사는 물론이고 다른 상품의 영업 전략까지 비교·분석한 끝에 '1+1' 전략을 생각해 냈다.

당시 올즈모빌의 차고에는 팔리지 못한 자동차가 잔뜩 들어찼는데, 당장 처리할 방법도 없고 자금을 회수할 방법도 없었다. 차고 임대료의 이자는 오를 조짐을 보이고 있었다. 그래서 토로나도^{Toronado} 차를 사면 유고^{Yugo} 차를 공짜로 증정한다는 광고를 시작했다.

'1+1' 판촉 전략은 대개 가격이 싸고도 흔한 상품을 증정품으로 제시한다. 예를 들어 텔레비전을 사면 장난감을 증정하는 식이다. 이처럼 고객에게 혜택이 가는 영업 방식은 마케팅 효과가 크다. 그러나 시간이 흐르면서 사용하는 기업도 많아지자 소비자들도 서서히 흥미를 잃었다. 선물의 가치나 할인 폭도 작아서 소비자의 마음을 움직이기가 어려워졌다.

올즈모빌은 이렇듯 케케묵은 영업 방식 때문에 소비자에게 외면받던 현실을 각종 판촉 방법의 장점만 긁어모음으로써 극복하고자 했다. 그래서 자동차를 '1+1'으로 증정하는 놀라운 방법을 선택한 것이다.

예상대로 소비자들의 반응은 뜨거웠다. 익숙하다 못해 지겨워진 판촉 방법에 질려있던 소비자들은 소식을 듣자마자 진위를 알기 위해 먼 길을 마다 않고 찾아왔다. 얼마 전까지만 하더라도 사람 그림자도 얼씬하지 않던 차고가 전국 각지에서 몰려든 고객들로 인산인해를 이뤘다. 그 결과, 자리만 차지한 채 먼지를 뒤집어쓰던 자동차들은 줄줄이 도로 위를 달리게 되었다.

자동차를 '1+1'으로 판매한다는 것은 차량 1대당 5천 달러를 덜버는 것을 의미했다. 그렇다면 올즈모빌은 적자를 봤을까?

아니다. 적자는커녕 이런저런 골칫거리를 한방에 해결했다. 그 차들을 팔지 못해 부담해야 했을 차고 임대료의 원금과 이자에 차량 유지관리비까지 더하면 딱 5천 달러였기 때문이다.

그 덕분에 재고차를 모두 털어냈고, 순식간에 자금을 회수했으며, 공장을 재가동할 준비도 마쳤다. 토로나도를 구매하는 소비자는 늘어났고, 인지도도 급상승했으며, 시장 점유율도 커졌다. 또 새로운 저가자동차 유고를 '증정품' 형태로 시장에 미리 선보인 덕분에 이후 유고를 파는 데에도 큰 도움이 되었다. 올즈모빌은 이를 계기로 기사회생했고, 다시금 봄날을 맞이했다.

얼핏 보면 손해를 보는 것 같지만 결국 이윤을 거두는 방법으로 목적을 달성하는 유대인, 참으로 영리하지 않은가!

고객 스스로
답하게 한다

| 똑똑한 상인은 물건을 팔 때 먼저 나서지 않는다.

'모든 거래가 다 첫 번째 거래다.'

이는 유대인이 오랜 세월 동안 장사를 업으로 삼고 직접 겪은 끝에 얻은 결론으로, 이미 유대인의 무의식 속에 깊이 자리하고 있다. 이를 마음속에 새기면 평정심을 유지할 수 있어 다른 사람의 말에 쉽게 휘둘리지 않는다.

그런데 재미있는 점은 자신에게는 '모든 거래를 다 첫 번째 거래'로 여기고 타인의 말에 휘둘리지 말라고 주문하면서 타인에게는 다음에 소개하는 유머에서처럼 '두 번째에 대한 선입견'을 적극적으로 이용해 자기 뜻대로 조종한다는 것이다.

우산 판매 장수에 관한 유머가 있다. 그는 별다른 말없이 고객의 질문만으로 '두 번째 함정'을 팠다.

"손님, 이 우산 좀 보세요. 참 예쁘죠? 제가 장담하는데 이 우산은 진짜 비단으로 만들었어요!"

"하지만 너무 비싼걸요."

"그러면 이것을 한번 보세요. 이 우산은 디자인도 괜찮고, 가격도 비싸지 않아요. 겨우 5마르크랍니다."

"이 우산도 장담하는 건가요?"

"물론이죠."

손님은 한참 동안 망설인 끝에 다시 물었다.

"진짜 비단이 확실한 거죠?"

"그건 아닌데……."

"그러면 뭘 장담한다는 거예요?"

"그냥 이것이 확실히 우산이라는 점을 장담한다고요."

이 유머에 등장하는 손님은 하마터면 '두 번째 장담'을 '첫 번째 장담'으로 여기고 겨우 '우산'이 확실할 뿐인 우산을 살 뻔했다.

이 유머에 등장하는 우산 장수처럼 유대인은 물건을 팔 때 기발한 방식으로 고객의 무의식을 자극해 고객 스스로 답을 말하게 한다.

한 유대인 사업가의 말이 정답이다.

'똑똑한 상인은 물건을 팔 때 먼저 나서지 않는다.'

단골이 가장 좋은
고객이다

고객 한 명을 잃는 것은 120달러의 이윤을 잃는 것과 같다. 끊임없이 고객에게 관심을 기울이지 않으면 경쟁자들이 그 자리를 비집고 들어가 고객의 마음을 훔칠 것이다. 그러면 결국 고객의 마음은 점점 당신에게서 떠나고 만다. 남을 탓하기 전에 스스로 똑바로 행동하라. 경쟁자가 비집고 들어오지 못하게 할 유일한 방법은 끊임없이 아낌없는 관심을 베풀어 고객을 단골로 만드는 것이다.

더 많은 고객을 끌어들이는 비결은 지금의 고객을 충성도 높은 단골로 만드는 것이다. 단골을 확보하면 사업의 기초가 탄탄해진다. 단골을 확보할 수 있느냐는 거래를 맺은 이후 영업자의 행동에 달려 있다.

영업자에게는 거래를 하는 것보다 더 중요한 것이 고객과 신뢰 관계를 맺는 것임을 잊어서는 안 된다. 거래가 이루어지고 나면 영업자는 고객이 단 한 번의 거래로 끝내지 않고 앞으로도 계속 거래를 원하도록 힘껏 노력해야 한다.

유대인 영업자는 거래를 달성한 이후 지속적으로 고객과 관계를 맺는 것이 영업의 열쇠라고 생각한다. 진정한 판매는 팔고 나서 시작된다고 굳게 믿기 때문이다. 이는 물건을 팔기 가장 좋은 시기는 고객이 물건을 구매하고 난 직후라고 생각하기 때문이다. 그래서 유대인은 판매가 완료된 뒤에도 고객에게 지속적인 관심을 기울여 성공을 일군다.

유대인의 '진정한 판매는 팔고 나서 시작된다'라는 말은 무슨 뜻일까? 거래가 이루어지고 나서 영업자가 고객에게 관심을 기울이고 훌륭한 서비스를 제공하면 단골을 확보하는 것은 물론, 새로운 고객까지 끌어들일 수 있다는 뜻이다. 서비스에 만족한 고객은 다음에 다시 찾을 테고, 새로운 고객까지 소개해줄 테니까 말이다.

유대인 상인들은 이렇게 말한다.

"당신이 고객을 잊으면, 고객도 당신을 잊는다."

따라서 거래를 마친 뒤에도 계속 고객에게 관심을 보이면서 상품에 대한 만족도를 파악해야 한다. 겸허한 마음으로 고객의 의견에 귀 기울이면서 상품이나 판매 과정에 있었던 문제를 적극적으로 해결해야 고객의 마음을 붙잡을 수 있다.

유대인의 마음속에는 '단골이 가장 좋은 고객'이라는 생각이 자리하고 있다.

'당신의 상품을 처음 구매하는 사람은 평생 당신의 고객이 되어야 한다.'

이는 영업자가 반드시 지켜야 하는 원칙이다. 여기에는 3가지 이유가 있다.

1. 유대인 상인은 판매 실적 중 90%는 10%의 고객 덕분에 거둔

것이라고 생각한다. 자주 찾는 고객은 처음 방문한 고객보다 기업에 20~85%의 이윤을 더 가져다준다.

2. 단골은 영업비용과 시간을 줄여준다. 단골과의 관계를 유지하는 것은 새로운 고객과 관계를 맺는 것보다 훨씬 쉽고, 새 고객을 만드는 데 드는 비용은 기존 고객을 유지하는 데 드는 비용보다 7배나 많다. 즉, 새로운 고객에게 드는 영업비용은 보통 고객에게 서비스를 제공하는 데 드는 비교적 저렴한 비용보다 훨씬 많은 것이다. 그래서 단골을 확보하는 것은 매출 원가를 줄이는 데 가장 좋은 방법이다.

3. 단골이 있으면 새로운 고객을 잃을 염려가 없다. 고객 한 명을 잃는 것은 120달러의 이윤을 잃는 것과 같다. 끊임없이 고객에게 관심을 기울이지 않으면 경쟁자들이 그 자리를 비집고 들어가 고객의 마음을 훔칠 것이다. 그러면 결국 고객의 마음은 점점 당신에게서 떠나고 만다. 남을 탓하기 전에 스스로 똑바로 행동하라. 경쟁자가 비집고 들어오지 못하게 할 유일한 방법은 끊임없이 아낌없는 관심을 베풀어 고객을 단골로 만드는 것이다.

제6장

빅 데이터 시대
숫자에 관한 지혜

Jewish wisdom

숫자가 정확해야
이윤도 정확하다

눈코 뜰 새 없이 바삐 돌아가는 곳, 아차 하는 순간 눈 뜨고 코 베이는 곳, 그곳이 재계다.
사업을 할 때는 잠시도 긴장을 늦춰서는 안 된다. 소수점 한 자리 틀리거나 반올림 한 번
잘못한 것으로 그간 쌓은 공든 탑이 와르르 무너질 테니 말이다.

기온에 대해 묻는 유대인에게 "어제 이십 몇 도였는데 오늘도 비슷한 것 같아요"라고 대답했다면 이는 유대인이 원하는 대답이 아니다. 날씨에 대해서조차 유대인은 정확한 숫자로 설명하려고 한다.

"어제는 27도였는데, 오늘은 25도네요."

이렇게 말이다.

유대인은 늘 계산기를 가지고 다닌다. 숫자와 관련해서 자신감이 넘치고, 사업비용과 이윤에 대해서도 정확하게 꿰고 있다.

눈코 뜰 새 없이 바삐 돌아가는 곳, 아차 하는 순간 눈 뜨고 코 베이는 곳, 그곳이 재계다. 따라서 사업을 할 때는 잠시도 긴장을 늦춰서는 안 된다. 소수점 한 자리 틀리거나 반올림 한 번 잘못한 것으로 그간 쌓은 공든 탑이 와르르 무너질 테니 말이다. 유대인 상인은

이 사실을 잘 알고 있기 때문에 숫자에 미친 듯이 집착하는 것이다.

유대인은 암산의 천재다. 그들이 신속한 판단을 내리는 비결도 암산을 빨리 할 수 있기 때문이다.

일본인 사업가 후지타 덴은 유대인과 오랜 세월 동안 두터운 친분을 쌓았다. 그러는 사이 후지타 덴도 유대인의 장사수완을 보고 익혔다. 그 덕분에 후지타 덴은 '긴자의 유대인'이라는 별명을 얻었다.

어느 날, 후지타 덴은 친분이 있는 유대인과 함께 일본의 트랜지스터라디오 공장을 찾았다. 여성 노동자의 작업 과정을 주의 깊게 살피던 유대인은 생산반장에게 물었다.

"노동자의 시간당 평균 임금은 얼마입니까?"

생산반장은 곰곰이 생각하며 계산하기 시작했다.

"그러니까 일단 노동자의 평균 월급이 7만 5천 엔입니다. 한 달 작업일이 25일이니까 하루에 3천 엔씩 받는 셈이죠. 또 하루에 작업시간이 8시간이니까 3천 엔을 8로 나누면 시간당 375엔인 셈이죠. 375엔을 다시 달러로 환산하면……."

그런 식으로 계산한 결과, 생산반장은 2~3분이 지나서야 질문에 답할 수 있었다.

그러나 유대인은 그 생산반장이 '월급이 7만 5천 엔'이라고 하자마자 '그러면 시간당 3.45달러를 받는 셈이군'이라며 답을 내렸다. 생산반장이 계산을 마쳤을 때, 유대인은 이미 전체 노동자 수, 생산능력, 원자재비용 등을 감안해 자신이 트랜지스터라디오 1대에서 얻을 수 있는 이윤을 다 계산한 뒤였다.

이처럼 숫자와 암산에 통달한 덕분에 유대인 상인은 상대방이 제공한 단편적인 숫자만으로도 상대방의 실력과 이윤을 빠르게 계산해낼 수 있다. 전망이 밝은 사업에 대해서는 더욱 일사천리로 판단을 내린다. 일단 이문이 남을 것으로 판단되면 일말의 망설임도 없이 곧바로 거래를 결정한다.

비즈니스에서 '대충'이나 '가량' 따위의 표현은 아무 쓸모가 없다. 숫자에 밝아야 비즈니스에도 밝아진다.

숫자가 없으면
팔 수 없다

"30%는 영감이고, 70%는 계산입니다. 사업가는 숫자는 물론이고 각종 백분율·지수 등의 개념에 대해 분명히 알아야 합니다. 그러지 않으면 전조등 없이 밤길에 운전을 하는 것처럼 위험천만한 상황이 끊이지 않을 테니까요."

유대인식 비즈니스의 독실한 신자인 일본인 사업가 후지타 덴은 '반복회귀법'을 생각해냈다.

반복회귀법이란 몇 가지 요소에 근거해 숫자로 매출액을 예측하는 방법이다. 어느 날, 후지타 덴은 어느 지역에 점포를 개설하면서 반경 500미터, 1천 미터, 2천 미터, 3천 미터 같은 식으로 총 1만 6천 미터까지의 관련 데이터를 모으라고 지시했다. 그리하여 현지 지역민의 수입 상황, 남녀 인구 비율, 초중고 및 전문대학과 4년제 대학 수와 학생 수, 도시 발달 정도 등 모든 상황을 전부 다 파악했다.

예를 들어 기차역에서는 매일 기차를 타고 내리는 승객 수, 북쪽으로 이동한 승객 수, 남쪽으로 이동한 승객 수 등을 조사했다. 대형 마트의 연중 휴일이 며칠인지도 조사했다. 그런 다음, 후지타 덴은 이런 정보를 근거로 이 일대에 점포를 개설했을 경우 예상 가능한 매출액을 컴퓨터로 어림잡아 계산했다.

후지타 덴 이전에도 이 지역에 점포를 개설하려는 사업가가 있었다. 하지만 그 사업가는 그저 이 도시를 한번 둘러보고 발전 가능성이 별로 없다는 '느낌'을 받아 계획을 취소했다. 그러나 후지타 덴은 '반복회귀법'으로 매출액을 예측해낸 다음, 마지막에 컴퓨터에서 'GO진행'라는 답이 출력되자 안심하고 점포를 개설하기로 결정했다.

훗날 이 반복회귀법을 도입한 일본 맥도날드 사는 '계획을 세우는 데 최고의 방법'이라는 평가를 내렸다. 오늘날 전 세계 곳곳의 맥도날드 지사들이 이 방법을 도입했다. 예를 들어 현재 맥도날드 그룹은 중국에 수백 개의 점포를 개설했다. 이런 점포들의 상세한 데이터를 반복회귀법에 대입하면 금세 새로운 점포의 매출액을 추산할 수 있다. 이때 예측 정확도는 95%에 달한다.

나머지 5%는 대개 다음과 같은 상황이다. 일부 지역들의 주택은 간이아파트라 임대료가 비교적 싸서 주민들의 가처분소득이 높은 편이다. 그래서 실제 매출액이 예상보다 높았다. 이와 반대로 일부 지역은 부대시설이 모두 갖춰진 최신식 아파트라 임대료가 비싸서 주민들의 가처분소득이 낮은 편이다. 그래서 실제 매출액이 예상보다 낮았다.

예측과 실제 매출액에 편차가 발생한 원인을 알아내면 곧바로 예정 계획을 수정한다. 이렇게 하면 정확도가 훨씬 더 높아진다.

한 유대인 상인이 이런 말을 했다.

"돈을 벌고 잃는 것은 무엇에 달려 있을까요? 바로 계산을 한 뒤의 숫자에 달렸습니다. 30%는 영감이고, 70%는 계산입니다. 사업가는 숫자는 물론이고 각종 백분율·지수 등의 개념에 대해 분명히 알아야 합니다. 그러지 않으면 전조등 없이 밤길에 운전을 하는 것처럼 위험천만한 상황이 끊이지 않을 테니까요."

모든 숫자를
융통성 있게 활용하라

숫자를 사랑하고, 숫자를 사용한다. 이는 유대인이 지난 수천 년간 상업에 종사하며 얻은 결론이다. 숫자를 중시하고 숫자로 사고한 덕분에 유대인은 전 세계 비즈니스 무대에서 독보적인 지위를 누리고 있는 것이다.

《위대한 상인의 비밀》이라는 책에 이런 말이 있다.

'가게 주인이 제대로 결산하지 못하면 그의 장부가 나서서 끝장을 내려 할 것이다.'

장부에 적힌 숫자는 기업의 여러 상황을 정확하게 반영한다. 장부에 모든 것이 기록돼있기에 굳이 재고나 실제 규모를 확인하러 갈 필요는 없다. 장부에 적힌 숫자만 보면 공장 안의 모든 상황을 알 수 있다.

유대인은 모든 면에서 치밀하게 사고하지만, 특히 숫자에 대해서는 그 정도가 더하다. 이는 사업을 할 때도 그대로 적용된다. 유대인은 숫자로 사고해서 사회에 대한 결론을 내리는 등 숫자를 이리저리 잘도 써먹는다. 이래서 유대인이 현명하다는 것이다.

숫자를 중시하고 숫자에 익숙해져라. 이는 유대인들이 수천 년 간 세계 각지를 떠돌며 몸소 겪은 바를 정리해 얻은 결론이다.

먼저 일상생활 곳곳에서 습관적으로 쓰이는 숫자로부터 사업 원칙을 찾아낸다. 이를 돈을 벌기 위한 근본 원칙으로 삼는다. 유대인은 돈을 벌려면 생활에서 숫자를 능수능란하게 사용함으로써 숫자와 친해져야 한다고 생각한다.

아라비아 숫자를 최초로 사용한 사람들은 인도인이다. 그러나 아무 인도인이든 붙잡고 이렇게 물어보라.

"아라비아 숫자의 1이 왜 1이 되었는지 압니까? 같은 이치로 2, 3, 4……는 왜 2, 3, 4……를 나타내게 되었나요?"

이런 황당한 질문을 받으면 인도인은 물론이고 다른 민족 사람들도 꿀 먹은 벙어리처럼 입을 꾹 다물 것이다. 수학 지식이 풍부한 사람조차 이런 원초적인 질문에는 제대로 대답하지 못한다.

그러나 유대인은 슬기롭게 대답할 것이다.

"1에는 뾰족한 각이 하나 있으니까 1이고, 2는 각이 2개 있으니까 2입니다. 다른 숫자에 대해서도 이런 식으로 생각하면 됩니다."

이렇게 답한 유대인에게 증명할 수 있냐고 다시 물으면 어떤 대답을 듣게 될까?

그때도 유대인은 주저 없이 대답할 것이다.

"이것은 유대인의 공리公理입니다. 공리는 증명할 필요가 없는 참입니다. 4천 년의 유구한 세월을 통해 이미 증명됐거든요."

이처럼 유대인은 다른 민족보다 숫자를 중시한다. 그리고 숫자에 대해 사색한 수천 년의 경험을 이미 사업에 응용하고 있다.

숫자를 사랑하고, 숫자를 사용한다. 이는 유대인이 지난 수천 년간 상업에 종사하며 얻은 결론이다. 숫자를 중시하고 숫자로 사고한 덕분에 유대인은 전 세계 비즈니스 무대에서 독보적인 지위를 누리고 있는 것이다.

비즈니스맨이라면 눈 감고도 사업비용과 이윤을 계산할 수 있을 정도로 수학적 사고를 하는 법을 익혀야 한다. 이는 당신의 사업이 날개를 달 수 있는 비결이기도 하다.

지급해야 할 돈을
내일로 미루지 말라

유대인은 속임수를 용납하지 않고, 공정한 거래를 추구한다. 이는 상품을 생산하고 거래하는 데서도 확인할 수 있으며, '노사관계'에서도 확인할 수 있다.

《탈무드》에 이런 말이 있다.

'지불해야 할 보수를 다음 날 아침으로 미루지 말라.'

유대인은 고용주가 노동자를 고용하면 그가 보수를 받을 시간과 방식을 명확하게 알려준다. 임금을 일급·주급·월급·연급 중 어느 방식으로 지급하기로 했든 일단 지급시간을 정했고 고용주와 피고용인이 모두 동의했다면 하늘이 무너져도 약속한 때에 임금을 지급해야 한다.

당연히 이러한 원칙은 주로 강자, 다시 말해 고용주에게 적용된다. 고용주는 이런저런 구실로 임금 지급을 미룰 수 있지만, 피고용인이 임금을 가불해달라고 요구할 일은 없기 때문이다.

일본에서 다이아몬드 유통 사업을 하는 유대인이 있었다. 수년간 같은 일을 해오면서 그는 단 한 번도 임금 지급을 미룬 적이 없었다. 심지어 회사 사정이 일시적으로 어려워 자금 조달에 어려움을 겪을 때도 직원들 임금만큼은 반드시 제때 지불해야 한다고 생각했다. 그는 이렇게 말했다.

"외국인이 일본처럼 경쟁이 치열한 나라에서 발을 붙이고 제 영역을 지키려면 어떤 상황에서도 신용을 지켜야 합니다."

이 유대인의 신념은 오래된 유대교 교리가 주장하는 바와 같다. 이 유대인은 일본에서 성공을 거둔 것은 물론이고, 일본인의 존경까지 받게 되었다.

소득의 10%를
기부하라

기부는 일정 금액의 돈을 다른 곳으로 옮기는 것으로, 유대인이라면 누구나 반드시 이행해야 하는 '공적 의무'다. 이는 법률적 효력을 지닐 정도로 강제성이 크다.

2천여 년 전, 유대 민족은 '소득의 10%를 기부하라'를 하나님의 율법으로 정했다. 그 후 디아스포라 생활을 하면서도 이 율법을 엄격히 지켰다.

'자선'이라는 말은 유대인의 표현에 없는 말이다. 유대인이 볼 때 이런 행위는 그저 '공적 의무'일 뿐이다. 기부는 일정 금액의 돈을 다른 곳으로 옮기는 것으로, 유대인이라면 누구나 반드시 이행해야 하는 '공적 의무'다. 이는 법률적 효력을 지닐 정도로 강제성이 크다.

기부에 관한 유머가 있다.

매달 한 번씩 부자를 찾아가 재물을 요구하는 거지가 있었다. 그날도 어김없이 부자를 찾아가 여러 번 문을 두드리자 정신이 반쯤 나간 듯한 부자가 문을 열었다.

"무슨 일이 있습니까?"

거지가 물었다.

"소식 못 들으셨습니까? 전 파산했습니다. 빚이 10만 달러나 되는데, 전 1만 달러밖에 없어요."

"그건 저도 알고 있습니다. 헌데 뭘 요구하러 왔습니까?"

"당신이 지금 가진 재산의 10%만 주시면 됩니다."

오랜 세월, 유대인은 주로 동포를 돕는 데 기부했기 때문에 그들이 거주하는 타민족 사회에는 별다른 영향을 주지 못했다. 그러나 이러한 '소득의 10% 기부'라는 원칙은 적용과 동시에 그 힘을 발휘해서 금세 정착된다.

80:20 법칙

| 모든 사람들이 똑같은 부를 향유하는 것은 환상에 불과하다. 현실에서는 이와 정반대로 전체 인구 중 소수만이 부를 거머쥐고 있다.

'돈은 있는 사람 손에 들어가 있다. 따라서 돈을 벌려면 있는 사람의 돈을 벌어야 한다.'

모든 사람들이 똑같은 부를 향유하는 것은 환상에 불과하다. 현실에서는 이와 정반대로 전체 인구 중 소수만이 부를 거머쥐고 있다.

미국인의 부는 유대인의 주머니 속에 들어있다. 미국 인구 중 극소수에 불과한 유대인이 미국 부의 대부분을 소유하고 있는 것이다. 수많은 유대인이 미국에서 뿐만 아니라 아시아의 일본 그리고 유럽 일부 국가에서도 금융계와 재계의 큰손으로 활약하며 거대한 부를 일구고 있다.

만약 어떻게 해서 부자가 되었냐고 물으면 유대인들은 태연하게 대답할 것이다.

"돈은 원래 있는 사람 손에 들어가있는 법이니까요."

어쩐지 기분 나쁘겠지만 일단 진정하라. 유대인은 그저 '돈은 있는 사람 손에 들어가있다'는 진리를 말하고 있을 뿐이니까 말이다. 그러므로 돈을 벌려면 '있는 사람의 돈'을 벌어야 단시일 내에 큰돈을 벌 수 있다. 이 지혜로운 비즈니스철학은 세상과 삶에 대한 유대인의 80:20 법칙에서 비롯되었다.

사람의 몸에서 수분과 그 외 물질의 비율은 80:20이다. 80:20 법칙은 이렇듯 객관적인 것으로, 우주의 영구불변하는 비율이다.

이렇게 말하니 80:20 법칙은 모든 것을 초월한 '절대 진리'가 분명한 듯하다. 80:20 법칙은 어둠 속에서 우리 세계를 규정하고, 우리의 삶을 좌지우지한다. 이처럼 80:20 법칙은 절대권위를 지닌 만고불변의 진리이기 때문에 유대인은 이를 사업의 근본으로 삼아 만인의 부러움을 살 만큼의 부를 쌓았다.

예를 하나 들어보자.

"세상에 돈을 빌려준 사람이 많을까, 돈을 빌린 사람이 많을까?"라고 묻는다면 보통 사람들은 "당연히 빌린 사람이 많죠"라고 답할 것이다. 그러나 생각하고 말 것도 없다는 듯 단번에 나온 유대인의 대답은 이와는 정반대다.

"돈을 빌려준 사람이 절대다수를 차지하죠."

사실이 그렇다. 은행은 결국 '돈 빌리는 기관'이다. 수많은 사람들에게서 빌린 돈(예금)을 다시 소수에게 빌려주는 과정(대출)에서 이윤을 얻는다. 유대인의 논리에 따르면 돈을 빌려주는 사람과 돈을 빌린 사람의 비율은 80:20이다. 이 비율을 이용해 돈을 벌면 절대 은행이 손해 볼 일은 없다. 그러나 반대의 경우에는 은행도 파산을 면치 못한다.

지출이
소득을 넘으면 안 된다

유대인은 소득을 넘어서는 지출을 하지 않는다. 쓰는 돈이 버는 돈보다 많으면 안 된다.
지출이 소득을 넘는 것은 비정상적이며, 당연히 부유해지는 길과는 거리가 멀다."

'아케이드'라는 유대인 거상이 자기가 검소하다는 달걀장수에게
물었다.

"만약 당신이 매일 아침 달걀 10개를 바구니에 담고 저녁이 되
면 그중 9개를 꺼낸다고 합시다. 그러면 어떻게 될까요?"

"시간이 흐르면 달걀 바구니가 가득 차 넘치겠죠."

"왜 그렇게 될까요?"

"매일 바구니에 넣는 개수가 꺼내는 개수보다 1개 많으니까요."

"맞습니다. 이제 돈 버는 방법을 하나 알려줄 테니 그대로 따라
해보세요. 당신이 지갑에 10달러를 넣었는데 그중 9달러만 꺼내 썼
다면 당신의 지갑이 부풀기 시작했다는 뜻입니다. 지갑이 무거워지
면 만족감도 커질 겁니다."

달걀장수가 어이없어하자 아케이드가 또 말했다.

"너무 빤한 말이라고 비웃지 마세요. 돈 버는 비결은 대개 이처럼 단순하니까요. 처음에는 나도 지갑이 비어있어서 마음이 헛헛했습니다. 하지만 내가 지갑에 넣은 10달러 중 9달러만 빼서 썼을 때, 내 빈 지갑이 부풀어오르기 시작했습니다. 저처럼 한다면 머잖아 당신의 지갑도 빵빵해져있을 겁니다."

달걀장수가 흥미를 보이기 시작하자 아케이드는 계속 말했다.

"이제부터 아주 신기한 돈 버는 법을 알려드리겠습니다. 사실 저도 그 이치를 명확히 설명할 길이 없긴 해요. 자, 내 지출이 전체 수입의 90%를 넘지 않으면 나는 예전처럼 가난에 허덕이지 않고 그럭저럭 살만하다고 느낄 겁니다. 얼마 지나지 않아 돈 버는 일도 예전보다 쉬워졌다고 느낄 겁니다. 번 돈의 일부만 쓰고 나머지는 잘 모아두는 사람은 금세 큰돈을 모을 수 있습니다. 이와 반대로 버는 족족 쓰는 사람은 영원히 빈 지갑만 보면서 한탄할 따름이죠. 그래서 나는 지갑에 10달러를 넣으면 최대 9달러까지만 꺼내 씁니다."

유대인의 돈 쓰는 원칙은 이러하다.

'꼭 필요한 곳에만 돈을 쓰고, 불필요한 곳에는 한 푼도 쓰지 않는다.'

체인점을 많이 거느린 '슈리키'라는 유대인은 검소하고 인색하다. 자신의 상점이 미국 전역은 물론 해외에까지 진출했고, 자산 규모가 수억 달러에 이르는 데도 늘 1달러짜리 점심을 먹었다.

어느 날, 케데르 석유회사Keder Oil Company의 사장 보어 케데르는 전시회를 찾았다가 매표소에 쓰인 문구에 시선을 던졌다.

'5시 이후 입장 고객에게는 입장료의 50%만 받습니다.'

시계를 보니 4시 40분이었다. 그러자 케데르는 입구에서 20분 동안 기다렸다가 전시회 표를 반값에 구입해 25센트를 아꼈다. 연매출 수억 달러 규모의 회사를 운영하는 사람이 25센트를 아끼기 위해 20분이나 기다린 것은 몸에 밴 절약정신과 습관 탓이었다. 이 또한 케데르가 세계적인 부호가 되는 데 일조했다.

돈을 좋아하는 한편, 아끼기도 해야 한다. 다시 말해 돈을 벌 생각만 하지 말고 이미 가진 돈을 잘 지키는 방법도 고민해야 한다. 유대인은 유별난 검약 정신으로 남다른 부를 일궜다. 유대인 거상 아케이드도 이에 대해 이런 말을 남겼다.

"유대인은 소득을 넘어서는 지출을 하지 않는다. 쓰는 돈이 버는 돈보다 많으면 안 된다. 지출이 소득을 넘는 것은 비정상적이며, 당연히 부유해지는 길과는 거리가 멀다."

사고 싶은 물건이 있으면
사흘을 기다려라

사고 싶은 물건이 있으면 일단 3일을 기다려라. 3일이 지나고 나면 흥미가 없어질 수도 있다. 3주가 지나고 나면 그런 물건을 기억 조차 못할 수도 있다.

유대인 경전 《탈무드》에 이런 말이 있다.

'사고 싶은 물건이 있으면 사흘을 기다려라.'

이 말은 오늘날에도 유효하다. 상업에 종사하는 유대인은 예로부터 지금까지 이 말을 몸소 실천해왔다.

유대인 상인은 이렇게 생각한다.

'사고 싶은 물건이 있으면 일단 3일을 기다려라. 3일이 지나고 나면 흥미가 없어질 수도 있다. 3주가 지나고 나면 그런 물건을 기억 조차 못할 수도 있다. 3개월 뒤에 새 상품이 나오면 예전에 사고 싶어 했던 물건은 이미 싸구려가 되어있을 것이다. 3년이 지나면 아무리 좋아했던 상품도 아무도 찾지 않는 쓰레기가 되어있을 것이다. 이렇게 하면 검약을 실천할 수 있다.'

그래서 유대인은 돈이 생기면 곧바로 은행에 예금한다. 일단 넣어두면 다시 꺼내기가 번거롭기 때문에 충동구매를 할 수 없다. 이때를 이용해 정말로 필요한 물건인지 깊이 고민해보고, 여러 상품들과 비교해볼 수도 있다. 그러고 나서도 사고 싶다는 생각이 든다면 현명하게 선택해야 한다.

사실 세상에 반드시 가치가 뛴다고 보장할 수 있는 것은 없다. 오를 수도 있고 내릴 수도 있다. 경우에 따라서는 가치가 0이 되는 경우도 있다. 그렇기 때문에 무턱대고 구매했다며 땅을 치고 후회하는 사람들이 적지 않다.

"그때 그렇게 충동적으로 사는 게 아니었는데!"

사람들은 이삿짐을 쌀 때마다 집안에 쓸데없는 물건들이 생각보다 많았다는 사실에 놀라 이렇게 후회하곤 한다. 물건은 시간의 흐름과 함께 가치가 변해 결국 쓰레기가 된다. 사람이 죽고 나면 생전에 쓰던 물건들은 자손들이 물려 쓰지 않으면 쓰레기장에 묻힌다. 그중에는 환경오염을 일으키는 것도 있다.

물질적 욕망이 아무리 강해도 죽을 때 쓰던 물건을 가지고 갈 수는 없다. 게다가 남은 사람은 그가 남긴 물건을 처리하느라 골치를 썩게 된다. 그럴 바에야 차라리 은행에 저축해두는 것이 처리하기도 편하고, 자손들도 좋아할 것이다. 그도 아니면 자선단체에 몽땅 기부한다는 유서라도 써놓는 게 좋다.

"이 물건을 처분할 때 얼마만큼의 가치가 있을까?"

이 충고를 되새기면 물건을 살 때 지금보다 더 신중해질 것이다.

그러면 불필요한 물건은 사지 않게 된다. 한번 샀던 물건을 되팔 때의 가치는 처음 샀을 때의 절반 밖에 되지 않는다.

사람들은 산해진미를 앞에 두면 저절로 군침이 흐르고 식욕이 폭발한다. 사실 산해진미는 당뇨병의 주요 원인일 뿐, 영양 공급 면에서 아무런 이점이 없다. 영양적으로 균형만 맞춘다면 변변찮은 음식을 먹어도 오래오래 건강하게 살 수 있다.

'충동적으로 사들이는' 것 외에 '충동적으로 버리는' 일도 있다. 물건을 버릴 때는 일단 냉정하게 다시 생각해봐야 한다. 버리려는 것 중에는 계속 입을 수 있는 옷도 있고, 수리하면 다시 사용할 수 있는 전자제품도 있을 것이다.

유대인은 쓰레기 중에 상당수는 다시 사용할 수 있다고 생각한다. 이처럼 아직 쓸 수 있는 물건들을 아프리카처럼 물자가 부족한 지역에 보낸다면 쓰레기장에 버리는 것보다 훨씬 큰 가치를 창출할 것이다.

돈을 쓰기 전에 유대인의 말을 떠올려보라. 사고 싶은 물건이 있으면 사흘을 기다리고, 버리고 싶은 물건이 있으면 하루를 더 두고 봐라. 그러면 버리려는 물건 중에 절반 이상은 다시 사용할 수 있다는 사실을 깨닫게 될 것이다.

Jewish
Wisdom

제7장

세뇌와 반세뇌
게임의 지혜

Jewish wisdom

거래가 물거품이 되도 웃어라

> 유대인 상인과 거래를 하다보면 그들이 항상 웃는 낯이라는 사실을 깨닫게 된다. 거래 달성 여부와 상관없이, 설령 의견 충돌을 빚더라도 유대인은 항상 웃으며 반대 의견을 제시한다.

어떻게 해야 돈을 벌 수 있는가? 유대인은 먼저 스스로를 다스려 화기애애한 분위기를 조성해 충돌과 갈등을 방지한다.

유대인 상인은 '웃는 얼굴에 침 못 뱉는다'라는 말을 사업신조로 삼아 친절한 인상을 심어줘 사업을 번창시킨다. 유대인은 친절하고 선량한 태도로 일을 한다. 전통적인 자선행위와 민감한 경쟁의식은 유대인이 오늘날의 노사관계에 공헌하는 데 큰 영향을 미쳤다.

화학자이자 사업가였던 루드비히 몬드는 순전히 자신의 전문지식만으로 사업을 벌였다는 점에서 유대인 중에서는 보기 드문 실업가라고 할 수 있다. 몬드는 1839년 독일 카셀에서 태어나 영국으로 이주했다. 학생 시절, 몬드는 하이델베르크 대학의 화학 교수 로베르트 분젠 밑에서 연구했다. 훗날, 몬드는 알칼리성 폐액에서 황을 회수하는 방법을 발견했다. 몬드는 이 방법을 영국으로 가져갔고, 숱한 어려움 끝에 그와 손잡겠다는 회사를 찾았다. 이 특허는 경제적 가치가 굉장했다. 이후 영국과 유럽의 많은 회사들이 특허 사용을 신청했다. 이 일을 계기로 몬드는 자신이 직접 화공기업을 설립할 생각을 하게 되었다. 몬드는 암모니아수를 이용해 소금을 소다로 만드는 기술도 사들였다. 당시에는 아직 완벽하지 않았지만, 몬드는 그 가능성을 본 것이다.

몬드는 위닝톤이라는 지역의 땅을 사서 공장을 지었다. 현지 주민들은 대형 화학공장이 들어서면 생태환경이 파괴될 것을 염려해 공장 건설에 반대하고 건설 노동자로 일하지도 않겠다고 했다. 공장을 짓는 동안 몬드는 날마다 현장에서 노동자들을 다그쳤다. 당시 몬드는 늘 입버릇처럼 말했다.

"나를 몬드 씨라고 부르지 마시오. 난 신사가 아니니까!"

몬드는 공장을 짓는 한편 암모니아 소다법을 완성시키기 위해 실험을 계속했다. 첫 번째 실험이 실패하자 몬드는 아예 실험실로 들어가 밤낮을 가리지 않고 실험에 몰두했다. 그렇게 수없는 실패를 거친 끝에 마침내 기술적인 문제를 해결했다.

그런데도 몬드는 문제가 생길까 노심초사했다. 그래서 자신의 거처에서 공장까지의 거리가 겨우 수백 미터에 불과한데도 침실 창문에 방울을 매달고 긴 끈을 묶어 공장까지 연결해놓았다. 밤중에 문제가 생기면 언제라도 그를 부를 수 있게 하기 위함이었다.

1874년, 공장이 다 지어져 소다 생산에 들어갔지만 상황은 생각보다 좋지 않았다. 원가가 너무 높은 탓에 적자를 면치 못했던 것이다. 그런데도 몬드는 좌절하지 않고 더 열심히 노력했다. 그 결과 1880년 마침내 몬드는 원하던 바를 이뤘다. 소다의 생산량은 3배나 늘었고, 원가는 낮아졌으며, 원래 톤당 5파운드씩 적자를 보던 데서 1파운드씩 흑자를 기록하게 된 것이다.

근처에 있는 경쟁기업을 인수한 몬드와 사업파트너 존 브루너는 기존의 공장을 브루너-몬드 사로 키웠다. 그 당시 몬드 명의의 자산은 60만 파운드에 달했다. 겨우 몇 년 사이에 브루너-몬드 사는 세계 최대의 소다 생산 기업으로 성장했다. 브루너-몬드 사는 소다를 생산하는 공정상의 큰 진전을 이뤘지만, 사람들은 '브루너-몬드 사'라고 하면 노사관계 혁신을 먼저 떠올린다. 브루너-몬드 사는 영국 최초로 노동자에게 1주일 연차와 유급휴가를 주는 회사가 되었기 때문이다.

몬드뿐만이 아니다. 유대인 상인과 거래를 하다보면 그들이 항상 웃는 낯이라는 사실을 깨닫게 된다. 거래 달성 여부와 상관없이, 설령 의견 충돌을 빚더라도 유대인은 항상 웃으며 반대 의견을 제시한다.

거꾸로 생각하면
길이 보인다

목표에 집중할수록 거꾸로 생각해보는 게 효과적이다. 목표에 집중하면 목표를 이루기 위해 동의를 구해야 할 사람도 적어지고, 전 과정에 필요한 시간도 줄어든다.

많은 경우, 늘 생각하는 방향으로 생각하면 문제가 잘 해결되지 않다가도, 거꾸로 생각해보면 의외로 문제가 쉽게 풀릴 경우가 있다.

1960년대 중반, 당시 포드의 한 자회사 부사장이던 리 아이아코카는 실적을 개선하기 위한 방법을 찾느라 골머리를 앓았다. 아이아코카는 대중의 시선을 사로잡을 만큼 파격적인 디자인의 소형 자동차라면 이 문제를 해결할 수 있다고 생각했다. 최종적으로 성패를 결정할 사람은 고객이라는 원칙에 따라 아이아코카는 전략 로드맵을 짜기 시작했다.

다음은 아이아코카가 고객에게서 신차 디자인에 관한 아이디어를 얻은 과정의 이야기다.

고객이 차를 구매하기 전에 차와 접촉할 수 있는 유일한 방법은 시승이다. 잠재고객이 시승을 하려면 자동차를 딜러의 전시장 안으로 집어넣어야 한다.

그렇다면 어떻게 해야 딜러의 흥미를 끌 수 있는가? 대대적이면서도 매력적인 광고로 딜러 스스로 신차에 매료되게 해야 한다. 좀 더 알아듣기 쉽게 말하자면, 마케팅을 시작하기 전에 신차 개발을 완료해 딜러의 전시장에 들여놓아야 한다. 이 목표를 이루려면 반드시 포드 본사의 마케팅부서와 생산부서의 전폭적인 지지가 필요했다.

이 밖에도 자동차의 모델을 생산하는 데 필요한 공장·인력·설비 및 원자재에 대한 결정은 모두 고위직 임원이 해야 했다. 그래서 아이아코카는 반드시 동의를 얻어야 하는 사람의 명단을 작성한 다음, 모든 절차를 거꾸로 되짚기 시작했다.

몇 달 뒤, 생산라인을 빠져나온 신차 '머스탱Mustang'은 1960년대를 휩쓴 명차가 되었다.

머스탱의 성공 덕분에 아이아코카도 단숨에 포드 사 전체의 승용차·트럭 부문 부사장으로 승진했다.

거꾸로 생각하기 위해서는 각 단계를 구분해야 한다. 그러면 장기목표와 단기목표가 쉽게 구분된다. 그런 다음, 다시 각 단계의 목표를 거꾸로 생각한다.

한 유대인 상인이 이런 말을 했다.

"목표에 집중할수록 거꾸로 생각해보는 게 효과적이다. 목표에 집중하면 목표를 이루기 위해 동의를 구해야 할 사람도 적어지고, 전 과정에 필요한 시간도 줄어든다."

게임을 하듯
거래를 하라

거래 당사자들은 서로의 인품을 인정하고 상품을 교환하는 모든 단계에서 상대방이 이해
할 수 있는 합리성을 보인 다음에 교섭을 진행해야 한다.

상품 가격은 수시로 오르락내리락 한다. 어제만 하더라도 푼돈
이면 살 수 있었던 물건 가격이 오늘 갑자기 눈이 튀어나올 정도로
비싸지는 경우도 있다. 《탈무드》에 이런 말이 있다.

'판매자가 구매자에게 상품을 건네기 전까지 상품의 소유권은
판매자에게 있다.'

따라서 원칙적으로 물건을 건네기 전까지 판매자는 상품을 처분
할 수 있는 권리를 가진다. 만약 상품을 건네기 전에 가격이 오르내
린다면 어떻게 해야 할까?

A와 B가 계약을 맺었다고 하자. 계약 내용은 이러하다.

'A가 B에게 파는 올리브유 가격은 통 당 1만 달러다.'

그런데 B에게 올리브유를 넘기기 전에 올리브유 시가가 통 당

1만 2천 달러로 올랐다. 만약 A가 B에게 팔 올리브유를 아직 계량하지 않았다면 A는 1만 2천 달러에 팔 수 있다. 이는 올리브유에 대한 소유권이 아직 B에게 넘어가지 않았기 때문이다. 또 만약 B가 A와 거래하지 않는다면 누구에게서 사든 통 당 1만 2천 달러를 지불해야 한다. A는 당연히 자신의 올리브유를 1만 달러에 넘길 필요가 없다.

그러나 만약 A가 B에게 팔 올리브유를 계량했다면 이미 계량한 양만큼은 계약 당시 정한 가격으로 팔아야 한다. 설령 이후에 올리브유 가격이 올랐다는 사실을 알게 되더라도 A는 최초 계약 당시 정한 '통당 1만 달러'로 올리브유를 B에게 넘겨야 한다. 그 까닭은 무엇일까? 이는 올리브유를 팔려고 계량할 당시 '통당 1만 달러'에 맞췄기 때문이다.

구매자는 상품 가격이 쌀 때 판매자와 거래계약을 맺었으면 가급적 빨리 상품의 소유권을 넘겨받아야 한다. 판매자는 조금이라도 비싼 가격에 팔기 위해 시장 상황을 예의주시하며 상품을 제 손 안에 넣고 있어야 한다. 구매자든 판매자든 신중한 태도로 시장 상황을 면밀히 살피며 상대방이 생각하는 최저가격을 예상해야 한다. 이는 손해를 꺼리고 이득을 원하는 인간의 본능이니까 투기로 몰아서는 안 된다. 왜냐하면 유대인은 규칙을 지켜가며 게임을 하기 때문이다.

이는 거래를 할 때 별도의 대가를 지불하지 않기 위함이다. 장기를 두는 것과 비슷하다고 할 수 있다. 거래를 할 때는 각 단계마다 발생할 수 있는 상황을 충분히 이해하고 나서 다음 행보를 결정해야 한다. 이러한 진퇴는 비이성적인 직관(투기)이 아니라 실제 상황에 대해 합리적인 분석(고찰)을 한 끝에 결정하는 것이다. 영어에서는 '투기'와 '고찰' 모두 'speculation'이라는 단어로 표현한다. 사실 유대인의 투기는 치밀한 고찰과 밀접한 연관이 있다.

이러한 고찰은 상품의 유통 영역에 한정되지 않는다. 거래는 상품을 양도하는 것이기도 하기 때문이다. 이는 당사자가 상품 거래를 통해 최종적인 만족감을 얻는다는 뜻이기도 하다. 만족감은 반드시 필요한 심리적 요소다. 그래서 거래 당사자들은 서로의 인품을 인정하고 상품을 교환하는 모든 단계에서 상대방이 이해할 수 있는 합리성을 보인 다음에 교섭을 진행해야 한다.

유대인은 종종 자신이 어떤 부분의 합리성을 받아들일 수 있는지를 고민하며 협상하고, 손익을 분명히 따진 다음에야 거래를 진행한다.

마감 날짜를 정하는 것이
지구전보다 효과적이다

> 사업가는 희망이 보이거나 향후 자신에게 큰 이득이 생길 것이라는 확신이 들면 절대로
> 계약서에 서명하지 않는다. 이때는 협상의 여지가 없다는 뜻을 담은 단호한 말투가 상대
> 방의 마지막 결심을 이끌어낼 수 있다.

비즈니스를 하다보면 거래 마감 날짜를 깡그리 무시한 채 지구전을 준비하려는 사업가들이 있다. 유대인 상인은 이런 상대방은 그가 방심하는 순간에 허를 찌르고 들이받아 무너뜨려야 한다고 주장한다.

시간이 제 편인 줄 알고 느긋해하던 상대방은 강경한 최후통첩을 받아들고 어찌할 바를 몰라 우왕좌왕할 것이다. 자신에게도 중요한 거래였으니 이대로 망칠 수는 없을 터이다. 그런데 아마도 상대방은 자료·조건·정력·생각·시간 등 모든 면에서 준비가 덜 된 상태일 것이다. 그러나 경제적 이익과 마감 날짜의 압박에 시달린 상대방은 어쩔 수 없이 먼저 굽히고 들어와 계약서에 서명할 수밖에 없다.

파산 직전의 크라이슬러 사를 넘겨받은 미국 자동차업계의 신화 리 아이아코카는 가장 먼저 직원의 임금을 낮춰야 한다고 생각했다. 그래서 고위급 임원의 임금을 10% 낮추고, 자신의 연봉도 36만 달러에서 10만 달러로 깎았다. 그리고 나서는 노조 지도자에게 말했다.

"시간당 17달러짜리 일은 있지만, 시간당 20달러짜리 일은 없습니다."

그러나 노조가 이처럼 지극히 위협적이면서 아무런 대책도 없는 요구에 수긍할 리 없었다. 당연히 노조는 아이아코카의 요구를 거절했다. 그렇게 1년 동안 양측은 한 발자국도 물러서지 않은 채 각자의 입장만 고수했다. 그러던 어느 날, 갑자기 기발한 생각이 떠오른 아이아코카는 노조 대표들에게 말했다.

"당신들이 파업을 하는 바람에 회사가 정상적으로 운영되지 않고 있습니다. 내일 아침 8시까지 업무에 복귀하지 않으면 새로운 인력이 당신들의 자리를 메울 것입니다. 이미 인력회사와 이야기가 다 되었습니다."

그 말에 노조대표는 깜짝 놀랐다. 협상을 통해 임금 문제를 해결하려고 이 분야에 대한 자료를 모으고 생각을 정리해둔 그에게도 이런 전개는 전혀 예상 밖의 일이었으니까 말이다. 해고당한다는 말은 곧 일자리를 잃게 된다는 뜻이다. 이건 정말 장난이 아니었다! 결국 노조는 잠시 토론을 한 끝에 아이아코카의 요구를 다 받아들였다.

1년 동안 지구전을 펼치고도 노조를 이기지 못했는데 뜻밖의 한수로 모든 상황을 깔끔하게 정리할 줄이야!

상대방의 허를 찌르고 마감 날짜를 정하는 전략의 핵심은 '의외성'이다. 이는 백전백승을 장담하는 방법이 아니다. 일단 상대방이 최악의 결과를 예상하고 미리 준비를 한다면 최후통첩의 위력은 사라지고 말기 때문이다.

다음은 반대 사례다.

미국 제너럴일렉트로닉스 사는 이미 20년 전부터 노조와 협상할 때 '마감 날짜'를 제시했다. 초기에만 하더라도 이 방법은 매번 효과를 보였다. 그러나 1969년, 연패를 거듭하던 노동자들이 결국 폭발하고 말았다. 노동자들은 이번에도 사측이 늘 하던 대로 마감 날짜를 정해 위협할 것이라고 생각해 만반의 준비를 마친 뒤, 타협을 포기하고 경제적 이익을 전혀 고려하지 않는 파업에 들어갔다.

일반적으로 이 방법을 쓸 때는 다음과 같은 점에 주의해야 한다.

1. 상대방의 허를 찌르고 마감 날짜를 정할 때는 협상의 여지가 전혀 없다는 뜻을 담은 단호한 말투를 써야 한다. 사업가는 희망이 보이거나 향후 자신에게 큰 이득이 생길 것이라는 확신이 들면 절대로 계약서에 서명하지 않는다. 이때는 협상의 여지가 없다는 뜻을 담은 단호한 말투가 상대방의 마지막 결심을 이끌어낼 수 있다.

2. 마감 날짜를 제시할 때는 반드시 구체적이고 명확한 시간을 말해야 한다. '내일 오전'이라거나 '모레 오후' 같은 흐리멍덩한 표현을 써서는 안 된다. '내일 오전 8시 정각'이나 '모레

저녁 9시 정각'처럼 구체적인 시간을 말해야 한다. 이렇게 하면 상대방은 시간에 쫓기는 기분이 들어서 요행심리를 버리게 된다.

3. 제시한 마감 날짜에 맞는 구체적인 행동을 보여준다. 짐을 싼다거나, 호텔 체크아웃을 한다거나, 교통편을 예약하는 등의 행동을 하면 된다.

4. 협상 대표가 최후통첩을 하면 더 힘이 실린다. 물론 뜻밖의 수로 상대방을 제압할 때는 '도'를 넘지 않도록 주의해야 한다. 사실만을 말하면서 사업가다운 실무적인 태도를 보여야 한다. 이를 위해 다음 4가지에 주의한다.

❶ 상대방의 조급한 마음을 이용해 심리적 부담을 느끼게 한다.

❷ 지나친 욕심은 금물이다. 적당한 선에서 그쳐라.

❸ 객관적인 조건으로 상대방을 설득해 기꺼이 승복하게 만든다.

❹ 상대방에게 위압감을 주지 마라.

좋은 건 나눠 먹자

영리한 경영자라면 자신을 밀어낸 경쟁자를 시기하느라 허송세월하는 대신, 남들은 가지 않는 좁고 험한 길에 들어서도 성공의 문을 젖힐 수 있다. 그만큼 시장은 한없이 넓고 다채롭다.

대다수 유대인 사업가는 교묘한 수로 2마리 토끼를 잡는 데 도가 텄다. 유대인은 경영을 할 때 높은 산출을 추구하는 것은 물론이고, 1회 또는 1가지를 투입해 수회 또는 여러 가지를 산출할 수 있기를 기대한다.

예를 들어 미술상 시드니 재니스는 잠재고객을 끌어올 수 있는 구매자에게 특별히 관심을 가졌다. 그중에서도 마케팅 관련 학부에 다니는 여성에게 신경을 썼다. 이런 여성은 곧 사회에 진출할 것이다. 그런 여성들이 현대미술에 관심을 갖게 되면 본인 스스로도 자주 화랑을 찾을 테지만, 이후 남편을 데리고 미술품을 구매하러 올 가능성도 컸기 때문이다.

비단 재니스뿐만 아니라 대다수 유대인은 거래를 할 때 2마리 토끼를 모두 잡아 사업을 키우려고 한다. 오늘날과 같은 비즈니스 환경에서는 이처럼 '거래 한 번으로 2마리 토끼를 잡는 전략'이 필수다.

유대인이 이런 생각을 하게 된 이유는 무엇일까?

1. 과거에 회사는 이윤을 위해서 시장을 독점하려고 수단·방법을 가리지 않고서 동종업체를 무너뜨리려고 했다. 그래서 동종업체와 서로 헐뜯고 공격하고 속이는 경우가 다반사였다. 동종업체를 원수로 여길 뿐만 아니라 자신을 제외한 모두를 시기하고 미워했다. 오늘날의 기업들은 과거보다 훨씬 더 경쟁을 장려한다. 그러나 경쟁의 목적은 서로의 발전을 촉진하고 함께 성장하는 것이다.

2. 일단 싸움이 붙으면 둘 중 하나가 끝장날 때까지 인정사정없이 몰아붙인다. 누구도 패배자가 되기를 원치 않기 때문이다. 경쟁에 참여한 기업은 모두 '적'이다. 이들은 경쟁을 하며 비밀을 유지하고, 정탐에 나섬으로써 승리를 거둔다. 만약 시장이 모든 경쟁자를 수용할 수 없는 지경에 이르면 어느 기업이든 자신의 생존을 위해 적을 쓰러뜨린다. 사실 시장이 모든 경쟁자를 수용할 수 있더라도 기업들은 약한 적을 힘으로 짓밟고 싶어 한다.

3. 비록 경쟁업체가 전장에서 맞붙는 '적군'과 비슷한 점이 있지만 본질적으로는 전혀 다르다. 기업 경영의 근본 목표는 사회에 공헌하는 것이고, 기업의 상품은 사회의 필요를 만족시키

며, 기업이 벌어들인 돈은 다시 국가·기업·직원에게 전해지며, 기업 간 경쟁수단은 정당하고 합법적이어야만 한다. 이런 의미에서 기업은 서로 돕고 지지하고 이해할 수 있는 친구에 가깝다.

4. 시장경쟁은 치열하다. 그중에서도 동종업체 간의 경쟁에서는 그야말로 불꽃이 튄다. 경쟁자끼리는 서로 통하는 바가 있게 마련이다. 그러니 괜히 날 세우지 말고 너그러운 마음으로 서로 포용하며 잘 지내야 한다. 무공이 높은 고수들의 대결을 떠올려보라. 그들은 승부를 가르면서도 상대방의 무예에 관심을 보이면서 뛰어난 점을 배운다. 이겼다고 득의양양하지 않고, 졌다고 의기소침하지 않는다. 그저 시합을 통해 서로 무예를 갈고닦아 전보다 나아지고자 할 따름이다.

5. 시장에서 살아남기 위해 경쟁자와 피 튀기는 경쟁을 벌이는 것은 지극히 당연하다. 그러나 경쟁을 할 때는 반드시 정당한 수단을 써야 한다. 다시 말해 품질·가격·판촉 등의 방식으로 공명정대하게 겨뤄 승부를 가려야지, 모조품·위조품 따위를 팔거나 중상모략으로 상대방을 깎아내리거나 해치는 등의 부정한 수단으로 상대방에게 손해를 입혀서는 안 된다.

6. 우리가 발 디딘 이 땅은 우리 모두를 수용하고도 남을 만큼 크다. 영리한 경영자라면 자신을 밀어낸 경쟁자를 시기하느라 허송세월하는 대신, 남들은 가지 않는 좁고 험한 길에 들어서도 성공의 문을 젖힐 수 있다. 그만큼 시장은 한없이 넓

고 다채롭다.

오늘날의 시장 상황은 변화무쌍하다. 지금은 A기업에 유리하더라도 어느새 B기업에 더 유리한 환경으로 바뀔 수 있다. 그러므로 경영자는 2수, 3수 더 멀리까지 내다봐야 한다. 한 번의 승패로 결론지어서도 안 되고, 한때의 실패를 경쟁자 탓으로 돌려서도 안 된다.

역시나 좋은 것은 나눠먹으며 돈 버는 유대인은 진정 지혜로운 사업가다.

돈이 나올 곳을
찾아라

| 장사꾼은 돈이 나오는 곳에서 돈을 벌어야 한다.

유대인 상인이 성공과 불가분의 관계를 이루게 된 이유는 '기회를 놓치지 않기 위한 과감한 행동력' 덕분이다. 옥시덴탈 석유회사의 회장 아먼드 해머의 성공 사례가 좋은 예다.

1961년, 해머는 캘리포니아 주의 라스롭에서 천연가스 매장지를 발견했다. 그래서 서둘러 PG&E^{Pacific Gas and Electric Company}를 찾아갔다. 해머는 PG&E와 20년짜리 천연가스 판매 계약을 체결하려고 했다.

그런데 뜻밖에도 PG&E는 해머의 말을 제대로 들어보지도 않고 제안을 거절했다. PG&E는 얼마 전에 거액을 들여 캐나다에서 캘리포니아 주 샌프란시스코로 이어지는 천연가스 파이프라인을 건설하기로 했다면서 거절의 이유를 밝혔다. 파이프라인만 완공되면 캐나다에서 대량의 천연가스를 사올 수 있기 때문에 굳이 해머와 계약을 맺을 필요가 없었던 것이다.

생각지도 못했던 상황에 해머는 순간 멍해졌다. 그러나 이내 냉정을 되찾고 PG&E를 무릎 꿇릴 근본적인 방법을 생각해냈다. 해머는 곧바로 샌프란시스코 근처인 로스앤젤레스로 향했다. 왜냐하면 PG&E가 천연가스를 팔려는 도시가 바로 로스앤젤레스였기 때문이다. 해머는 로스앤젤레스의 시의원을 만나 라스롭에서 로스앤젤레스까지 이어지는 천연가스 파이프라인 건설 계획을 기가 막힌 말주변으로 설명했다. 해머는 PG&E를 비롯한 다른 어떤 기업보다도 싼 가격으로 로스앤젤레스 시에 필요한 천연가스를 공급하겠다고 약속했다. 해머에게 설득 당한 시의원은 해머의 제안을 받아들이기로 했다.

해머가 생각한 수는 과연 탁월했다. 뜻밖의 일격을 당한 PG&E는 곧바로 해머를 찾아와 계약 의사를 밝혔다. 그러나 이때 공은 이미 해머에게 넘어간 상태였다. 주도권을 쥔 해머는 매우 가혹한 조건을 제시했지만, PG&E는 울며 겨자 먹기로 받아들일 수밖에 없었다.

한 유대인 상인이 이런 말을 했다.

"장사꾼은 돈이 나오는 곳에서 돈을 벌어야 한다."

이 말이 모든 걸 설명하지 않는가.

감정이 깔린 계약은
믿을 수 없다

유대인 상인은 자질이 뛰어나고 의기투합할 수 있는 동업자를 고르는 눈을 키움으로써 나중에 좋은 사람 노릇을 할지라도 일단 협상을 할 때는 꼼꼼하고 완벽한 계약을 체결할 줄도 알게 된 것이다. 단순히 우정으로 맺어지고 감정을 바탕에 깐 계약은 믿을 수 없기 때문이다.

《탈무드》는 이런 물음을 던졌다.

'갓 태어난 아기가 머리는 2개인데 몸은 1개라면, 이 아기는 한 사람인가, 아니면 두 사람인가?'

《탈무드》는 물음과 함께 답도 알려줬다.

'한쪽 머리에 뜨거운 물을 부었을 때, 다른 쪽 머리도 비명을 지른다면 한 사람이다. 그러나 다른 쪽 머리가 아무 반응을 보이지 않는다면 두 사람이다.'

유대인의 말을 빌리자면, 만약 어느 유대인이 다른 나라에 사는 유대인들이 박해를 받고 있다는 말을 듣고 괴로워한다면 그 사람은 진짜 유대인이다. 그러나 아무런 반응도 없다면 그는 진짜 유대인이 아니다! 《탈무드》의 이 질문과 대답은 단순한 은유가 아니라 현실에서 유대인의 민족 정체성과 단결력을 검증하기 위한 것이 분명하다.

비즈니스 현장에서 유대인은 협력을 매우 중시한다. 뜻이 맞는 동업자를 찾으면 절반은 성공한 것이나 다름없다고 생각할 정도다. 동업자를 만들면 장점은 키우고 단점은 줄이며 위험부담을 함께 지고 양측의 힘을 증대시킬 수 있기 때문이다.

그렇다면 어떤 동업자가 믿을 만한가? 유대인은 이에 대해 나름의 원칙이 있다.

'배운 바가 없고 기술이 없고 특기가 없는 자와는 동업하지 않는다. 의심하거나 불성실한 자와는 동업하지 않는다. 아첨하고 빌붙기 좋아하는 자와는 동업하지 않는다. 생각이 고리타분하고 꽉 막혀 시대의 흐름을 따르지 않고 제 식대로 밀어붙이는 자와는 동업하지 않는다.'

물론 힘 있는 기업과 손잡으면 그 덕을 좀 볼 것 같지만, 원래 쌀 99섬 가진 놈이 1섬 가진 놈 것을 뺏는다고 했으니, 대기업은 몸에 밴 약육강식 습관 때문에 약한 동업자를 가만히 두고 보지 않을 것이다. 하지만 기왕 손을 잡기로 했다면 상대방에게 자신이 필요로 하는 무언가가 있어서일 것이다. 따라서 자신이 동업자보다 약하다고 무조건 동업자의 뜻에 따를 필요는 없다. 주견 없이 끌려 다니기만 하면 언제고 당신의 노하우를 알아낸 동업자에게 뒤통수를 맞을 것이다.

물론 현실에서는 타인과의 협력이 실패로 끝나는 경우도 많다. 사업 초반에는 서로가 운명공동체라는 인식을 가지고 동고동락하지만, 일단 사업이 어느 정도 궤도에 오르면 각자의 이익을 위해 서로 얼굴을 붉히다 결국 갈라서게 되는 것이다. 그래서 유대인 상인은 자질이 뛰어나고 의기투합할 수 있는 동업자를 고르는 눈을 키움으로써 나중에 좋은 사람 노릇을 할지라도 일단 협상을 할 때는 꼼꼼하고 완벽한 계약을 체결할 줄도 알게 된 것이다. 단순히 우정으로 맺어지고 감정을 바탕에 깐 계약은 믿을 수 없기 때문이다.

이길 수 없다면
손잡아라

각 기업은 관리·인재·시장·업무·지역·핵심기술 같은 분야에서 저마다 강점과 약점이 있다. 각자의 강점을 인정하고 약점을 서로 보완해주기 위해 손을 잡아야만 더 큰 이윤을 거둘 수 있다.

유대인은 동업자를 이성적으로 고른다. 잘 알려진 협력 사례에 서는 종종 유대인의 그림자를 발견할 수 있을 정도다.

유대인 사업가 형제들이 세운 거대 금융회사인 리먼브라더스가 2대에게 사업을 물려줄 때, 이 기업은 이미 운송업과 타이어 사업까지 진출한 상태였다. 이 시기에 리먼 가문은 다른 유대인 부호 가문과 인척 관계를 맺었다. 예를 들어 루이손 가문은 리먼 가문의 사업 범위에 구리 제련업을 끌어들였고, 삭스 사는 리먼브라더스가 월 가의 큰손으로 거듭나게 해주었다.

1960년대, 미국 경제가 번영하면서 리먼브라더스는 다각적 합병에 총력을 기울이기 시작했다. 당시 리먼브라더스는 거침없는 행보로 기업 인수합병M&A의 선구자가 되었다.

그러나 이후 경기 침체와 은행 내부 갈등 같은 문제가 발생했다. 결국 1970년대 말, 리먼브라더스는 쇠락하기 시작했고 뉴욕 주식거래소의 조기경고대상으로 꼽혔다. 회사를 살리기 위해 주주들은 이사장을 교체했다. 2년 뒤 리먼브라더스는 재기했고, 놀랍게도 자본이익률이 줄곧 80%를 유지했다.

경쟁력을 끌어올리기 위해 리먼브라더스는 1977년 또 다른 유대계 은행 쿤로브Kuhn Loeb와 합병했다. 쿤로브 사를 창업한 에이브러햄 쿤과 그의 매부인 솔로몬 로브는 처음에 오하이오 주 신시내티에서 직물 사업을 하다가 이후에 5,077달러를 가지고 뉴욕으로 건너가 은행을 차렸고, 절정기에는 미국 투자은행의 지배적 지위를 갖기도 했다. 리먼브라더스와의 합병으로 탄생한 새 투자은행은 대규모 투자은행 중 네 번째 자리에 이름을 올렸다. 쿤로브와 리먼브라더스의 합병은 미국 내 리먼브라더스의 세력과 쿤로브의 해외에서의 강점을 하나로 합치는 효과가 있었다. 당시 매체는 이를 두고 '월 가의 최고 요리사 둘이 하나로 합쳐졌다'고 평했다.

유대인 상인의 이러한 단체의식은 1960년대에 새로운 사업 형태인 '다각적 합병'을 만들어냈다. 다각적 합병은 일단 여러 가지 목적을 실현하기 위한 지주회사를 탄생시킨다. 이 지주회사는 복합적이고 다양한 성격의 이윤을 포괄하고 있다. 지주회사는 신제품, 시장 침투, 수입 증가, 균형 발전 및 가격이윤율의 제고 등을 통해서도 약간의 이윤을 얻는다. 하지만 대부분의 이윤은 여러 회사가 합쳐지면서 생긴 힘으로 기업을 인수합병하고, 월 가가 바로 그 새 회사의 주식을 대량 매수·매도·거래하면서 발생한다.

　한 유대인 상인이 이런 말을 했다.

　"이길 수 없다면 손을 잡아라."

　오늘날의 경제 구조에서는 대규모 프로젝트가 많아 기업 혼자 힘으로는 완성하기가 어렵다. 그리고 각 기업은 관리·인재·시장·업무·지역·핵심기술 같은 분야에서 저마다 강점과 약점이 있다. 각자의 강점을 인정하고, 약점을 서로 보완해주기 위해 손을 잡아야만 더 큰 이윤을 거둘 수 있다.

발견해야
발전할 수 있다

> 사업을 하려면 때를 정확하게 알고 정직하게 경영해야 한다. 이렇게만 하면 사업도 그다지 어렵지 않다.

    우리는 쌤소나이트 사의 성공 비밀에 대해 알아야 한다.

    '쌤소나이트' 하면 대번에 비즈니스용 서류가방과 여행용 캐리어가 떠오를 것이다. 쌤소나이트 사를 1910년에 창업한 제시 슈웨이더도 유대인이다.

    1900년 초, 슈웨이더는 아버지를 따라 동유럽에서 미국으로 이민 갔다. 처음에 슈웨이더의 아버지는 뉴욕에 잡화점을 차렸지만 장사가 영 신통치 않았다. 그래서 시카고로 옮겨가 다른 일을 시작했지만 이번에도 실패하고 말았다.

    슈웨이더의 아버지는 많은 빚을 졌지만 갚을 길이 없어 빚쟁이를 피해 전국 각지로 도망 다녔다. 그러다가 콜로라도 주의 덴버에서 채소가게를 열었지만 그마저도 잘되지 않았다. 슈웨이더가 상황을 보아하니 아무래도 똑같은 상황이 되풀이될 것만 같았다. 슈웨이더는 밤낮없이 바쁘게 일하느라 몹시 파리해진 아버지에게 말했다.

"아버지, 제가 장사를 해볼게요."

당시 덴버는 유명한 요양지였기에 매년 사람들의 발길이 끊이지 않았다. 채소가게 입구에서도 저마다 여행가방을 손에 든 사람들이 주차장을 빠져나와 요양지로 가는 모습을 볼 수 있었다. 그런데 오가는 사람들의 모습에서 어쩐지 위화감이 들었다. 그 위화감은 여행객들의 가방에서 비롯되었음을 슈웨이더는 곧 깨달았다.

덴버에 막 도착한 사람들은 다들 멀쩡한 가방을 들고 있었지만, 요양을 마치고 돌아가는 사람들은 다 망가져서 끈으로 칭칭 동여맨 가방을 들고 있었던 것이다. 그래서 슈웨이더는 아버지의 채소가게를 가방가게로 바꿨다. 마침 점포가 주차장과 가까웠던 덕에 가죽가방은 날개 돋친 듯 팔려나갔다.

처음에는 뉴욕에 있는 가방제조업체에서 제품을 공급받았다. 그런데 얼마 지나지 않아 너도나도 슈웨이더의 가게에 납품하겠다고 나섰다. 겨우 2년 사이 슈웨이더의 가방가게는 전국 최고 매출을 달성했고, 점포 규모도 갈수록 커졌다. 슈웨이더의 가방가게는 농촌에서 흔히 볼 수 있는 단층건물이었지만, 그 안에는 뉴욕의 최신 유행 가방과 유명 디자이너가 만든 가방이 가득 쌓여있었다. 이리하여 슈웨이더의 가방가게는 점점 더 유명해졌다.

이러다 보니 가방생산업체들은 슈웨이더에게 절이라도 하고 싶은 심정이었다. 어느 날, 가방생산업체들이 슈웨이더를 뉴욕에 초청

했다. 슈웨이더가 도착하던 날, 각 회사 대표들과 사장들이 모두 뉴욕역에 마중 나와 그를 기다리는 진풍경이 벌어졌다. 모르는 사람이 봤으면 아마 기차역에서 뉴욕 경제단체 모임이라도 벌어지는 줄 알았을 터였다. 그런데 기차에서 내리는 슈웨이더를 본 사람들은 모두 황당함을 감추지 못했다. 그 유명한 슈웨이더 가방가게의 사장이 겨우 열여섯 살짜리 소년이었기 때문이다!

그 후 슈웨이더는 직접 가방을 만들기로 했다. 그는 어디 부딪치더라도 쉽게 부서지지 않는 튼튼한 가방을 만들기 위해 고심했다. 그리고 깊은 고민 끝에 만든 가방에 '쌤손Samson(삼손)'이라는 이름을 붙여주었다. 왜 하필 '삼손'이었을까?

슈웨이더는 어려서부터 《구약성서》에 나오는 한 이야기를 좋아했는데, 그 이야기의 주인공이 바로 인간의 한계를 뛰어넘는 힘을 가진 영웅인 '삼손'이었다. 슈웨이더는 이 이름을 내내 기억하고 있다가 어린 시절의 꿈을 담아 자신의 제품 이름으로 사용했던 것이다. 사실 가게 앞에서 걸음을 멈춘 손님들은 매우 까다로웠다. 이는 '삼손'이라는 브랜드가 탄생하는 계기가 되었던 것이다.

유대인은 사업을 할 때 현실을 똑바로 보고 제대로 인식해 합리적인 판단을 내린다. 그런 다음 바로 그 판단에 따라 끊임없이 노력을 기울여 결국 성공한다. 사업을 하려면 때를 정확하게 알고 정직하게 경영해야 한다. 이렇게만 하면 사업도 그다지 어렵지 않으니까.

Jewish
Wisdom

———— 제8장 ————

두려움을 모르는 희망
모험하는 지혜

Jewish wisdom

목표를 정했으면
바로 투자하라

유대인은 위험을 기꺼이 감수하면서도 위험에서 경솔하게 빠져나가지 않는다. 훌륭한 비즈니스맨이라면 마땅히 '대담하고 세심하고 신속하게 행동'하는 투자 전략에 밝아야 한다.

유대인은 어떤 상인을 가장 높이 평가할까?

조사 결과에 따르면, 유대인은 중요한 투자 여부를 과감하게 결정하는 상인을 가장 숭배한다. 왜냐하면 이런 사람들은 '대담하고 세심하고 신속하게' 투자하는, 다시 말해 목표를 정했으면 바로 투자하는 유대인의 특징을 잘 보여주기 때문이다.

미국 금융계의 거두이자 유명한 금융회사 JP모건의 설립자인 존 P. 모건은 '중요한 투자에 대한 결정을 과감하게 하는' 대표적인 유대인 거부였다. 혹자는 농담처럼 이렇게 말했다.

"모건이 일을 시작했다는 것은 곧 조폐기가 쉴 새 없이 작동할 것이라는 뜻이다. 그 이유는 모건이 이미 머릿속으로 투자에 관한 모든 결정을 마쳤기 때문이다."

19세기 말, 철도운송은 미국 산업의 운송 체계를 지탱하는 버팀목이었다. 그러나 각 주의 경계를 넘지 못해 뚝뚝 끊어진 철로 때문에 철도는 제 역할을 못하고 있었다. 이처럼 연결되지 못한 철로를 이어 전국적인 철도망을 건설하려면 거액을 투자해야 했다. 이 때문에 철도는 투자은행에 상당히 의존하고 있었다.

생산력이 늘어나고 기업의 사회화 수준이 높아질수록 기업들의 분리와 합병도 늘어났고 대출금액도 커졌다. 이런 상황에서 모건이 세운 은행 신디케이트syndicate(금융기관의 연합체_옮긴이)는 새로운 은행 투자업의 모델이 되었다. 수많은 파산기업들은 미국의 경제 위기 상황에서 모건에게 모든 희망을 걸었다. 모건이 자신들의 망해가는 회사를 사들일 구세주가 되기를 바랐던 것이다.

절체절명의 상황에서 모건은 해결사 역할을 마다하지 않았다. 일단 그는 철도업계에 메스를 들이밀었다. 모건이 취한 전략은 '고가 매입'이었다. 미국 서부 지역의 철도든, 이미 시대에 뒤쳐진 낙후된 철도회사든 가리지 않고 모두 사들여 신속히 미국 철도 체계를 정비했다.

사람들은 모건이 모든 철도회사를 고가로 매입하는 것을 두고 '트러스트Trust(독점을 위한 기업 합병_옮긴이)'라고 했다. 이것이 바로 모건의 무서움을 보여주는 점이다. 모건이 전국 각지의 철도회사를 사들이기 위해 어마어마한 자금을 투자한 것은 결코 투기가 아니라 철도 산업의 발전을 위한 행위였다. 철도회사를 매입하는 과정에서 모든 경쟁자를 제칠 만큼 높은 가격을 써낸 것도 이를 통해 이윤을 얻을 생각이 없었기 때문이다. 그러나 만약 다른 사람이 경제를 지탱하는 철도 산업을 독점하게 되면 이제 막 금융계의 패권자가 된 자신의 지위가 흔들릴 게 분명했다. 이 사실 하나만으로도 그 정도 자금은 쓸 만했다.

모건의 철도업계 통합은 곧 개발 초기 단계였던 미국 경제가 경영 관리를 중시하는 오늘날의 단계로 접어들었다는 것을 의미했다. 이는 미국의 전통적인 경영 전략과 사상을 뿌리째 흔들어 전혀 새로운 것으로 탈바꿈시켰다.

모건의 성공은 이렇듯 미국 경제의 발전 방향에 큰 영향을 미쳤다. 또한 월 가에 끼친 영향도 엄청났다. 월 가는 앞다투어 모건의 경영 사상과 관리 방식을 모방했으며, 이는 많은 시간이 지난 지금도 여전히 적잖은 영향력을 발휘하고 있다.

해적과 같은 약탈적 경영 방식에서 신디케이트 형성, 더 나아가 트러스트에 이르면서 월 가는 이미 투기업체의 천국에서 미국 경제의 중심으로 거듭났다. 이후 월 가는 미국 경제 발전의 상징이 되었으며, 세계 금융계에서의 패권적 지위를 차지하게 되었다. 이에 모건이 지대한 공헌을 했다는 것은 두말할 나위가 없다.

모건에게서는 무엇을 배울 수 있을까? 모건 같은 유대인의 투자에는 위험과 기회가 충만하다. 유대인은 위험을 기꺼이 감수하면서도 위험에서 경솔하게 빠져나가지 않는다. 훌륭한 비즈니스맨이라면 마땅히 '대담하고 세심하고 신속하게 행동'하는 투자 전략에 밝아야 한다.

돈복이 운수보다
더 중요하다

> 뛰어난 지적 능력은 돈 버는 방법도 깨닫게 해주거니와, 돈이 가까이 왔을 때 꽉 붙잡아서 운수를 돈복으로 바꾸는 방법도 알려준다.

중국의 어떤 부자가 산책을 하다가 애완견을 잃어버렸다. 그는 곧바로 텔레비전 광고를 내보냈다.

'강아지를 잃어버렸습니다. 찾아주시는 분에게는 사례금 1만 위안을 드리겠습니다.'

광고와 함께 강아지의 사진 한 장이 화면을 가득 채웠다. 광고가 나가자마자 강아지를 찾았다는 사람이 줄지어 찾아왔지만 모두 부자의 애완견이 아니었다. 부자의 아내가 말했다.

"우리 강아지를 찾은 사람이 사례금이 적다고 생각해서 돌려주지 않는 게 분명해요. 그 아이는 순종 아이리시 울프하운드라고요!"

그래서 부자는 사례금을 2만 위안으로 올렸다.

사실 강아지를 주운 사람은 마침 공원 벤치에서 졸고 있던 거지였다. 첫 번째 광고를 보지 못한 거지는 사례금 2만 위안을 준다는 두 번째 광고를 보고 심장이 터질 듯 뛰기 시작했다. 2만 위안이라니! 평생 이토록 운이 좋았던 적은 한 번도 없었다.

이튿날, 날이 밝자마자 거지는 강아지를 안고 사례금을 받으러 가는 도중 한 백화점 광고판에서 또 다시 광고를 보게 되었다. 강아지를 찾는다는 내용은 똑같은데, 딱 1가지만 달랐다. 바로 사례금이 3만 위안으로 올랐다는 점이다! 거지는 발을 멈추고 생각했다.

'사례금이 하루가 다르게 오르네. 도대체 이 개가 얼마나 귀한 거야?'

이에 거지는 생각을 바꿔 자신의 토굴집으로 돌아가 강아지를 묶어두었다. 넷째 날, 과연 사례금은 더 올라있었다.

그 뒤 며칠간 거지는 광고판 앞을 떠나지 않다가 사례금이 온 시를 경악시킬 정도로 오른 뒤에야 토굴집으로 돌아갔다. 그런데 이 일을 어찌할까? 강아지는 이미 죽어있었다. 부자의 집에서 신선한 우유와 질 좋은 소고기만 먹었던 강아지는 거지가 쓰레기통에서 주워온 음식을 먹고 멀쩡할 리 없었던 것이다.

거지는 부자가 되고 싶지 않았을까? 말도 안 되는 소리! 꿈에서라도 부자가 되고 싶었을 것이다. 그러나 거지는 제 앞에 저절로 굴러온 기회를 제 발로 뻥 차고 말았다.

운은 우연성·의외성이 있다. 어떤 사람이 재미 삼아 복권을 샀다가 1만 달러에 당첨됐다. 이런 것이 운이다. 페니실린을 발견한 알렉산더 플레밍은 원래 포도상구균을 배양하려고 했다. 그런데 거기에 푸른곰팡이가 생길 줄은 꿈에도 몰랐다. 플레밍에게 처음에는 이 푸른곰팡이가 불청객이었다. 그런데 복권 당첨과 페니실린 발견 사이에는 근본적인 차이가 있다. 복권 당첨은 그야말로 순수한 의외의 사건, 다시 말해 운이기 때문에 그 안에는 어떠한 기회도 섞여있지 않다. 그러나 페니실린 발견은 운에 더해 기회도 숨겨져있었다.

푸른곰팡이를 발견한 플레밍이 보일 수 있는 반응은 2가지였다.

1. 푸른곰팡이는 포도상구균 배양 연구의 걸림돌일 뿐이므로 '쳇, 귀찮게 됐군!' 하고 내다버린다.
2. 호기심을 갖고 그와 관련된 연구를 한다.

만약 플레밍이 첫 번째 반응을 보였다면 페니실린의 발견자는 그가 아닌 다른 사람으로 기록되었을 것이다. 플레밍은 자신에게 찾아든 세렌디피티serendipity(우연한 발견과 그에 따른 재미_옮긴이)를 놓치지 않았기에 역사에 이름을 남겼다.

부자가 되는 길에서도 기회와 운을 잘 구분해야 한다. 물론 운을 완전히 배제하라는 뜻이 아니다. 다만 운에 기대기보다는 자신의 지혜로 생활 곳곳에 숨어있는 기회를 포착해야 한다. 그렇게만 하면 부자가 되는 길이 보일 것이다.

유대인 상인의 경험에 따르면 뛰어난 지적 능력은 돈 버는 방법도 깨닫게 해주거니와, 돈이 가까이 왔을 때 꽉 붙잡아서 운수를 돈복으로 바꾸는 방법도 알려준다.

위험과 이익은
정비례한다

결정적인 순간을 확보하면 위기를 기회로 바꿔 큰돈을 벌 수 있다. 물론 그러려면 시장 상황을 면밀히 관찰하고 분석해야 한다. 그런데 그 사이에 기회는 쏜살같이 흘러가버린다. 우물쭈물 망설이다가는 이런저런 기회를 다 놓치고 성공한 사람의 뒤통수만 보면서 '아, 나도 그렇게 할 것을!' 하고 한탄하게 될 뿐이다.

《탈무드》에 이런 말이 있다.

'하나님, 제게 고난을 내리시어 하나님에 대한 믿음을 시험하소서. 하나님, 제게 고통을 내리시어 보통 사람과 다름을 보여주소서. 하나님, 제게 역경을 내리시어 성공하게 해주소서.'

유명한 금융회사 JP모건의 설립자 존 P. 모건의 선조는 1600년경 영국에서 미국으로 건너갔다. 이후 요셉 모건 대에 이르렀을 때, 매사추세츠 주의 농장을 팔고 하트퍼드로 이주했다.

처음에 요셉 모건은 작은 식당을 운영하면서 여행용 바구니를 팔았다. 고된 나날이 이어졌지만 그 과정에서 돈을 좀 번 요셉 모건은 그럴듯한 호텔을 지었다. 또 운하 관련 주식도 사서 증기선회사와 지방철도회사의 주주가 되었다.

1835년, 요셉 모건은 에트나 화재보험사Aetna Fire Insurance Company 에 투자했다. 투자라는 것이 꼭 현금을 내는 것은 아니다. 출자자의 신용이 곧 자본이 되므로 주주명단에 이름만 올려도 된다. 투자자는 어음에 서명만 하면 보험가입자가 낸 수수료를 받아 챙길 수 있다. 화재가 발생하지만 않으면 단돈 1달러도 쓰지 않고도 안정적인 수입이 생기는 투자였다.

그런데 얼마 지나지 않아 뉴욕에서 큰 화재가 발생했다. 모건의 호텔에 모인 투자자들은 하나같이 핏기가 다 가신 얼굴에서 초조함을 감추지 못했다. 당연한 일이었다. 누가 이런 일을 겪어봤겠는가! 투자자들은 너무 불안하고 당황해서 대뜸 자기 몫의 주식을 포기하겠다고 나섰다.

요셉 모건은 그들의 주식을 모두 사들이며 말했다.

"나는 보험금을 지불하기 위해 이 호텔까지 팔 의향이 있습니다. 다만 이 일이 해결되면 이후에 수수료를 대폭 올리겠습니다."

모건은 자신이 일군 부를 모두 미래에 맡겼다. 말 그대로 도박이었다. 명실상부한 부호가 되느냐, 아니면 빈털터리 알거지가 되느냐가 모두 이 일의 결과로 결정될 터였다.

다른 투자자 1명도 모건과 같이 이 위험한 도박에 동참했다. 두 사람은 10만 달러를 마련해 뉴욕 화재 보상금으로 지급하도록 대리인을 보냈다. 그런데 뉴욕에 갔던 대리인은 엄청난 액수의 현금을 들고 금의환향했다. 이게 어찌된 일이었을까?

알고 보니 새로 화재보험에 가입한 고객들이 원래의 2배나 되는 수수료를 현금으로 낸 것이었다. 또 화재사건으로 뉴욕에서 에트나 화재보험사의 신용도가 급상승했기 때문이었다. 결국 이 일은 요셉 모건에게 15만 달러를 안겨준 행운이 됐다.

결정적인 순간을 확보하면 위기를 기회로 바꿔 큰돈을 벌 수 있다. 물론 그러려면 시장 상황을 면밀히 관찰하고 분석해야 한다. 그런데 그 사이에 기회는 쏜살같이 흘러가버린다. 우물쭈물 망설이다가는 이런저런 기회를 다 놓치고 성공한 사람의 뒤통수만 보면서 '아, 나도 그렇게 할 것을!' 하고 한탄하게 될 뿐이다.

장애물을 만나면
일단 물러난다

'2보 전진을 위한 1보 후퇴' 그리고 '아래에서 위로 치고 오르기'는 유대인 사업가의 장기다.

'거꾸로 사고법'으로 2보 전진을 위해 1보 후퇴하면 손쉽게 돈을 벌 수 있다. 유대인의 사업성공기를 살펴보면 이러한 사례를 적잖이 발견할 수 있다.

한 유대인이 세제회사를 세웠는데, 그 회사의 A라는 제품이 가정주부들 사이에서 인기를 끌었다. 그런데 동종업체가 개발한 B라는 제품이 곧 출시될 예정이라는 정보를 입수했다. 아무래도 B가 A보다 경쟁력이 있어 보였다. 고심 끝에 그 유대인의 회사는 다음과 같은 결정을 내렸다.

'B가 시장에 출시되기 전에 모든 상점 진열대에서 A를 철수시킨다. B가 출시되면 다시 A를 모든 상점에 진열한다.'

한편 A에 익숙한 주부들은 갑자기 늘 써오던 A가 안 보이자 적잖이 당황했다. 든 자리는 몰라도 난 자리는 아는 법, 그제야 가정주부들은 A가 자신들에게 얼마나 중요했는지를 깨달았다. 곧 B가 출시되었지만 가정주부들은 자신들이 그토록 애타게 찾던 A가 다시 판매된다는 사실에 기뻐 그간 B를 생산하는 회사가 했던 마케팅 이벤트 따위는 깡그리 잊어버렸다.

다음은 일자리를 찾을 때 '2보 전진을 위한 1보 후퇴' 전략으로 성공한 사례다. 미국에서 컴퓨터공학 박사 학위를 딴 유대인 유학생이 졸업 후에도 미국에 남아 일자리를 구하기 위해 노력했지만 매번 고배를 마셨다. 깊은 고민 끝에 그는 모든 서류를 치우고 '가장 낮은 스펙'으로 다시 취업전선에 나섰다.

얼마 후, 한 회사에서 그를 불러 프로그램 입력 일을 맡겼다. 컴퓨터공학 박사에게 프로그램 입력이라니, 어처구니가 없었지만 그는 맡겨진 일을 성실히 해냈다. 얼마 지나지 않아 사장은 그가 보통 프로그램 입력 담당 직원과는 달리 프로그램 중의 문제를 발견할 정도로 실력이 뛰어나다는 사실을 알아차렸다. 그제야 그는 사장에게 학사학위를 보여주었다. 이에 사장은 그에게 학부졸업생에 맞는 일을 맡겼다.

그런데 또 얼마 뒤 사장은 그가 웬만한 학부졸업생과는 비교도 안 될 정도로 매우 독특하고 훌륭한 의견을 낼 줄 안다는 사실을 알아차렸다. 이때 그는 석사학위를 사장에게 보여주었고, 이에 사장은 다시 그를 승진시켰다.

또 시간이 얼마쯤 흘렀을 때, 아무리 생각해도 보통내기가 아닌 것 같아 그를 불러 '캐물었다'. 그제야 그는 박사학위를 내놓았다. 마침내 눈앞에 선 사람의 진면목을 알아본 사장은 곧 그에게 중임을 맡겼다.

'2보 전진을 위한 1보 후퇴' 그리고 '아래에서 위로 치고 오르기'는 유대인 사업가의 장기다.

항상 위험에
대비하라

> 유대인은 비즈니스 무대를 전쟁터로 보고 경쟁자를 적이라고 생각하기에 단 한순간도 경계를 늦추지 않는다. 상대방이 자신의 배우자일지라도 비즈니스 무대에서는 결국 남이라고 생각하기에 마음을 완전하게 열지 않는다. 이것도 유대인이 위험에 대비하는 지혜.

유대인 사이에서는 계약서를 쓰지 않았더라도 말로 약속했다면 믿을 수 있다.

다음은 미국 '석유왕' 존 록펠러에 관한 이야기다.

19세기 초, 독일 출신 메리트 형제는 미국 메사비로 건너갔다. 형제는 메사비 지역에 철광석이 풍부하게 매장되어있다는 사실을 알아냈다. 형제는 곧 모아둔 돈으로 비밀리에 토지를 대거 매입해 철광석회사를 세웠다. 나중에 이 사실을 안 록펠러는 한발 늦은 자신을 탓하며 기회가 오기만을 기다렸다.

1873년, 마침내 기회가 찾아왔다. 당시 미국은 경제 위기로 돈줄이 말랐는데, 메리트 형제도 이 때문에 곤경에 빠졌다. 어느 날, 현지에서 존경받는 목사가 광산을 찾아왔다. 메리트 형제는 목사를 집으로 초대해 융숭하게 접대했다. 한참 경제 위기에 대해 이야기를 나누던 메리트 형제는 어느새 자신들의 이야기로 건너와 하소연을 했다. 마침 이 얘기가 나오기를 기다렸던 목사가 목소리를 높였다.

"그런 일이 있으면 진작 말씀하시지 그랬습니까? 제가 도와드릴 수 있습니다."

막다른 골목에 몰렸던 형제는 뜻밖의 낭보에 다급히 물었다.

"무슨 좋은 방법이 있습니까?"

목사가 말했다.

"제게 자산가 친구가 있습니다. 제 얼굴을 봐서 당신들이 필요한 돈을 빌려줄 겁니다. 얼마나 필요합니까?"

"42만 달러면 됩니다. 그런데 정말로 빌릴 수 있겠습니까?"

"걱정하지 마세요. 제가 알아서 처리할 테니까요."

"이자는 얼마나 드릴까요?"

메리트 형제는 고리대금이 분명하다고 생각했지만 다른 방도가 없는지라 이자가 높더라도 받아들일 생각이었다.

그런데 목사의 대답은 뜻밖이었다.

"이자라니요? 당치도 않아요!"

"아닙니다. 이자는 드려야죠. 이렇게 큰 도움을 주신 것만으로도 감지덕지한데, 이자를 안 낼 수는 없습니다."

"그럼 이렇게 하죠. 은행 이자보다 0.2% 낮은 이자로 빌려드리겠습니다. 어떻습니까?"

메리트 형제는 꿈이 아닌가 싶었다.

말을 마친 목사는 필기도구를 가져오게 해 차용증을 써줬다.

'오늘 메리트 형제에게 콜대출 형식으로 42만 달러를 빌려주고 금리는 0.3%로 한다. 말로 한 약속은 증거가 될 수 없는 관계로 이 증서를 작성한다.'

메리트 형제는 내용을 다 읽어보고 문제가 없다고 생각해 기꺼이 차용증에 서명을 했다.

그로부터 반년 뒤, 목사가 찾아와 대뜸 대출금을 갚으라고 했다.

"그때 돈을 빌려준 제 친구 이름은 록펠러입니다. 오늘 아침 그에게서 전보가 왔는데, 당장 대출금을 갚으라는군요."

메리트 형제는 빌린 돈을 광산에 다 털어 넣은 터라 대출금을 갚을 여력이 없었다. 결국 형제는 법정에 서게 되었다.

법정에서 록펠러의 변호사가 말했다.

"차용증상에 피고가 이용한 것이 콜대출이라고 분명히 써있습니다. 이 자리에서 콜대출에 대해 설명할 필요가 있겠군요. 콜대출은 채권자가 언제라도 상환을 요구할 수 있는 대출 형식입니다. 그래서 다른 대출에 비해 금리가 낮죠. 미국 법률에 따라 콜대출의 경우, 일단 채권자가 상환을 요구하면 차용인은 곧장 상환하거나 파산 선언을 해야 합니다."

결국 메리트 형제는 파산 선언을 할 수밖에 없었고, 광산은 록펠러에게 52만 달러에 넘어갔다.

몇 년 뒤, 경기가 살아나면서 철광업도 경쟁이 치열해지기 시작했다. 이에 록펠러는 1,941만 달러에 이 철광산을 존 P. 모건에게 팔았다. 그런데도 모건은 자신이 싸게 샀다고 했다.

아마 록펠러가 상도덕을 어겼다고 비난하는 사람도 있을 것이다. 그러나 록펠러는 자신의 행위가 합법적이고 정당했다고 생각했기에 당당했다. 하물며 비즈니스의 궁극적 목적은 곧 이윤 창출이고, 게임의 법칙은 도덕의 제약에서 자유롭지 않은가!

유대인은 비즈니스 무대를 전쟁터로 보고 경쟁자를 적이라고 생각하기에 단 한순간도 경계를 늦추지 않는다. 상대방이 자신의 배우자일지라도 비즈니스 무대에서는 결국 남이라고 생각하기에 마음을 완전하게 열지 않는다. 이것도 유대인이 위험에 대비하는 지혜다.

전망이 어둡다면
일찌감치 손 뗀다

유대인이 봤을 때 이미 2단계까지 추진한 사업을 포기하는 것은 매우 현명한 선택이다. 설령 적잖은 손해를 봤더라도 상관없다. 뜻대로 풀리지 않은 사업 하나가 후환거리가 되거나 수습 불가능한 상황이 향후 사업의 발목을 잡게 하느니 지금 살짝 속이 쓰린 편이 낫다는 것이다.

유대인은 일단 어떤 사업에 투자하기로 결정하면 단기·중기·장기 등 3가지 계획을 세운다.

단기 계획의 결과가 예상과 다르더라도 계획대로 차질 없이 추진한다.

단기 계획을 완료했을 때, 예상보다 성과가 낮더라도 유대인은 중기 계획을 추진하기 위해 자금을 계속 투입하면서 각각의 전략을 완성하기 위해 노력한다. 그런데 중기 계획이 많이 진행된 상황에서도 예상한 성과가 나오지 않고 나아질 기미나 근거도 보이지 않으면 망설이지 않고 투자를 포기한다.

유대인이 봤을 때 이미 2단계까지 추진한 사업을 포기하는 것은 매우 현명한 선택이다. 설령 적잖은 손해를 봤더라도 상관없다. 뜻대로 풀리지 않은 사업 하나가 후환거리가 되거나, 향후 다른 사업의 발목을 잡게 하느니 지금 살짝 속이 쓰린 편이 낫다는 것이다.

사업가로서 유대인의 인내심은 세상이 다 인정하는 바다. 그러나 이러한 인내심도 수지가 맞고 발전 전망이 있는 경우에만 발휘된다. 수지타산이 안 맞거나 발전 전망이 없는 경우, 몇 달은커녕 단 며칠도 참지 않는 사람이 유대인이다.

유대인 제임스는 날마다 한량처럼 허송세월하다가 아버지가 물려준 재산을 다 거덜내고 말았다. 결국 빈털터리가 되고 나서야 정신을 차린 제임스는 처음부터 다시 시작하겠다고 결심했다. 제임스는 형에게서 돈을 빌려 작은 제약회사를 차렸다. 그는 생산부터 판매까지 모두 직접 참여하며 아침부터 저녁까지 하루 18시간씩 일했다. 그렇게 번 돈을 모아서 다시 생산 규모를 확대하는 데 투자했다. 몇 년 뒤, 제임스의 제약회사는 어느 정도 궤도에 올라섰고 매년 수십만 달러의 흑자를 기록했다.

제임스는 시장조사와 연구 분석 끝에 당시 제약시장 전망은 밝지 않은데 반해 식품시장 전망이 밝다는 사실을 알아냈다. 심사숙고한 제임스는 제약회사를 팔고 은행에서 대출까지 받아 개빈 식품회사Gavin food company의 경영권을 사들였다. 이 회사는 사탕·과자 등 각종 간식거리를 전문적으로 생산하고 담배도 취급했다. 비록 규모는 크지 않았지만 다양한 품종을 취급했다.

제임스는 이 회사의 경영권을 사들인 뒤 관리 방식과 마케팅 전략을 대대적으로 손보기 시작했다. 먼저 제품의 크기·모양·품종에

변화를 줬다. 예를 들어 사탕·과자뿐이던 기존의 제품군에 초콜릿·
껌 등을 포함시켰다. 과자는 품종을 다양화한 것은 물론이고 어린이·
성인·노인 등 연령대별로 다른 제품을 만들었다. 이 밖에도 케이크·
롤케이크 등도 상품화했다.

이어서 제임스는 시장을 확대하기 시작했다. 프랑스 파리 등 유
럽 각국의 도시에도 진출해 거대한 판매망을 형성했다. 사업이 커지
면서 보유자금도 늘어났다. 이에 제임스는 영국·네덜란드의 식품업
체들을 인수해 점차 거대한 그룹으로 키워나갔다.

제임스가 성공한 까닭은 제약시장이 밝지 않다는 현실을 직시하
고 제때 식품업계로 방향을 선회한 덕분이다. 사업을 할 때는 적당한
때에 포기할 줄 알아야 한다.

추측 없이 투기하지 않는다

유대인은 단순히 상품의 유통 상황만 추측하는 것이 아니라, 거래할 상품이 전매 또는 교환된 이후의 상황, 이 거래에 대한 당사자의 최후 만족도까지 추측한다. 따라서 유대인이 투기거래를 하기로 결정했다면, 틀림없이 사전에 주도면밀하게 생각하고서 내린 결정일 것이다.

경영 측면에서 보았을 때 유대인은 사업을 하는 것이 아니라 '리스크 관리'를 한다. 어떤 때는 이런 '리스크'에 제대로 투자해 성공하기도 한다.

옥시덴탈 석유회사 회장 아먼드 해머의 생애 최고의 성공은 1965년에 리비아 왕국에서 이루어졌다.

옥시덴탈 석유회사가 리비아에 진출했을 때는 마침 리비아 정부가 임대지 관련 협상을 준비하던 때였다. 임대지는 대부분 기존에 리비아에서 석유를 찾으려고 진출했던 다른 대기업이 포기하고 떠난 곳이었다.

리비아법에 따라 석유회사는 신속히 임대지 개발에 나서되 만약 석유를 발견하지 못하면 임대지를 리비아 정부에 반환해야 했다. 협상 대상 지역에는 석유가 나올 가능성이 있는 지역도 많이 포함됐기에 9개 국가에서 온 40여 개 회사가 입찰에 참여했다.

해머는 자신만만했지만 앞일은 예측할 수 없었다. 아무리 리비아 국왕과 개인적인 친분이 있더라도 이 분야에서의 경험이 부족해 쟁쟁한 메이저 석유회사들과의 경쟁이 무리였기 때문이다.

옥시덴탈 석유회사의 이사들이 리비아로 날아와 임대지 4곳에 입찰했다. 옥시덴탈은 입찰할 때도 남달랐다. 입찰용지로 양피지를 택해 동그랗게 만 다음, 당시 리비아 국기의 색깔인 빨강·초록·검정색 비단 끈으로 묶었다. 또 입찰서에 몇 가지 조항을 덧붙였다.

'세금 공제 전 매출 총이익 중 5%를 리비아 농업 발전 기금으로 사용하겠습니다. 또 국왕 폐하와 왕비 마마의 탄생지인 쿠프라 근처 오아시스에서 수원水源 찾을 것을 약속드리며, 이와 관련 실행 가능성 연구를 실시할 것입니다. 일단 리비아에서 수원을 찾으면 리비아 정부와 함께 비료 공장을 지을 것입니다.'

그리하여 해머는 마침내 임대지 2곳을 낙찰받았다. 이 결과에 메이저 석유회사들도 깜짝 놀랐다. 이 임대지들은 다른 회사들이 거액을 투자하고도 석유를 찾지 못해 포기했던 곳이기 때문이다.

물론 해머도 곧 이 지역들 때문에 잠 못 드는 나날을 보냈다. 유정을 3개나 뚫었지만 아무것도 나오지 않았던 것이다. 그런데 벌써 300만 달러에 가까운 돈을 써버렸다. 어디 그뿐인가! 지질탐사와 리비아 정부 관리에게 줄 뇌물로 200만 달러를 추가로 사용했다.

이쯤 되자 옥시덴탈 석유회사의 이사회도 이 야심만만한 계획을

'해머의 바보짓'이라고 부르기 시작했다.

그러나 해머의 직관은 이 일을 계속 추진해야 한다고 고집을 부렸다. 몇 주 동안 해머는 주주들과 갈등을 빚었다. 그런데 마침내 첫 번째 유정에서 석유가 발견되었고, 뒤이어 다른 8곳에서도 석유가 나오기 시작했다. 게다가 보기 드문 고급 원유였다. 더 중요한 것은 유전이 수에즈 운하 서쪽에 자리하고 있어 운송하기 편했다는 점이다.

이와 동시에 또 다른 임대지에서도 저절로 원유를 뿜어내는 유정이 발견되었는데, 이곳의 경우 일일 생산량이 703만 배럴에 달했다. 이는 리비아 최대 규모였다. 뒤이어 해머는 1억 5천만 달러를 들여 하루에 100만 배럴을 운반할 수 있는 파이프라인을 건설했다.

당시 옥시덴탈 석유회사의 순자산이 겨우 4800만 달러였다는 점만 봐도 해머의 배포와 식견을 짐작할 수 있다. 이후에도 해머는 여러 대기업을 인수합병하는 등 과감한 행보를 이어갔다. 그리하여 옥시덴탈 석유회사는 단숨에 세계 석유 업계 중 8위의 자리에 올랐다.

다른 유대인들도 해머와 마찬가지로 '마음이 내킨다'고 해서 위험한 사업에 투자하지는 않는다. 설령 투기를 하더라도 안정적이고 믿을 수 있는지를 따진다.

영어에서는 '투기'와 '추측' 모두 'speculation'이라는 단어로 표현한다. 유대인의 투기거래 행위야말로 이 단어에 대한 가장 좋은 해석일 것이다. 유대인은 단순히 상품의 유통 상황만 추측하는 것이 아니라, 거래한 상품이 전매 또는 교환된 이후의 상황, 이 거래에 대한 당사자의 최후 만족도까지 추측한다. 따라서 유대인이 투기거래를 하기로 결정했다면, 틀림없이 사전에 주도면밀하게 생각하고서 내린 결정일 것이다.

가치가 있다면
모험한다

| 그럴 가치가 있다면 본전 걱정일랑 접어두고 달려들어야 한다.

1898년 5월 21일, 미국에서 아먼드 해머가 태어났다. 해머는 대학 시절부터 아버지가 물려준 제약업체를 경영하기 시작한 뒤 놀라운 성공을 거뒀다. 이 덕분에 해머는 당시 미국에서 유일한 대학생 백만장자가 되었다.

1921년에는 러시아 사회공산주의 혁명으로 막 탄생한 소련으로 건너가 무역대리상이 되어 거대한 부를 쌓았다. 1956년, 58세의 해머는 파산 직전의 옥시덴탈 석유회사를 인수해 세계 최대 석유회사의 오너가 되었다. 1974년, 해머의 옥시덴탈 석유회사는 연수입 60억 달러라는 경이적인 기록을 달성했다.

해머는 평생 동서양의 정치 지도자들과 밀접한 관계를 맺으면서 세계 곳곳에 이름을 떨쳤다. 사람들은 종종 해머에게 부자가 되는

'마법'을 알려달라고 청했다. 해머가 대부호가 된 데는 근면성실함·노련함·영리함·신중함 등 부자라면 마땅히 갖춰야 할 재능을 갖춰서겠지만, 틀림없이 뭔가 특별한 '비밀무기'가 있을 것이라고 생각했기 때문이다.

한번은 만찬장에서 어떤 사람이 해머에게 다가와 '부자가 되는 비결'을 가르쳐달라고 했다. 이에 해머는 미간을 찡그리며 말했다.

"사실, 별 거 없습니다. 러시아에 혁명이 일어나길 기다리면 됩니다. 그때가 되면 솜옷을 잘 챙겨서 곧바로 출발하세요. 그곳에 도착하면 정부의 무역 관련 부서를 모두 한 바퀴씩 돌며 장사를 하면 됩니다. 이들 부서만 어림잡아 200~300곳 정도 될 테니……."

거기까지 듣고 난 질문자는 분을 이기지 못해 씩씩거리며 그대로 가버렸다.

사실 해머의 말은 1920년대에 그가 러시아에서 벌인 13건의 사업에 대해 요약한 것이었다. 이 짧은 말에 헤머의 사업이 겪은 고난과 역경이 고스란히 들어있었다.

1921년, 소련은 내전과 기근으로 구호물자, 특히 식량 지원이 시급했다. 원래 해머는 서류가방 대신 청진기를 들고 깨끗한 진료실에 앉아 환자나 진찰하면서 아무 걱정 없이 평안한 삶을 보낼 수도 있었다. 그러나 해머는 그런 삶이 싫었다. 아무도 가보지 않은 영역이야말로 모험할 가치가 있고 큰일을 이룰 수도 있는 무대라고 생각했던 것이다. 그래서 해머는 보통 사람이라면 미쳤다고 할 선택을 내린 뒤, 당시 서양인들이 지옥으로 묘사했던 '무시무시한 소련'으로 향했다.

당시 소련은 내전 그리고 외국의 군사적 간섭과 봉쇄로 불경기에 빠져 국민들이 일상생활을 하기가 몹시 어려웠다. 그런데다가 콜레라·발진티푸스 같은 전염병과 심각한 기근으로 생명마저 위협받는 상황에 놓였다. 이에 블라디미르 레닌이 이끄는 사회공산주의 정권은 신경제 정책New Economic Policy을 추진함으로써 외국 자본을 적극적으로 유치해 소련 경제를 살리고자 했다.

그러나 대다수 서양인은 소련에 대한 편견과 강한 적개심을 보였다. 심지어 소련을 끔찍한 괴물로 여기기까지 했다. 그런 탓에 소련에 가서 사업을 하고 투자하고 기업을 만드는 것은 '달 탐험'과 마찬가지로 위험천만한 일이라고 생각했다.

해머도 이 점을 모르지 않았다. 그러나 위험이 크면 이윤도 큰 법, 모험할 가치는 충분했다. 그래서 해머는 드넓은 대서양을 건너며 실컷 뱃멀미에 시달리고 영국 정보기관에 들볶인 끝에 마침내 소련으로 향하는 열차에 몸을 실을 수 있었다.

열차가 지나는 곳마다 아비규환이 펼쳐졌다. 콜레라·발진티푸스를 비롯해 온갖 전염병이 창궐해 도시며 농촌이며 치우지 못한 시체들이 곳곳에 널브러졌고, 시체를 파먹는 새들이 죽음에 다가선 사람들의 머리 위를 빙빙 돌고 있었다. 해머는 차마 더 볼 수 없어 눈을 감아버렸다. 그런데 이런 와중에도 해머가 가진 '사업가의 예리한 감각'은 곧바로 비즈니스가 될 만한 것을 찾아냈다.

'기근에 고통 받는 소련에 가장 시급한 것은 식량이다. 그런데

올해 미국은 대풍작을 거둬 곡식 가격이 이미 부셸당 1달러로 폭락한 상태다. 농민들은 수확한 곡식을 불태우느니 헐값으로라도 시장에 내다 팔고 싶을 것이다. 게다가 소련에는 미국에 필요하고 식량과 교환할 수도 있는 모피·백금·에메랄드가 넘쳐난다. 만약 미국과 소련이 거래를 한다면 양쪽 다 이득이지 않겠는가?'

해머는 소련 정부와의 회의를 통해 소련의 기아 문제를 해결하려면 약 100만 부셸의 밀이 필요하다는 사실을 알게 되었다. 더 이상두고 볼 수 없었다. 해머는 곧바로 소련 정부 관료에게 미국에서 곡식을 실어와 소련 상품과 교환하자고 건의했다. 양측은 신속히 계약을 채결했다. 이로써 첫 번째 모험을 성공적으로 마쳤다.

그로부터 얼마 후, 해머는 최초로 소련 영업허가권을 획득한 미국인이 되었다. 이후 레닌은 해머에게 '대미 무역 독점대리상' 자리를 맡겼다. 해머는 미국 포드 자동차회사, 컴버스천 엔지니어링 Combustion Engineering 사 등 30여 개 회사의 소련 내 총대표가 되었다. 사업은 갈수록 번창했고, 그와 더불어 소득도 늘어갔다. 해머가 모스크바 은행에 맡긴 예금액만도 입이 떡 벌어질 수준이었다.

첫 번째 모험에서 얻은 기쁨의 정도는 말로 표현할 길이 없었다. 그래서 '그럴 가치가 있다면 본전 걱정일랑 접어두고 달려들어야 한다'가 해머식 사업의 특징이 되었다.

절박할수록 높은 가격을
지불해야 한다

"어떤 물건을 반드시 가져야겠다고 생각한다면 당신은 영원히 높은 가격을 지불할 수밖에 없습니다. 당신 자신을 상대방에게 쉽게 조종당할 상황으로 내몬 것은 바로 당신 자신입니다."

유대인 상인은 협상을 할 때는 모험도 불사해야 한다고 생각한다. 그들이 말하는 모험은 곧 용기와 상식이 결합된 것이다. 만약 배포를 키우지 않고 기회를 포착하지 못한다면 다른 사람에게 치명타를 입힐 기회를 넘겨주게 된다. 똑똑하게 모험하려면 가능성을 파악하고, 자신이 감당할 수 있는 수준의 손실도 기꺼이 받아들일 수 있어야 한다. 대담하게 모험을 하는 것과 무모하게 바보짓을 하는 것은 전혀 다르기 때문이다.

'코크'라는 유대인 상인이 있었다. 코크는 사업상의 모험을 할 때의 원칙을 명확하게 알고 있었다. 다음은 코크가 들려준 이야기다.

어느 심포지엄에서 코크의 지인인 스미스가 요즘 눈독 들이고 있는 근사한 집에 대해 이야기하기 시작했다.

"판매자가 15만 달러에 내놓았는데, 나는 13만 달러에 사려고 하거든요. 2만 달러를 덜 낼 좋은 방법이 없을까요?"

코크가 물었다.

"그 집을 안 사는 건 어때요?"

스미스가 대답했다.

"그건 안 돼요. 그러면 일단 내 아내가 자살한다고 할 거고, 아이는 가출할 겁니다!"

코크가 말을 이었다.

"있잖아요……. 당신은 좋은 남편이고, 좋은 아버지인가요?"

스미스가 답했다.

"음, 코크, 난 가족을 무척 사랑해요. 가족을 위해서라면 무슨 일이든 할 수 있어요. 그래서 조금이라도 가격을 낮춰야 해요."

그러나 스미스는 '꿈에도 그릴 만큼' 마음에 들었다는 그 집을 사기 위해 결국 15만 달러를 썼다. 스미스는 그 집이 너무 마음에 들었기 때문에 절대로 놓칠 수 없었던 것이다. 그래서 판매자에게 가격을 깎아달라는 요구를 결코 시도할 수 없었다.

한 유대인 부호가 이런 말을 했다.

"어떤 물건을 반드시 가져야겠다고 생각한다면 당신은 영원히 높은 가격을 지불할 수밖에 없습니다. 당신 자신을 상대방에게 쉽게 조종당할 상황으로 내몬 것은 바로 당신 자신입니다."

협상 시, 모험을 하는 5가지 팁을 알려주겠다.

1. 모험은 위험을 무릅쓰고 어떤 일을 하는 것이다. 그런데 이때 무릅쓸 수 있는 위험은 당신이 감당할 수 있는 것이어야 한다. 모험은 도박과는 다르다.

2. 모험하기 전에 이를 통해 얻을 수 있는 좋은 점이 무엇인지, 모험이 꼭 필요한지를 따져봐야 한다.

3. 독단적으로 판단하지 말고 이성적으로 움직여라. 교만하지 말라. 무모하고 성급하게 굴지 말고, 밑도 끝도 없는 허황된 생각일랑 버려라.

4. 위험부담이 너무 높을 때는 부담을 나눠 질 동료를 구하라.

5. 모험에 타인을 끌어들이면 운신의 폭이 넓어져 더 오래 버틸 수 있다.

더 깊이 생각하면
길이 보인다

> 물건은 모두 양면성이 있다. 유리한 부분이 항상 유리한 것은 아니고, 불리한 부분이 항상 나쁜 것도 아니다. 제대로 쓰기만 하면 항상 유용한 것이 된다.

더 깊이 생각하면 더 많은 길이 보인다.

예리한 눈을 가진 사업가라면 미래에 일어날 일을 예측할 수 있다. 바로 앞에 일어날 일만 보는 사람은 다른 사람에게 뒤쳐질 수밖에 없다. 이런 사람이 돈을 번다면 그것이야말로 난센스일 것이다.

유대인은 돈 버는 데 탁월한 능력이 있다. 돈 버는 일이야말로 유대인에게는 식은 죽 먹기나 다름없다. 사실 유대인에 대한 떠도는 소문에 홀리지 말고 유대인이 돈 버는 비결을 유심히 관찰하면 그들이 돈을 벌 수 밖에 없는 이유를 알게 된다.

'해리'라는 미국의 마케팅 전문가가 어린 시절 추운 겨울날 음료수를 팔았던 이야기를 들어보자. 해리는 열대여섯 살 때 서커스단에서 일하면서 관객들에게 음식을 팔았다. 엄동설한에 서커스를 보러

오는 관객 자체도 적었고, 그중에서 음식을 사먹는 사람은 더욱 적었으며, 음료수를 사먹는 사람은 아예 없었다. 어린 해리는 생각했다.

'왜 아무도 음료수를 사 먹지 않는 걸까? 필요가 없으니까 안 사먹지. 그러면 어떻게 해야 이 추운 날에도 음료수를 사먹게 만들지?'

잠깐 머리를 굴리던 해리의 눈이 반짝 빛났다.

'그래, 그렇게 하면 되겠다!'

해리는 갑자기 큰소리로 외쳤다.

"서커스를 보시는 분에게는 맛있는 땅콩을 무료로 드립니다!"

서커스를 보기만 해도 공짜로 땅콩을 먹을 수 있다고? 갑자기 사람들이 우르르 몰려들었다. 어쩐 일인지 다른 땅콩보다 훨씬 맛이 좋아 모두들 쉬지 않고 손을 놀렸다. 그런데 이상하게도 먹으면 먹을수록 갈증이 났다. 알고 보니 땅콩에 소금이 뿌려져있었던 것이다. 하지만 공짜인데다 맛있기까지 하니 손에서 놓을 수가 없었다.

그렇게 계속 먹다보니 짠맛을 가시게 할 음료수 생각이 간절했다. 그때 해리가 시기적절하게 음료수를 팔기 시작했다. 사람들은 너나 할 것 없이 달려들어 음료수를 사기 시작했다. 이렇게 해서 해리는 한 달 동안 팔 양을 단 하루 만에 팔아치웠다.

놀라운 사업 수완이라고? 사실 해리는 다른 사람보다 조금 더 깊이 생각해본 것뿐이다. 그럼 다 같이 해리의 생각을 따라가보자.

1단계 : 추운 겨울날 음료수를 팔기란 거의 불가능하다. 그렇다면 음료수를 끼워 팔 만한 무언가가 필요하다. 거기까지 생각하고 보니 손에 든 땅콩이 보인다.

2단계 : 땅콩에 소금을 좀 뿌리니 약간 짭짤해졌다. 맛이 한층 좋아진데다 잘만 이용하면 음료수도 팔 수 있을 것 같다.

3단계 : 서커스를 보러 온 관객에게는 공짜 땅콩을 제공한다. 이렇게 하면 '공짜'라는 말에 홀린 사람들이 몰려든다. 이들은 곧 짠 땅콩 때문에 목이 타서 음료수를 사게 된다.

사실 더 깊이 생각해보는 것은 더 많은 가능성을 생각해내는 과정일 뿐이다. 물건은 모두 양면성이 있다. 유리한 부분이 항상 유리한 것은 아니고, 불리한 부분이 항상 나쁜 것도 아니다. 제대로 쓰기만 하면 항상 유용한 것이 된다.

벌레는
넘어지지 않는다

'위대한 사람은 종종 잘못을 저지르고 넘어지기도 한다. 그러나 벌레는 절대 넘어지지 않는다. 벌레가 하는 일이란 구멍을 파거나 기는 것뿐이기 때문이다.'

《탈무드》에 이런 말이 있다.

'위대한 사람은 종종 잘못을 저지르고 넘어지기도 한다. 그러나 벌레는 절대 넘어지지 않는다. 벌레가 하는 일이란 구멍을 파거나 기는 것뿐이기 때문이다.'

위험부담을 지고 사업을 하는 배짱은 성공한 유대인의 특징이다. 삶 속의 어려움을 이겨내고 이를 바탕으로 큰돈을 벌려면 당연히 어느 정도의 용기와 '두려움을 극복하는 능력'이 필요하다. 많은 유대인 상인이 자신들의 배짱은 생활 속에서 길러지고 의식적으로 키워졌다고 인정했다.

창업은 위험도가 높지만, 열심히 배우고 끊임없이 노력하면 엄청난 이득을 얻을 수도 있다.

유심히 관찰해보면 지나치게 조심성이 강한 투자자는 큰돈을 벌지 못한다는 사실을 알 수 있다. 창업정신이 강한 투자자만이 세상을 바꾸고, 어제와는 다른 오늘을 만들어갈 수 있다.

고소득자 1천 명에게 이렇게 물었다.

"여러분의 경제적 성공에 합리적 리스크가 얼마나 중요합니까?"

순자산이 1천만 달러 이상인 부자들 중 41%가 '매우 중요하다'고 대답했다. 그러나 순자산이 100만 달러에서 200만 달러까지인 고소득자 중 '매우 중요하다'고 답한 사람은 겨우 21%에 불과했다.

이로써 합리적인 대가가 기대되는 경제적 리스크를 기꺼이 무릅쓰는 것과 순자산 사이에 명확한 상관관계가 드러난다. 자신의 경제적 성공을 리스크를 무릅쓴 덕분으로 돌리는 사람들은 결코 막무가내로 투자하지 않는다. 그들 중 대부분은 도박으로 돈을 버는 것은 어리석은 행위라고 생각한다. 그래서 이미 부자가 되었거나 부자가 되고 싶어 하는 사람들은 대부분 복권을 사지 않는다. 그들 중 대다수는 절대로 도박을 하지도 않는다. 바꿔 말해서 리스크를 무릅쓰는 것은 결코 도박과 같은 행위가 아니다.

투자에 밝은 유대인은 대개 확률론에 정통하다. 그들은 가능성과 기대치가 무엇인지 알고 있다. 복권에 당첨될 확률은 극도로 낮다. 그래서 유대인은 복권을 사는 데 돈을 낭비하느니 차라리 매주 달러 지폐 몇 장을 불태우는 것이 낫다고 생각할 정도다. 유대인은 도박을 즐기는 사람들, 특히 복권을 사는 사람들은 복권이 총 몇 장이나 발매되는지 전혀 모르기 때문에 복권에 당첨될 가능성이 얼마나 되는지도 모른다고 생각한다. 그들이 복권에 당첨될 가능성은 복권 1장가격보다도 낮을 것이다. 따라서 더 많은 복권을 사지 않는 한, 당첨될 가능성을 높일 수 없다.

한 유대인 부호가 한 말이다.

"복권을 사는 데 쓸 시간과 돈이 있다면, 그걸 더 많은 이익을 낼 수 있는 활동에 써야 한다."

너무 많은 사람이 또 너무 많은 시간을 거의 이길 확률이 없는 도박에 쏟는다. 이길 확률이 없는 일에 오랫동안 집착해봤자 결코 성공할 수 없다.

Jewish
Wisdom

제9장

부자들은 왜 장지갑을 쓸까?
재테크의 지혜

Jewish wisdom

티끌 모아
태산이다

바닥이 뚫린 물통에 물을 담더라도 물이 완전히 새는 것은 아니다. 적어도 물통 벽에는 물이 묻어있을 테니 말이다. 새는 물통으로 한 방울씩 모아도 언젠가는 많은 물을 모을 수 있듯이, 적은 돈도 꾸준히 모으면 부자가 될 수 있다.

유대인 상인이 즐겨 사용하는 비유가 있다.

'바닥이 뚫린 물통에 물을 담더라도 물이 완전히 새는 것은 아니다. 적어도 물통 벽에는 물이 묻어있을 테니 말이다. 새는 물통으로 한 방울씩 모아도 언젠가는 많은 물을 모을 수 있듯이, 적은 돈도 꾸준히 모으면 부자가 될 수 있다.'

'리사'라는 유대인 재테크 전문가는 이렇게 말했다.

'많은 사람들이 소득이 적다고 불평하면서 자기는 영원히 부자가 될 수 없을 거라고 단정해버린다. 일단 이런 생각이 굳어지면 나중에 소득이 많아져도 부자가 될 일은 없다. 왜냐하면 이런 사람들은 푼돈은 돈으로도 치지 않고, 티끌 모아 태산이란 말도 이해하지 못하

기 때문이다.'

'부유할수록 인색하고, 가난할수록 더 퍼주려고 한다. 하지만 한 번 생각해보라. 만약 인색하지 않았다면 과연 부자가 될 수 있었을까? 자산에 대해 아무 생각이 없는 것은 가장 일반적으로 볼 수 있는 재테크의 적이다. 이런 태도는 일부 퇴직자들이 경제적 어려움에 빠지는 주요 원인이기도 하다. 많은 사람들이 재테크에 대해 아무 생각이 없다. 대책도 없으면서 나이가 들면 자연히 돈도 많아질 거라는 근거 없는 기대도 한다. 그러나 이들이 재테크의 중요성을 깨닫고 돈을 좀 굴려보려고 할 때는 이미 게임이 끝난 상태다.'

'젊은 사람들 중 상당수가 재테크는 중년층이나 돈 있는 사람들의 일이고, 나이가 들어서 재테크를 해도 늦지 않다고 생각한다. 사실 현재 가진 돈의 많고 적음은 재테크와 별로 상관이 없지만, 시간의 길이는 재테크와의 연관성이 매우 크다. 나이가 들어 퇴직을 앞두고 여유자금이 좀 생겼을 때에야 비로소 퇴직 후에 쓸 돈을 마련하려고 하면 이미 늦다. 바로 시간 때문이다. 적은 돈을 큰돈으로 만들려면 적어도 20~30년은 필요하다. 겨우 10년으로는 불가능한 일이다.

다시 말해 10년보다 훨씬 더 긴 시간을 투자해야 눈에 띄는 성과를 거둘 수 있다. 재테크로 돈을 벌려면 수익률이 높은 자산에 투자해야 할 뿐만 아니라, 긴 시간을 들여야 한다는 사실을 알았는가! 그렇다면 투자에 대한 지식과 기술을 익히는 것 외에도 즉각적인 행동이 매우 중요하다는 점도 알아야 한다. 재테크는 일찍 시작할수록 효과가 크며, 느긋한 마음으로 돈을 오래 묵힐 수 있는 끈기도 있어

야 한다.'

　'미래의 가격 동향이 불확실하다는 핑계로 재테크 계획을 미루지 말라. 부동산과 주식이 언제 오를지 미리 아는 사람이 어디 있나? 다들 가격이 크게 오르고 나서야 '왜 좀 더 일찍 투자하지 않았을까?' 하며 후회한다. 가격이 오르기 전에는 아무런 조짐도 보이지 않고, 미리 알려주는 사람도 없다. 이처럼 단기적으로는 예측이 불가능하지만 장기적으로는 예상수익률이 매우 높은 투자 상품에는, 기회가 찾아온 다음에 투자할 게 아니라 일단 투자하고 기회를 기다리는 것이 가장 안전한 투자 전략이다.'

　'사람들은 재테크가 매우 어렵다고 한다. 때를 잘 알아야 하고, 재무에도 밝아야 하며, 이런저런 준비가 다 갖춰진 다음에야 재테크에 성공할 수 있다고 생각한다. 그러나 이는 틀린 생각이다. 사실 평범한 사람들도 재테크로 부자가 될 수 있다. 재테크를 하는 것은 배움의 정도·지혜·기술 그리고 예측 능력과는 무관하며, 개인의 노력 정도와도 관계가 없다.

　결론부터 말하자면 '재테크를 할 때 마땅히 해야 하는 일을 할 수 있는가?'에 달려있을 뿐이다. 이때 해야 할 일을 제대로 해냈다고 꼭 배움이 깊은 것도 아니고, 전문기술을 가진 것도 아니다. 평범하기 그지없는데도 돈을 버는 것, 이것이 바로 재테크의 특징이다. 제대로만 하면 결과적으로 큰돈을 벌 수도 있고, 과정도 수월할 수 있다. 재테크를 하는 데는 천재적인 지적 능력도 전문 기술도 필요 없다. 그저 상식적으로 열심히 자산을 운용하면 틀림없이 성과를 볼 수 있다. 그러므로 전문가에게 의존할 필요가 없다. 정확한 재테크 관념만 있으면 전문가보다도 성공할 수 있다.'

이 재테크 전문가의 말이 곧 내가 하고 싶은 말이다. 재테크를 하는 데는 특별한 기술이 필요하지 않다. 정확한 재테크 관념만 있으면 성공할 수 있다. 재테크로 성공한 사람은 보통 사람이라면 싫어하고 또 익힐 수도 없는 좋은 습관을 길렀을 뿐이다.

친구에게는
돈을 빌려주지 않는다

어려운 친구를 도와주는 방법은 매우 많지만, 돈만큼은 빌려주면 안 된다. 돈을 빌려주는
행위는 돈으로 자신의 적을 사는 것이나 다름없다.

한 유대인이 이런 말을 했다.

"어려운 친구를 도와주는 방법은 매우 많지만, 돈만큼은 빌려주면 안 된다. 돈을 빌려주는 행위는 돈으로 자신의 적을 사는 것이나 다름없다."

유대인은 웬만해서는 친구 사이에 돈거래를 하지 않는다. 친구는 친구고, 돈은 돈이다. 양자 사이에는 교집합이 없다. 대개 유대인은 우정에 돈을 끼워 넣지 않고, 돈을 빌려주지도 않는다.

유대인의 친구 개념은 서로 괜찮게 생각하여 함께 음식을 먹고 마실 수 있는 사이다. 이런 친구 관계는 곧 당신이 '그의 좋은 친구'이며 당신과 자주 왕래하는 사이가 되고 싶다는 뜻이다. 그러나 당신이 돈을 빌려달라고 하면 선뜻 빌려줄 유대인은 거의 없다.

이는 유대인이 자신의 친구를 싫어해서도, 믿지 않아서도 아니다. 그저 이것이 현명한 처세법이기 때문이다.

유대인은 자존심이 매우 강하기에 일반적으로 다른 사람에게 도움을 구하지 않는다. 설령 곤경에 빠지더라도 자신의 힘으로 해결하려고 하지, 다른 사람에게 도와달라고 하지 않는다. 유대인이 일상생활에서 돈을 빌리는 것은 사업상의 대출과는 전혀 다른 의미다. 예를 들어 어떤 유대인이 친구에게서 돈을 빌렸다면, 이는 그 유대인이 이미 입에 풀칠하기도 힘들 정도로 곤란한 처지라는 뜻이다.

만약 친구에게서 돈을 빌렸다면 그 유대인은 한시도 마음 편히 지낼 수 없어 어떻게 그 돈을 갚을지 궁리할 것이고, 결국 그 친구를 만나더라도 미안한 마음에 속이 불편할 것이다.

돈을 빌려준 친구도 불편하기는 마찬가지다. 만약 갑자기 돈이 필요해 친구에게 빌려준 돈을 돌려받아야 하는데도 차마 입이 떨어지지 않아 애만 태운다. 그러다가 도저히 안 되겠으면 일단 다른 사람에게서 돈을 꾼다. 이렇게 되면 빌린 사람이나 빌려준 사람이나 마음이 불편해진다. 그래서 유대인들은 무언의 약속이라도 한 것처럼 절대 친구에게는 돈을 빌려주지 않는다.

유대인이 연 음식점에는 이런 민요가사가 붙어있다.

'나는 당신을 좋아해요. 하지만 당신이 돈을 빌려달라고 하면 빌려줄 수 없어요. 당신이 돈을 빌려가고 나서 다시는 날 찾지 않을까 봐서요.'

이 민요가 하는 말이 바로 위에서 말한 것이다.

돈을 벌 줄 아는 만큼
쓸 줄도 알아야 한다

> 돈을 가지고도 손안에 꼭 움켜쥔 채 한푼도 쓰지 않는다면 단순히 어리석을 뿐만 아니라
> 빈궁한 것이다. 돈이 있음에도 쓸 줄 모른다면 그것이 빈궁한 것이 아니고 무엇이겠는가!
> 그래서 진정한 부자는 돈을 벌 줄도 알지만, 쓰는 데도 남다른 재주가 있다.

칸은 백화점 앞에 서서 휘황찬란한 상품들을 뚫어지게 쳐다보고
있었다. 그런 그의 곁에서 근사하게 차려입은 유대인 신사가 시가를
피우고 있었다.

칸은 공손한 말투로 물었다.

"그 시가는 향이 참 좋군요. 꽤 비싸 보여요."

"1대당 2달러입니다."

"굉장하군요. 하루에 몇 대나 피우세요?"

"10대요."

"맙소사! 시가를 피운 지 얼마나 되셨어요?"

"40년 전부터 피우기 시작했습니다."

"40년이라고요? 한번 계산해보세요. 만약 시가를 안 피우셨다면

그 돈으로 이 백화점도 살 수 있었을 거예요."

"그럼 당신은 담배를 피우지 않나요?"

"네. 저는 담배를 피우지 않아요."

"그럼 당신이 이 백화점을 샀나요?"

"아니요."

"한마디만 하겠습니다. 이 백화점은 제 것입니다."

칸은 결코 어리석지 않았다.

첫째, 그는 셈이 무척 빨랐다. 시가 1대 가격이 2달러고 하루에 10대씩 피운다는 말만 듣고 단번에 40년 간 시가를 피운 돈으로 백화점도 살 수 있겠다는 계산을 해냈으니까 말이다.

둘째, 근검절약, 티끌 모아 태산의 진리를 잘 알고 있으며, 한 번도 1대에 2달러나 하는 시가를 피운 적이 없을 만큼 이를 몸소 실천하고 있었다.

그러나 어리석지 않다고 해서 살아있는 지혜를 가진 것도 아니었다. 시가를 피우지 않았는데도 백화점을 살 수 있는 돈을 모으지 못했지 않은가! 칸의 지혜는 죽은 지혜고, 유대인 신사의 지혜는 살아있는 지혜였다. 돈은 돈으로 버는 것이지, 아껴서 버는 것이 아니다.

유대인은 지나친 검약에 반대한다. 《탈무드》에 이런 말이 있다.

'부자는 물건을 살 기회가 없으면 자신이 가난하다고 여긴다.'

돈을 가지고도 손안에 꼭 움켜쥔 채 한푼도 쓰지 않는다면 단순히 어리석을 뿐만 아니라 빈궁한 것이다. 돈이 있음에도 쓸 줄 모른다면 그것이 빈궁한 것이 아니고 무엇이겠는가! 그래서 진정한 부자는 돈을 벌 줄도 알지만, 쓰는 데도 남다른 재주가 있다.

그래서 유대인은 스스로에게 품위 있는 삶을 요구한다. 그들은 호화로운 저택, 정교하고 아름다운 음식, 유명하고 희귀한 고급 자동차를 좋아한다. 그런 것이 자신이 번 돈과 고귀한 지위에 어울리기 때문이다.

유대인의 검약정신과 그들이 누리는 삶은 전혀 모순되지 않다. 유대인은 더 많은 이윤을 얻기 위해 불필요한 지출을 아껴야 한다는 사실도 알지만, 돈은 더 나은 삶을 영위하기 위한 수단이라는 사실도 잘 안다. 유대인의 생각은 이렇다.

'돈을 벌기만 하고 쓰지 않는다면 돈을 버는 것이 무슨 의미가 있는가? 그러면 오히려 돈 버는 데에 흥미가 떨어질 뿐이다.'

유대인은 평소에 자신이 좋아하는 물건을 사고, 이런 것을 누리기 위해 기꺼이 돈을 지불한다. 세계적인 대도시 뉴욕에서는 저녁 시간대에 고급 중국 레스토랑과 이탈리아 레스토랑에 앉아있는 유대인 신사들을 흔히 볼 수 있다. 그들이 가족·친구와 보기 좋은 음식을 먹으며 정답게 이야기를 나누는 흐뭇한 광경을 보고 있자면 절로 부러움이 인다. 그 유대인들은 낮에 열심히 번 돈을 거침없이 쓰고 있는 것이다. 대개 훌륭한 만찬을 즐기기 위해 큰돈도 서슴없이 내놓는다. 누리기 위해서라면 기꺼이 쓰는 것이다.

유대인 상인의 인생 목표는 매우 간단하고 직접적이다.

'돈을 위해, 돈을 좇기 위해 산다.'

이처럼 분명하고 확실한 목표가 있기 때문에 유대인 상인은 보다 쉽게 성공하는 것이다.

돈만 벌 수 있으면
거절하지 않는다

> 돈에 대해 평상심을 유지하고, 심지어 돈 보기를 돌같이 하기 때문에 유대인은 돈을 귀신
> 보듯 하지도, 깨끗하다느니 더럽다느니 따지지도 않는다. 그들의 마음속에서 돈은 그저
> 돈일뿐, 다른 사물과 똑같다. 그래서 유대인은 평생을 두고 열심히 돈을 좇으면서도 돈을
> 잃었다고 세상이 무너진 것처럼 절망하지 않는다.

유대인은 돈 버는 데 열중한다. 이는 오랜 세월 이어진 거친 생존환경 탓에 생겨난 민족성이다. 그러나 유대인은 돈에 대해 평상심을 유지한다.

유대인은 돈을 신처럼 받들지 않고, 귀신처럼 증오하지도 않는다. 또 돈을 원하면서도 그런 마음을 부끄러워하는 모순된 심리에 빠지지도 않는다. 돈은 그냥 돈일뿐, 다른 무엇도 아니므로 시원시원하고 정정당당하게 돈을 벌 뿐이다.

돈을 위해 산다. 이는 유대인의 꾸밈없고 자연스러운 생활방식이다.

한 무신론자가 랍비를 찾아와 먼저 입을 열었다.

"랍비님, 안녕하십니까!"

랍비가 대답했다.

"안녕하십니까!"

무신론자가 금화 1개를 꺼내서 건네자 랍비는 아무 말도 하지 않고 금화를 받아 주머니에 넣었다.

랍비가 말했다.

"보아하니 제게 도움을 구할 일이 있군요. 아이가 생기지 않아 기도를 부탁하러 오셨습니까?"

무신론자가 대답했다.

"아닙니다, 랍비님. 저는 아직 결혼하지 않았습니다."

무신론자는 또 다시 랍비에게 금화를 건넸고, 이번에도 랍비는 두말 않고 금화를 건네받아 주머니에 넣었다.

랍비가 말했다.

"하지만 뭔가 궁금한 것이 있어서 찾아왔을 겁니다. 죄를 지어서 하나님께 용서를 구하고자 하십니까?"

무신론자가 대답했다.

"아닙니다, 랍비님. 저는 아무 죄도 짓지 않았습니다."

무신론자는 세 번째 금화를 건넸고, 랍비는 그것도 받아 주머니에 넣었다.

랍비가 기대심을 품고 물었다.

"그렇다면 사업이 잘 안돼서 기도를 부탁하러 오셨습니까?"

무신론자가 대답했다.

"아닙니다, 랍비님. 올해는 사업이 아주 잘됐습니다."

그러고 나서 다시 금화 1개를 건넸다.

랍비가 이해할 수 없다는 표정을 짓고서 물었다.

"그렇다면 제게 바라는 것이 무엇입니까?"

무신론자가 대답했다.

"아무것도 없습니다. 정말로요. 그저 얼마나 오랫동안 아무 것도 하지 않으면서 그냥 돈만 받을 수 있는지가 궁금했을 뿐입니다."

랍비가 대답했다.

"돈은 그저 돈일 뿐, 별다른 것이 아닙니다. 제가 받은 돈은 종이나 돌멩이와 다를 바 없어요."

돈에 대해 평상심을 유지하고, 심지어 돈 보기를 돌같이 하기 때문에 유대인은 돈을 귀신 보듯 하지도, 깨끗하다느니 더럽다느니 따지지도 않는다. 그들의 마음속에서 돈은 그저 돈일뿐, 다른 사물과 똑같다. 그래서 유대인은 평생을 두고 열심히 돈을 좇으면서도 돈을 잃었다고 세상이 무너진 것처럼 절망하지 않는다. 이처럼 돈에 대해 평상심을 유지하기 때문에 유대인은 전쟁터 같은 비즈니스 무대에서 태연자약할 수 있고, 승산도 갖는다.

돈을 다른 사물과 똑같이 대하는 것, 이 또한 유대인 상인의 지혜다.

유대인 상인들은 "돈을 지혜롭게 벌어야 한다"고 강조한다. 유대인은 돈보다 지혜가 더 중요하다고 생각하기 때문이다. 여기서 말하는 지혜는 돈을 벌 수 있는 지혜를 가리킨다. 다시 말해 참된 지혜는 돈을 벌 수 있게 해주는 지혜다. 그래서 돈이 곧 지혜의 척도가 되었고, 돈으로 변화된 지혜만이 살아있는 지혜고, 지혜가 들어간 돈만이 살아있는 돈이다. 살아있는 돈과 살아있는 지혜, 둘 중 어느 것이 나은지를 가리는 것은 무의미하다.

이런 생각으로 유대인은 아무리 박학다식한 학자나 철학자라도 돈을 벌지 못하면 그 사람의 지혜는 '죽은 지혜', '가짜 지혜'라고 여긴다. 반대로 진정 지혜로운 사람은 학문이 깊으면서 돈도 있는 사람이라고 생각한다. 그래서 유대인은 배움은 깊더라도 산 입에 거미줄칠 정도로 가난한 사람은 칭송하지 않는다.

유대인은 돈을 사랑하며, 돈을 밝히는 자신의 천성을 숨기지 않는다. 그래서 세상 사람들은 유대인을 보고 돈을 목숨보다 중시한다는 둥, 천성이 탐욕스럽다는 둥 수군거리면서도, 돈을 대하는 담백하고 사심 없는 태도에 진심으로 탄복한다. 가능하다면 유대인은 반드시 돈을 벌려고 한다. 돈을 버는 행위는 너무도 자연스럽고 당연한 일이며, 돈을 벌어야만 진정으로 영리한 것이기 때문이다. 유대인의 뛰어난 비즈니스 지혜가 드러나는 대목이다.

돈을 벌기는 쉬워도 쓰기는 어렵다

부자가 되고 나서도 부를 누릴 줄 모르면 안 된다. 사람은 대부분 죽기 살기로 돈을 벌다가 어느 정도 돈이 모이고 나면 누리려고 한다. 그러나 가치를 높이고 돈을 벌고 즐거움을 누리는 것이 동시에 이루어지지 않는 이상, 돈만 벌다가는 금세 지치고 말 것이다. 그러므로 가끔은 자신에게 상을 줄 필요가 있다.

《탈무드》에 이런 말이 있다.

'돈을 벌기는 쉬워도, 쓰기는 어렵다.'

유대인에게 돈을 버는 것과 쓰는 것에는 '동일한 규칙을 순방향으로 이용하느냐, 아니면 역방향으로 이용하느냐?'라는 차이가 있을 뿐이다. 유대인에게 부를 쌓는 일은 결코 어려운 일이 아니다. 많은 사람들이 부자가 되지 못하는 까닭은 그들이 유대인과는 달리 돈을 굴리는 데 밝지 못하기 때문이다.

유대인 상인은 사회에서 가장 성공한 인사들이 부유해진 방법을 연구해 5가지 기본 법칙을 발견했다. 각각의 법칙은 모두 부로 인도하는 안내서나 다름없다. 전하는 말에 따르면, 이 법칙만 따르면 자산의 가치를 최소 10배나 늘릴 수 있다고 한다.

유대인 사업가의 첫 번째 재테크 법칙은 '재테크 의식을 갖는 것'이다. 예를 들면 이러하다.

'내가 이 회사에서 나 자신의 가치를 더 높일 방법이 무엇일까?', '어떻게 하면 더 짧은 시간 안에 더 많은 가치를 만들어낼 수 있을까?', '원가는 낮추면서 품질을 높일 수 있는 방법이 없을까?', '새로운 시스템이나 제도를 생각해낼 수는 없을까?', '회사의 경쟁력을 높일 수 있는 새로운 기술이 없을까?'

유대인 사업가의 두 번째 재테크 법칙은 부를 유지하는 것이다. 유일한 방법은 지출이 수입을 넘지 않게 하면서 투자를 다각화하는 것이다.

유대인 사업가의 세 번째 재테크 법칙은 부를 늘리는 것이다. 자산을 신속히 늘리고 싶다면 과거에 벌어들인 이윤을 재투자해야 한다. 그러려면 지출이 수입을 넘으면 안 되고, 투자를 다각화해야 하며, 기존에 번 돈을 재투자해서 '복리'를 실현해야 한다. 이렇게 하면 대개 초기 투자금의 몇 배에 달하는 이윤을 거둘 수 있다.

유대인 사업가의 네 번째 재테크 법칙은 부를 보호하는 것이다. 오늘날의 사회에서는 이런저런 소송이 끊이지 않는다. 그래서 많은 사람들이 부유해지면 오히려 불안해한다. 심지어 돈이 없을 때보다 훨씬 더 불안해한다. 다른 이유는 없다. 자신이 소송 당하기 쉬운 상황에 놓였기 때문이다. 하지만 걱정할 것 없다. 지금 당장 소송을 당한 것이 아니라면 법적으로 당신의 재산을 보호할 방법이 있다.

자산 보호에 대해 고려하고 있는가? 아직까지 그럴 생각이 없었다면 지금이라도 당장 전문가를 찾아가 다른 지식을 배웠을 때처럼 열심히 전문지식을 쌓아라.

유대인 사업가의 **다섯 번째** 재테크 법칙은 부를 누릴 줄 아는 것이다. 부자가 되고 나서도 부를 누릴 줄 모르면 안 된다. 사람은 대부분 죽기 살기로 돈을 벌다가 어느 정도 돈이 모이고 나면 누리려고 한다. 그러나 가치를 높이고 돈을 벌고 즐거움을 누리는 것이 동시에 이루어지지 않는 이상, 돈만 벌다가는 금세 지치고 말 것이다. 그러므로 가끔은 자신에게 상을 줄 필요가 있다.

유대인에게도 미래는 예측하기 어려운 것이다. 유대인 박해가 언제 일어날지 모르는 상황에서 돈은 유일하게 자신을 지킬 수 있는 보호막이다.

1달러를 2달러처럼
사용하라

유대인들은 입버릇처럼 "1달러를 2달러처럼 사용해야 한다"고 말한다. 1달러를 쓸데없는 곳에 잘못 사용했다면 그 1달러만 잃는 것이 아니라 2달러를 잃는 것이라면서 말이다

유대인 경전 《탈무드》에 이런 말이 있다.

'인색함은 경우에 따라 절약과 마찬가지로 훌륭한 품성이다.'

언젠가 전 세계에 '유대인은 구두쇠'라는 말이 유행한 적이 있다. 유대인은 돈에 대해 매우 인색하며, 돈을 쓸 때도 쩨쩨하기 짝이 없다는 말이었다. 그런데도 유대인은 자신들의 인색함을 기꺼워한다. 상품에 대해 꼬치꼬치 따지고 드는 것과 돈을 꼼꼼하게 따져가며 쓰는 것은 상인의 본능이다. 따라서 '유대인은 구두쇠'라는 말은 곧 유대인이 현명하게 투자한다는 칭찬이나 다름없다.

"재물을 아끼는 마음이 있어야 재물이 그 사람의 곁으로 모인다. 아끼고 존중할수록 재물도 기꺼이 당신의 주머니로 들어온다."

유대인 부호이자 '석유왕' 존 록펠러는 이 믿음을 착실하게 실천에 옮겼다. 억만장자가 되고 나서도 록펠러는 회사를 경영하는 데 있어 '절약'에 방점을 찍었다. 록펠러는 평생 절약을 몸소 실천했다.

　유대인 사업가는 원가를 최소화하고 비용을 줄이기 위해 아무리 작은 지출이라도 꼼꼼히 따진다. 그들은 입버릇처럼 "1달러를 2달러처럼 사용해야 한다"고 말한다. 1달러를 쓸데없는 곳에 잘못 사용했다면 그 1달러만 잃는 것이 아니라 2달러를 잃는 것이라면서 말이다

　이처럼 유대인은 꼭 필요한 곳에만 돈을 쓴다. 불필요한 곳에는 단돈 1달러조차 써서는 안 된다고 강조한다.

돈을 그냥 놀려서는
안 된다

> 돈은 그냥 놀려서는 안 된다. 사업을 할 때는 자금을 합리적으로 사용하고, 온갖 수단을 동원해 자금회전속도를 높이면서 이자 관련 지출을 줄여 각 상품별 이윤과 총이윤을 늘려야 한다.

　앞에서도 말했듯이 유대인 사업가의 사전에는 '대충대충'이나 '애매모호' 같은 단어가 없다. 특히 가격을 정할 때는 매우 자세하게 따지고 들어 이윤의 1% 이하까지 정확하게 계산한다.

　《유대인의 상술》이라는 책에 이런 이야기가 있다.

　외딴 시골 마을을 지나가던 여행자의 자동차가 고장이 났다. 자동차를 고치려고 씨름 중인 그를 보며 마을 주민이 마을 양철공을 찾아가보라고 했다.

　양철공은 유대인이었다. 양철공은 엔진 뚜껑을 열고 안을 한번 들여다봤다. 그리고 작은 쇠망치로 엔진을 한번 툭 때렸다. 그런데 거짓말처럼 자동차에 시동이 걸렸다!

　양철공은 얼굴색 하나 바꾸지 않고 말했다.

"20달러입니다."

그 말에 여행자는 황당하다는 듯이 외쳤다.

"말도 안 돼요. 너무 비싸잖아요!"

"한번 친 비용이 1달러지만, 어디를 쳐야 하는지 알아낸 비용은 19달러니까 총 20달러 맞습니다."

재치가 넘치는 유대인의 특징을 알 수 있는 이야기다. 유대인은 돈을 벌 수 있다면 얼굴색 한번 붉히지 않고 당당하게 번다. 오랜 세월 동안 사업을 하면서 유대인은 전광석화처럼 계산하는 능력을 익혔다.

계산이 빠르기 때문에 신속한 판단을 내릴 수 있고, 이 덕분에 협상에 나서서도 고양이가 쥐를 몰듯이 느긋한 태도로 상대방을 한 발 한 발 구석으로 몰아 자신이 원하는 결과를 얻을 수 있다.

유대인의 비즈니스 지혜에서 또 하나 주목해야 할 것이 바로 예금을 하지 않는다는 것이다. 사실 이는 매우 합리적으로 자금을 관리하는 방법이다. 돈은 그냥 놀려서는 안 된다. 사업을 할 때는 자금을 합리적으로 사용하고, 온갖 수단을 동원해 자금회전속도를 높이면서 이자 관련 지출을 줄여 각 상품별 이윤과 총이윤을 늘려야 한다.

그래서 유대인은 유한한 자금을 끊임없이 굴려 매출액을 키울 수 있는지 여부로 그 사람의 비즈니스 지혜를 가늠한다.

허례허식 차리느라
헛돈 쓰지 않는다

> 돈은 종종 생각지 못한 상황을 일으킨다. 그러니 신중에 신중을 기해야만 돈을 잃지 않는다. 적은 돈을 관리하는 법을 배우고 나서야 큰돈을 관리할 수 있다. 이는 돈을 잃지 않는 가장 현명한 방법이다.

유대인 경전 《탈무드》에 이런 말이 있다.

'돈은 종종 생각지 못한 상황을 일으킨다. 그러니 신중에 신중을 기해야만 돈을 잃지 않는다. 적은 돈을 관리하는 법을 배우고 나서야 큰돈을 관리할 수 있다. 이는 돈을 잃지 않는 가장 현명한 방법이다.'

유대인 상인은 아무리 부유하더라도 쓸데없이 헛돈을 쓰지 않는다. 손님을 초대할 때도 허례허식을 차리느라 헛돈을 쓰지 않고, 좋은 음식을 배불리 먹는 데 신경을 쓴다. 평소에도 부를 쌓는 것을 중시하지, 주머니가 텅텅 빌 때까지 돈을 막 쓰는 경우는 없다.

'열심히 돈을 버는 것은 재원을 개발하는 것이고, 온갖 방법으로 돈을 아끼는 것은 절약이다. 부는 열심히 노력해야만 얻을 수 있고,

새는 구멍을 막아야만 쌓을 수 있다.'

'돈을 좋아하는 한편, 아끼기도 해야 한다. 다시 말해 돈을 벌 생각만 하지 말고, 이미 가진 돈을 잘 지키는 방법도 고민해야 한다.'

수많은 유대인이 부호가 된 까닭은 이와 같은 투철한 금전 관념 덕분이다.

주식이
현금보다 낫다

시대가 주식과 정보 위주 사회로 재편되면서 유대인의 현금 사랑에도 약간의 변화가 생겼다. 이제 유대인은 '주식이 현금보다 낫다'고 외친다.

모두 알다시피 유대인의 현금 사랑은 유난하다. 유대인은 '현금은 다른 무엇보다도 안전하고 직관적'이라고 생각한다.

그러나 시대가 주식과 정보 위주 사회로 재편되면서 유대인의 현금 사랑에도 약간의 변화가 생겼다. 이제 유대인은 '주식이 현금보다 낫다'고 외친다. 이를 증명한 사람이 바로 세계적인 유대인 부호 워런 버핏이다.

투자의 귀재 워런 버핏은 항상 기업의 경영 성과에서 투자 정보를 얻었다. 일단 워런 버핏이 이끄는 버크셔 해서웨이Berkshire Hathaway의 투자 결과는 차치하고, 워런 버핏은 이러한 탁월한 안목만으로도 충분히 존경받을 만하다. 워런 버핏은 이렇게 믿었다.

'주식시장이 기업의 재무 성과를 잠시 소홀히 여길 수는 있다.

그러나 시간이 흘러 기업이 주주에게 제공하는 주식의 가치가 오르면 시장 가격이 결국 이 기업의 경영 성패를 증명할 것이다.'

월 가의 유명한 투자자 벤저민 그레이엄이 버핏에게 한 말이다.

"단기적으로 보면 시장은 투표수 계산기 같지만, 장기적으로 보면 가치를 재는 저울과 같아요."

버핏은 기다림을 즐겼다. 사실 버크셔 해서웨이의 주가가 만족스러운 속도로 오를 때, 버핏은 주식시장이 이 소식을 조금 늦게 알기를 바랐다. 그래야 싼값에 더 많은 주식을 살 수 있기 때문이었다.

버핏이 어느 기업을 긍정적인 투자 대상으로 평가하면 주식시장도 곧바로 반응을 보였다. 이런 상황에서 버핏은 주가가 단기적으로 올랐다고 자신이 가진 주식을 팔지 않았다. 버핏은 '이윤이 있으면 파산하지 않는다'라는 월 가의 명언이 허튼소리라고 생각했다.

현대적 투자 이론의 개척자인 필립 피셔는 버핏에게 이런 말을 했다.

"당신이 가진 주식은 현금보다 나아야 합니다. 아니라면 좋은 투자라고 할 수 없어요."

버핏은 기업의 수익률 전망이 긍정적이고 만족스럽거나 관리자가 직무를 충분히 이행할 만큼 유능하고 성실하며, 이 기업의 시가도 고평가되지 않았다면 그 회사의 주식은 장기간 묵혀둘 수 있다고 생각했다. 그러나 주식시장이 어떤 기업을 지나치게 고평가한다면 곧바로 그 주식을 매도했다.

이 밖에도 버핏은 지나치게 저평가되었거나 가치는 비슷하지만 그가 더 잘 알고 있는 기업의 주식을 매입하기 위해 현금이 필요한 경우, 공인되었거나 저평가된 주식을 팔아 현금을 마련했다.

이와 같은 투자 전략에 따르면서 1987년에는 이런 말도 했다.

"주식시장이 아무리 주가를 고평가해도 〈워싱턴포스트〉 지와 ABC 방송국, GEICO 보험사의 주식은 절대로 팔지 않을 것이다."

1990년, 버핏은 1988년에 매입한 코카콜라의 주식도 영구 보유하겠다고 선언했다.

버핏의 영구 보유 선언에 힘입어 이 4개 회사의 주식 가격도 크게 올라갔다. 물론 버핏은 영구 보유 선언을 남발하지 않았다.

또 하나 주목할 점이 있다. 버핏이 매입했다고 해서 자동으로 영구 보유 주식으로 인정을 받은 경우는 없다는 사실이다. 예를 들면, 〈워싱턴포스트〉 지의 주식은 20년 이상, GEICO 보험사의 주식은 18년 보유한 뒤에야 영구 보유 주식으로 인정받았다.

푼돈이 곧
목돈이다

재테크를 할 때는 반드시 꼼꼼하게 따지고 계획적으로 행동해야 한다. '푼돈'을 돈 취급
하지 않다가는 제대로 당하게 된다.

유대인은 돈이 자신에게 속한, 마음대로 지배할 수 있는 자산이
라고 생각한다. 그러니 돈을 너무 중요하게 생각하지 말고, 그렇다고
'푼돈'은 돈이 아니라고 무시하지도 말라고 한다.

한 재테크 전문가가 이런 말을 했다.

"금액이 같더라도 단위에 따라 사용하는 태도가 달라진다. 액수
가 너무 크지도 너무 작지도 않은 지폐를 사용할 때는 그다지 크게
와 닿지 않기 때문에 낭비를 하더라도 아깝다고 생각하지 않는다."

상당히 큰 액수의 돈을 작은 단위로 쪼개면 쓸 때 훨씬 더 신중
해진다. 실제로 말초적인 것들이 돈의 본질을 가장 직관적으로 파악
하게 하는 경우가 많기 때문이다.

큰돈을 의미 없이 쓰기 전에 이렇게 생각해보라.

'이 돈으로 생활필수품을 사면 얼마나 많이 살 수 있을까?'

이처럼 지출 단위를 작게 쪼개서 생각하면 낭비를 막는 데 도움이 된다.

일부 유대인 상인은 사업에도 이런 방법을 이용한다. 즉, 이 방법으로 손님이 지갑을 열도록 유도하는 것이다. 예를 들어 상품 광고에서 가격을 거론할 때, 이런 식의 귀에 쏙쏙 박히는 표현을 즐겨 사용한다.

"담배를 하루에 딱 한 대만 피우면……."

"시간 당 30센트만 내면……."

"하루에 단돈 25달러만 이자로 내면 1만 달러를 빌릴 수……."

이처럼 단위를 작게 쪼개면 듣는 사람은 이런 생각을 한다.

'겨우 그 정도 돈이잖아. 껌 값이지, 그냥 사자(빌리자).'

이를 어쩌나, 이런 생각이 들었다면 당신은 이미 걸려든 거다.

이처럼 작게 쪼개는 방법이 구매욕을 자극하는 까닭은 소비자가 무의식적으로 매우 비싼 상품을 싼 상품으로 혼동하게 되기 때문이다. 평소에는 결코 '경거망동'하지 않는 소비자도 자신을 '매우 배려한' 듯한 따뜻한 상술에 낚여 지갑을 활짝 열게 되는 것이다.

그리하여 많은 사람들이 계획보다 훨씬 많은 소비를 했다는 사실을 깨달았을 때는, 이미 배려심이라고는 눈곱만큼도 없는 가격의 상품이 손에 들려있을 것이다.

그래서 재테크를 할 때는 반드시 꼼꼼하게 따지고 계획적으로 행동해야 한다. '푼돈'을 돈 취급하지 않다가는 제대로 당하게 된다.

인색하다는 평을
꺼리지 말라

| 부는 열심히 노력해야만 얻을 수 있고, 새는 구멍을 막아야만 쌓을 수 있다.

유대인 부호이자 '석유왕' 존 록펠러는 평생 '인색하다는 평을 꺼리지 마라'는 신조를 따르며 절약을 실천했다.

젊은 시절, 록펠러는 한 메이저 석유회사에서 거대한 석유통을 용접하는 일을 맡았다. 용접을 하다보면 용접봉에서 슬래그(금속 찌꺼기)가 떨어졌다. 세심하게 관찰해보니 석유통 하나를 용접할 때마다 떨어지는 슬래그가 509개나 된다는 사실을 깨달았다.

'이 많은 석유통을 다 용접하면 얼마나 많은 용접봉을 낭비하게 되는 건가!'

그래서 용접 방법을 개선했더니 떨어지는 슬래그가 508개로 줄었다. 이렇게 해서 회사는 1년에 5만 7천 달러나 절약했고, 그 덕분에 록펠러는 높은 자리로 승진할 수 있었다.

록펠러는 어느 정도 큰돈을 모았을 때 자신의 사업을 시작했다. 사업은 처음 해보는 것이었기에 한 발 한 발 내딛기가 쉽지 않았고, 결국 얼마 지나지 않아 어렵사리 모은 돈을 모두 쓰고 말았다. 록펠러는 밤낮 없이 돈 벌 궁리만 했지만 도무지 좋은 방법이 떠오르지 않았다.

어느 날 저녁, 록펠러는 신문을 읽다가 돈 버는 비법이 적힌 책을 판다는 광고를 발견했다. 기쁜 마음에 날이 밝자마자 서둘러 서점으로 달려가 그 책을 구매했다. 록펠러는 두근거리는 마음으로 서둘러 책을 펼쳤다. 그런데 웬걸, 책에는 '근검' 두 글자만 쓰여있을 뿐, 아무 내용도 없었다. 록펠러는 실망하다 못해 분노가 치밀었다. 비법의 '비' 자도 안 보이는 책을 보면서 록펠러는 서점과 작가가 그를 속였다고 생각했다. 단 두 글자만 쓰인 책을 팔다니, 록펠러는 독자를 속인 그들을 고소하고 싶었다.

그런데 깊이 생각해보니 그 이치가 이해되기 시작했다. 확실히 부자가 되려면 '근검'말고 다른 방법이 없었던 것이다. 록펠러는 눈앞이 트이는 것 같았다. 그 후 록펠러는 매일 쓰는 돈을 절약해 저축하면서 더 열심히 일했고, 수단과 방법을 가리지 않고 수입을 늘려갔다. 그렇게 5년이 지나자 800달러가 모였고, 록펠러는 이 돈을 석유 사업에 투자했다. 사업을 하면서도 록펠러는 여러모로 지출을 줄일 방법을 고안해냈고, 대부분의 이윤을 모아뒀다가 적당한 때가 되면 석유 사업에 재투자했다.

지출을 줄여 수입을 늘리고, 누적된 수입을 재투자하는 식으로 록펠러는 더 많은 자산을 쌓았고, 사업도 갈수록 번창했다. 30년이 넘도록 '근검' 경영을 실천한 결과, 록펠러는 북아메리카의 3대 재벌 중 하나가 되었고, 그의 그룹 산하 석유회사의 연매출은 1,100억 달러를 넘어섰다.

열심히 돈을 버는 것은 재원을 개발하는 것을 의미하고, 절약이란 온갖 방법으로 돈을 아끼는 것이다. 부는 열심히 노력해야만 얻을 수 있고, 새는 구멍을 막아야만 쌓을 수 있다.

록펠러는 억만장자가 되고 나서도 '근검' 경영을 실천했다. 록펠러는 부하직원들에게 원유 1갤런당 정제원가를 소수점 이하 세 자리까지 계산하라고 지시했다. 또 매일 아침 그가 출근하자마자 원가·이윤 보고서를 제출하도록 각 부서에 지시했다. 오랜 세월을 거치면서 록펠러는 부서 담당자들이 올리는 원가·이윤 및 매출·손익 등 각 항목의 숫자에 빠삭해져 종종 문제점을 발견하기도 했고, 이를 바탕으로 각 부서가 일을 잘하고 있는지도 파악했다.

1879년, 록펠러는 한 정유공장 공장장에게 물었다.

"동부의 정유공장은 원유 1갤런을 정제하는 데 19.849달러 밖에 안 쓴다는데, 왜 이 공장은 19.8492달러나 쓰는 겁니까?"

이 같은 일화에서 엿볼 수 있듯이 록펠러는 후세 사람들의 평가처럼 통계 분석, 원가 회계, 단위가격 산정의 선구자이자 오늘날 대기업의 '키 스톤key stone(아치의 가운데에 끼우는 핵심 뼈대돌_옮긴이)'이 되었다.

록펠러가 노년에 이른 어느 날이었다. 록펠러가 비서에게서 빌린 5센트를 갚으려고 하자 비서는 몹시 겸연쩍어하며 돈 받기를 망설였다. 그러자 록펠러가 불같이 화를 냈다.

"5센트는 1달러의 1년치 이자에 해당하는 돈이야!"

이 일화에서 록펠러가 얼마나 투철한 절약정신과 정확한 계산 능력을 지녔는지 확인할 수 있다.

경제적 자립과
검약정신

> 유대인은 독립과 자유를 지키려면 가난을 견딜 줄 알아야 한다고 생각한다. 그래서 유대
> 인은 대개 빈곤한 삶을 살지언정 정부의 생활원조를 받지 않는다. 그러면서도 가난한 현
> 실과 타협하지 않고 끊임없이 재기를 시도한다.

유대인들이 분야를 막론하고 탁월한 성취를 거두는 데는 경제적 독립심이 큰 역할을 했다. 유대인의 식사 후 기도문에 이런 내용이 있다.

'하나님, 저희가 다른 사람에게서 돈을 빌리거나 선물을 받지 않도록 해주소서! 하나님의 관대하고 신성한 두 손을 빌려주소서! 어디에 있든 저희의 행위가 하나님을 욕되지 않게 하소서!'

유대인은 다른 사람의 도움을 받는 것을 치욕스럽게 생각한다. 아무리 가난하고 밑바닥을 구르더라도 경제적 독립심만은 확고하다. 타인에 대한 의존과 순종을 부정하고 독립적으로 생존하는 것, 이것이 바로 유대인 영혼의 뿌리다.

유대인은 독립과 자유를 지키려면 가난을 견딜 줄 알아야 한다고 생각한다. 그래서 유대인은 대개 빈곤한 삶을 살지언정 정부의 생활원조를 받지 않는다. 그러면서도 가난한 현실과 타협하지 않고 끊임없이 재기를 시도한다. 이 점이 유대인과 다른 민족의 차이다.

실업가 유대인 아브라함 램이 50세가 넘었을 때의 이야기다. 그는 어린 시절 러시아에서 미국으로 건너갔다. 미국에 막 발을 디딘 다른 유대인과 마찬가지로 그의 아버지도 무일푼 신세였다. 그러나 아브라함 램은 부지런히 일한 끝에 평생 먹고 살 만큼의 자산을 쌓았다. 할리우드에 근사한 아파트를 마련해 아내와 여유로운 삶을 즐기고 있는 그에게 누군가가 물었다.

"아브라함 램 씨, 부자가 된 비결이 무엇입니까?"

"별 다를 건 없습니다. 그저 낭비를 하지 않았을 뿐이죠."

사람들은 유대인이 매우 인색하다고 생각하지만, 사실은 그렇지 않다. 유대인은 돈을 써야 할 부분에는 절대로 돈을 아끼지 않는다. 예를 들어 교육과 자선사업 또는 상호부조 성격의 공공사업에는 아낌없이 지출한다. 그렇기 때문에 평소에 좀 더 아껴 쓰는 것이다.

구두쇠는 돈 쓰는 일 자체에 인색하지만, 유대인은 사치품에 인색할 뿐이다.

Jewish
Wisdom

제10장

말 한마디로
천 냥 빚도 갚는 재주
협상의 지혜

Jewish wisdom

시야가 넓어야
높은 경지에 오른다

사람들은 유대인을 '협상 전문가'라고 한다. 유대인은 매번 협상을 앞두고, 설령 그것이 아무리 중요하지 않는 협상이라도 사전에 충분히 준비한 다음에 임한다.

대부분의 사람들은 사교모임이나 협상테이블에서 상황에 맞는 적절한 행동과 품위 있는 태도를 보인다. 일단 이 비밀을 벗겨내고 나면 모든 사람이 천재는 아니며, 지식은 배움에서 나온다는 사실을 깨닫게 된다. 협상 전에 사전준비를 충분히 하는 것이 중요하다. 행동으로 목표를 실현하는 과정에서 불필요한 말은 줄여야 하니까 말이다.

유대인은 '대화는 화약 냄새 없는 전쟁'이라고 생각한다. 3치짜리 혀를 제대로만 놀리면 사람의 마음을 살 수 있지만, 말 한 번 잘못했다간 큰 낭패를 볼 수도 있다. '혀 아래 도끼 들었다'라는 속담이 바로 이 뜻이다. 그래서 유대인은 말을 할 때 특별히 신중을 기울이며, 말을 하기 전에 최대한 많은 준비를 한다. 협상에 임하는 유대인은 유머러스하고 침착하고 자연스럽고 능수능란하게 협상 분위기를 지배한다.

이처럼 사전에 충분한 준비를 하고 나서 협상에 임하는 방식을 비즈니스계뿐만 아니라 외교가에서도 중요하게 생각한다. 말 한마디로 천 냥 빚을 갚고 3치 혀로 백만 적군을 물리치기 위해 얼마나 많은 노력을 쏟았는지 문외한들은 알 길이 없다.

유대인과 깊은 대화를 나눌수록 그들 개개인이 얼마나 박학다식한지 새삼 깨닫게 된다. 유대인은 정치·경제·역사·스포츠·연예·군사·시사 분야까지 두루 섭렵해 동서고금에서 일어난 일을 모조리 꿰고 있고, 세상의 모든 이치도 깨우치고 있는 것 같다. 하지만 그들이 하는 말에 불필요한 말은 단 한 마디도 없다.

유대인이 대서양 해역에서만 서식하는 어류의 이름부터 시작해 자동차의 구조, 식물의 분류와 품종 등에 대해 이야기해나가면 마치 해당 분야의 전문가라도 되는 듯한 착각마저 하게 된다. 그렇게 한참 동안 유대인이 하는 말에 귀를 기울이고 있으면 어느 순간 그들의 해박한 지식에 정복당하게 된다.

유대인에게 해박한 지식은 대화의 소재이자 대화 분위기를 바꾸는 도구이지만, 실은 이보다 더 중요한 기능이 있다. 바로 다양한 시각에서 사물을 바라볼 수 있도록 시야를 넓혀준다는 점이다. 이렇게 되면 최선의 해결 방법을 모색할 수 있으니, 사실상 의사결정과 판단을 내리는 데 도움을 주는 셈이지 않는가.

시야가 좁은 상인은 당연히 우물 안 개구리가 되지만, 시야가 넓은 상인은 높은 경지에 오를 수 있다.

유대인을 자세히 관찰해보면 마음속으로 셈하는 데도 능하지만, 틈만 나면 펜을 들 정도로 부지런하다는 것도 알 수 있다. 유대인은 마음에 드는 물건은 반드시 기록한다. 이것도 바지런히 움직이는 유대인의 특성을 보여준다.

사람들은 유대인을 '협상 전문가'라고 한다. 유대인은 매번 협상을 앞두고, 설령 그것이 아무리 중요하지 않는 협상이라도 사전에 충분히 준비한 다음에 임한다.

협상은
정보 싸움이다

> 유대인이 봤을 때, 협상은 그냥 협상테이블 앞에 마주 앉아 의견이나 나누고 흥정이나 하
> 는 일이 아니다. 협상은 잘 짜인 각본에 따른 연극과 다를 바 없기에 준비가 허술하면 망
> 칠 수밖에 없다.

한 유대인이 이런 말을 했다.

"협상에 들어가기 전에 상대방에 관한 중요한 정보를 많이 모을
수록 협상 과정에서 주도권을 잡아 측면 공략으로 상대방을 이길 수
있다."

미국 역사상 최고의 외교관인 헨리 키신저가 하버드 대학 교수
이자 내각 고문에 지나지 않았을 때가 있다. 정계 진출을 원하던 키
신저가 내각 고문에 만족할 리 없었다.

마침내 키신저가 그토록 갈망하던 기회가 찾아왔다. 다음 대통
령을 뽑는 선거를 앞둔 미국은 베트남 전쟁의 늪에서 허우적대고 있
었다. 하루 빨리 곤경에서 빠져나가기 위해 미국 정부는 프랑스 파리
에서 북베트남 측과 비밀평화회담을 진행했다.

이 자리에서 양측이 논했던 협상의 내용은 일급기밀이었지만, 평화회담은 곧 있을 대통령 선거에 매우 중요했다. 그래서 사람들은 이 자리에서 어떤 대화가 오갔는지 궁금해 했다. 물론 그중에서도 그 내용을 가장 궁금해했던 사람은 차기 대통령 후보였던 리처드 닉슨이었다.

닉슨의 마음을 꿰뚫어본 키신저는 문득 회담 내막을 자세히 알고 있는 친구를 떠올렸다. 그리하여 키신저와 닉슨의 비밀접촉이 이루어졌다. 닉슨은 키신저에게서 회담 정보와 함께 조언도 얻었다.

1. 파리에서 얼마 전 중대한 사건이 일어났다. 이 정보를 입수한 키신저는 닉슨에게 베트남 전쟁에 관한 새로운 전략을 대중에게 발표하지 말라고 충고했다.
2. 현 대통령은 머지않아 북베트남 폭격을 중지하라는 명령을 내릴 것이다.
3. 파리에서는 이미 북베트남 폭격을 중지하기로 협의를 봤다.

키신저가 제공한 정확한 정보에 근거해 닉슨은 대통령 선거 며칠 전날 발표한 담화에서 어떠한 실수도 범하지 않았다. 키신저가 제공한 정보의 내용과 제공 시기 덕분에 닉슨은 미국 국민들의 전폭적인 지지와 갈채를 받을 수 있었다.

대통령이 된 닉슨은 당연히 키신저를 중용했다. 결국 키신저는 꿈에도 그리던 정계에 성공적으로 진출했다.

유대인이 봤을 때, 협상은 그냥 협상테이블 앞에 마주 앉아 의견이나 나누고 흥정이나 하는 일이 아니다. 협상은 잘 짜인 각본에 따른 연극과 다를 바 없기에 준비가 허술하면 망칠 수밖에 없다.

협상카드는
많을수록 좋다

유대인 상인은 협상에 들어가기 전에 다양한 협상 방안을 정해두어야 한다고 생각한다. 이렇게 하면 최초 협상이 실패하더라도, 당신이 전혀 생각해두지 않은 거래를 받아들이지 않아도 되게끔 이미 준비해둔 다른 방안을 제시할 수 있다.

다양한 협상 방안을 준비하고, 협상 성공을 100% 자신하지 마라. 대다수 협상은 어떤 특정한 형식대로 진행되면서 합의에 도달하지 못한 채 시간만 질질 끌게 되는 경우가 많다. 따라서 사전에 다른 방안을 마련해두지 않으면 기대에 훨씬 못 미치는 거래조건을 받아들일 수밖에 없다. 이런 경우, 당신은 퇴로가 꽉 막힌 상황에서 '눈물을 머금고 땡처리하는 심정'을 절실히 이해하게 될 것이다.

'로제스'라는 영업자는 영업에 목숨이라도 건 듯 열의를 불태웠다. 그는 어떤 고객을 만나든 에어컨에 대해 한 점 의문이 없도록 열과 성을 다해 속속들이 설명했다. 처음에는 그의 열의가 실적에 조금 도움이 되기도 했지만 파커라는 고객을 만나면서 상황이 완전히 달라졌다.

처음에 파커는 로제스의 설명을 가만히 듣고만 있었다. 그러다가 파커가 언급한 장점에 대해 조목조목 따지기 시작했다.

"이런 에어컨이 장점이 많기는 하죠. 하지만 이건 신상품이라 품질이 믿을 만하고 성능이 우수한지 확인할 길이 없어요. 소음이 적다지만, 유명 브랜드 제품보다는 소음이 훨씬 커요. 집에 부모님이 계시는데 소음이 크면 편히 쉬지 못하실 거예요. 또 전기 계량기를 바꿀 필요가 없다고 했는데, 우리 집은 낡아서 지금도 전기선에 걸리는 부하가 커요. 여기에 전력 소모량이 큰 에어컨까지 가세한다면 문제가 생길 거예요. 또 벌써 날씨가 선선해지기 시작했으니 아무리 여름이어도 기온이 더 오를 일은 없을 거예요. 괜히 샀다가 쓸 일이 없으면 무상 수리기간인 반년을 그냥 보내게 될 테고, 그 말은 곧 무상으로 수리 받을 수 없다는 뜻이잖아요."

늘 막힘없는 언변으로 소비자를 현혹했던 로제스는 까다롭기 그지없는 파커에게 뜻밖의 일격을 당해 어쩔 수 없이 가격을 낮출 수밖에 없었다.

유대인 상인은 이런 상황에서도 승기를 잡을 수 있는 절대 비법을 제시한다.

1. 목적을 결정한다. 협상 방안을 준비하기 전에 먼저 어떤 목적의 협상인지를 분명히 정한다. 협상이 실패할 경우, 상대방에게 현재 협상하고 있는 목표와는 다른 새로운 조항을 제공할 것인가? 아니면 그저 다른 조건을 제시할 것인가? 두말할 나

위 없이 전자는 전반적인 것이고, 후자는 국부적인 것이다.

2. 방향을 결정한다. 횡적 협상 방식을 취한다면 협의할 의제를 한 번에 소개하고 매번 몇 가지를 토론할지 결정한 다음, 순서대로 하나씩 협상한다. 종적 협상 방식을 취한다면 협상할 문제를 계통적으로 정리한 다음, 문제의 논리적 요구에 따라 순서대로 협상을 진행한다. 매회 1가지 문제에 대해서 협상하고, 이 문제가 확실히 해결되지 않으면 다음 문제로 넘어가지 않는다.

3. 협상 방안을 정할 때, 협상 주제와 목표, 협상 시간, 협상 기한, 협상 일정 등은 결코 소홀히 해서는 안 되는 중요한 요소들이다.

유대인 상인은 협상에 들어가기 전에 다양한 협상 방안을 정해 두어야 한다고 생각한다. 이렇게 하면 최초 협상이 실패하더라도, 당신이 전혀 생각해두지 않은 거래를 받아들이지 않아도 되게끔(설령 계약을 체결할 때는 그것이 유일한 선택이었다고 생각했더라도) 이미 준비해 둔 다른 방안을 제시할 수 있다.

거래도 시기가
맞아야 한다

> 상당수 협상이 실패로 끝나는 이유는 협상 자체의 문제도 아니고, 제대로 실행하지 못해서도 아니다. 그저 시기를 잘못 고른 탓이다.

협상을 하려면 최적기를 잘 선택해야 한다. 그래서 유대인은 협상 시기를 정하는 데 특별히 신경을 쓴다.

사실이 그러하다. 상당수 협상이 실패로 끝나는 이유는 협상 자체의 문제도 아니고, 제대로 실행하지 못해서도 아니다. 그저 시기를 잘못 고른 탓이다.

최적기를 정하는 일은 협상과 관련된 어떤 요소보다도 중요하다. '최적기'는 협상 내내 영향력을 발휘하기 때문이다.

언제 상대방과 협상을 진행해야 하는가?

상대방에게 이 요구를 하기에 가장 좋은 때는 언제인가?

이 단계에서 상대방에게 압력을 가해도 될까?

지금 단계에서 협상을 마쳐도 될까?

협상의 전 과정은 모두 적당한 시기에 진행되어야 한다. 시기를 잘못 고르면 협상을 시작하기도 전에 실패할 수도 있다. 아마 상대방과 금세 협의를 볼 수도 있었을 텐데 시기를 잘못 고른 탓에 흥정을 계속할 수밖에 없어 큰 손실을 볼 수도 있다.

그래서 시기를 잘 고르면 그 덕분에 협상에서 승기를 잡게 되지만, 시기를 잘못 고르면 그 탓에 사업을 완전히 망칠 수도 있다. 결국 모든 것이 '적당한 시기'에 달려있는 셈이다.

협상 과정에서 당신이 시기를 정할 수 있고, 상대방에게서 행동의 힌트를 얻을 수도 있다. 그러기 위해서는 입을 다물고 귀를 열어야 하며, 상대방이 진정으로 하고자 하는 말을 깨달아야 한다. 당신이 제대로 묻기만 하면 적당한 시기에 관한 많은 실마리를 얻을 수도 있다.

협상 과정에서 적당한 시기를 선택하기는 매우 어렵다. 사실 날마다 예상치 못한 많은 시기가 눈앞에 보일 것이고, 당신은 최적기가 언제 도래할지 예상할 수 있는 선지자가 될 마음 따위는 눈곱만큼도 없을 수도 있다. 그러나 이러한 기회의 중요성에 대해서는 제때 민감한 반응을 보여야 상황을 당신이 원하는 방향으로 이끌어갈 수 있다.

그렇다면 어떻게 해야 협상의 최적기를 골라 일을 추진할 수 있을까?

1. 상대방의 기분이 좋은 때를 고른다. 계약을 연장하거나 재계
   약을 하고자 할 때는 절대로 계약만기까지 손 놓고 기다리지
   마라. 자신에게 유리한 거래는 상대방이 기분 좋을 때 맺어야
   하는 것과 마찬가지로, 계약을 연장하거나 재계약을 원할 때
   에도 상대방이 기분 좋을 때를 골라야 한다. 만약 상대방에게
   좋은 일이 생겼다면, 그 일이 당신과 무관하더라도 당장 달려
   가 재계약에 대해 운을 띄워보라. 아마 대개의 경우 순조롭게
   계약을 맺을 수 있을 것이다.

2. 상대방의 기분이 나쁜 때를 고른다. 상대방이 재수 없는 일을
   당하거나 기분이 나쁠 때, 당신에게 많은 기회가 찾아든다.
   마치 상대방이 기분 좋을 때 연장계약을 맺는 것과 마찬가지
   로 잠재고객이 당신의 경쟁자에게 불만을 느낄 때 계약을 맺
   어라.

3. 가장 좋은 거래상대는 막 부임했거나 곧 물러나는 사람이다.
   막 부임한 사람은 서둘러 성과를 내기 위해 조급히 행동하게
   마련이고, 대개의 경우 충분한 행동의 자유가 주어진다. 곧
   물러나는 사람은 더 이상 골치 아픈 문제에 시달릴 필요가 없
   기 때문에 세세하게 따지고 들지 않는다.

4. 일반적이지 않은 시간을 고른다. 예를 들어 근무시간이 아닐
   때, 한밤중, 주말에 전화를 걸면 생각보다 큰 효과를 거둘 수
   있다. 물론 이때는 반드시 이렇게 운을 떼야 한다. "너무 중요
   한 일이 있어서 실례인 줄 알면서도 전화 드렸습니다."

5. 시간을 들여 압박을 누그러뜨린다. 시기를 선택하는 것은 상대방의 요구를 누그러뜨리는 가장 좋은 방법이다. 이렇게 해서 상대방이 답을 내도록 압박할 수도 있고, 상대방이 막다른 구석까지 몰리지는 않았다고 느끼게 할 수도 있다.

6. 상대방이 바쁜 때를 고른다. 바쁜 사람은 오랫동안 1가지 문제에 주의력을 집중할 수 없다. 그러므로 반드시 직설적으로 표현해 상대방 스스로 말하도록 기회를 주어야 한다. 그렇지 않으면 상대방의 거부감을 사거나 아예 관심 밖으로 밀려날 수도 있다.

이 밖에도 일의 경중과 완급에 대해 정확하게 인식하고 있어야 한다. 토론할 문제가 매우 많거나 상대방에게 요구할 항목이 매우 많다면 가장 중요한 문제를 협상할 만한 충분한 시간을 남겨둬야 한다. 결코 '시간을 몇 분만 더 내주시면 안 될까요?'라고 묻는 참담한 지경에 몰려서는 안 된다.

유대인 상인은 이렇게 충고한다.

'시기가 있음에도 제대로 이용하지 못하는 사람은 애송이다.'

협상에 감정을 끌어들이는 것은
어리석은 짓이다

> 감정적으로 행동하는 사람은 협상에 적합하지 않다. 일단 마음이 흐트러지면 협상이 지지부진해지면서 협상 실패를 불러오기 때문이다. 더 무서운 것은 감정적으로 행동하면 상대방의 꾐에 쉽게 넘어갈 수 있다는 사실이다.

《구약성서》에서 아브라함의 협상 대상은 하나님이었다. 협상 대상으로 하나님이라니, 너무 강적이 아닌가? 그러나 아브라함은 상대방이 강하다고 해서 협상을 포기하지 않았다. 오히려 자신에게 가장 유리한 조건을 얻어냈다.

1809년 1월, 프랑스의 황제 나폴레옹은 스페인에서의 전쟁에서 몸을 빼 서둘러 파리로 돌아왔다. 외교대신 탈레랑이 자신을 칠 음모를 꾸미고 있다는 첩보를 받았기 때문이다. 나폴레옹은 파리에 도착하자마자 곧바로 모든 대신을 소집해 회의를 열었다. 나폴레옹은 불안감을 감추지 못하며 넌지시 탈레랑의 음모를 언급했지만, 탈레랑은 아무런 반응도 보이지 않았다.

감정을 다스리지 못한 나폴레옹은 갑자기 탈레랑에게 다가서며 말했다.

"나를 죽이려는 대신이 있소."

그러나 탈레랑은 여전히 아무런 반응을 보이지 않고 그저 의아하다는 눈빛으로 나폴레옹을 바라볼 뿐이었다. 결국 나폴레옹은 더이상 참지 못하고 소리쳤다.

"그대에게 셀 수 없이 많은 재물을 내렸는데, 이렇게 나를 해치려 할 줄이야! 배은망덕하고 짐승만도 못한 인간 같으니!"

말을 마친 나폴레옹은 그대로 자리를 떠나버렸다.

한편 한 번도 나폴레옹이 이렇게 추태를 부리는 모습을 본 적이 없었던 다른 대신들은 영문을 몰라 서로 눈치만 볼 따름이었다. 이 와중에도 탈레랑은 여전히 태연한 표정으로 천천히 자리에서 일어나더니 대신들을 향해 말했다.

"참으로 유감이군요. 이렇게 위대한 인물이 저렇듯 무례를 범하다니요."

선명한 대비를 이룬 황제의 추태와 탈레랑의 차분함에 관한 이야기는 전염병이 퍼지듯 빠른 속도로 사람들 사이에 퍼져나갔다. 나폴레옹의 위신이 땅을 친 것은 당연한 일이었다.

위대한 황제가 심리적 부담을 이기지 못하고 냉정을 잃자, 사람들은 그가 곧 내리막길을 걸으리라고 예감했다. 마치 탈레랑이 이 일 뒤에 내뱉은 "이것은 종말의 시작이다"라는 예언처럼 말이다.

나폴레옹은 추태를 부린 끝에 대화의 주도권은 물론 민심까지 잃은 것이다.

이 일화에서 볼 수 있듯이 언어는 분노를 일으키는 가장 쉬운 도구다. 협상은 언어를 도구로 한다. 그래서 협상테이블에는 종종 분노의 감정이 딸려온다. 그러나 이러한 행위의 결과는 '협상 결렬'뿐이다. 이는 협상에 임하는 어느 쪽에도 이로울 게 없는 결과다.

그래서 감정적으로 행동하는 사람은 협상에 적합하지 않다. 일단 마음이 흐트러지면 협상이 지지부진해지면서 협상 실패를 불러오기 때문이다. 더 무서운 것은 감정적으로 행동하면 상대방의 꾐에 쉽게 넘어갈 수 있다는 사실이다.

비즈니스 협상을 할 때는 반드시 이성으로 감정을 통제해야 한다. 비즈니스 협상은 당신의 경제적 이익과 직접적인 연관이 있기 때문이다. 한때의 통쾌함을 추구하기 위해 경제적 이익을 포기하는 것은 어리석다.

유대인은 협상테이블에 감정을 끌어들이는 것은 매우 어리석은 행위라고 생각한다. 일단 협상테이블에 감정을 끌어들이면 사람은 분노를 내보이게 되고, 분노를 내보이는 순간 협상은 끝장난다.

협상의 각 부분을 합쳐도
전체와 같지는 않다

> 유대인은 협상이란 합의가 이루어져야 효력을 발휘한다고 생각한다. 협상 중 각 부분의
> 총합이 전체와 같지는 않으니까 말이다.

서명한 합의 내용을 잘 지키려면 어떻게 해야 할까?

유대인의 생각은 이러하다.

첫 번째, 협상합의서·양해각서·절차의 차이를 잘 모른다면 난처한 상황에 처하게 된다. 협상에서 1가지 조항에만 합의한 것으로는 아무런 의미도 없기 때문이다. 심지어 양측 모두 계약할 의향이 있더라도 어떤 원인으로 인해 합의가 이루어지지 않을 수도 있다.

왜 이런 상황이 벌어질까?

이는 계약 실행을 맡은 책임자들이 계약을 체결할 당시 양측의 공통 관점이라든가 태도·배경에 대해 제대로 모르기 때문이다. 또 양측 중 어느 한쪽이 계약을 이행할 방법을 모르거나, 계약의 이행 여부를 증명할 줄 모르기 때문이다.

A는 조경업체고, B는 주택 한 채와 그 주택부지의 소유자다. 양측은 A가 구체적인 조경 작업을 실시하고, 이에 대해 B가 A에게 1만 위안을 지급한다는 내용의 계약을 체결했다. 계약을 맺기 전, 양측은 예상 작업량, 조경수 종류, 사용할 벽돌에 대해서 합의를 했다. 또한 향후 변경 부분에 대해서도 비용을 지불한다고 합의했다.

바람직한 계약서는 작업량에 따른 보수에 대해서만 정해둬서는 안 된다. 합의서에서 사용한 문자의 의미에 대한 주석 및 작업량이 증감할 경우에 비용을 계산하는 절차에 대해서도 명시해야 한다. 형편없는 계약서는 품질 기준이 말로 한 협의를 만족시키는지, 비용이 공평하게 계산되었는지 등의 문제 같은 갈등의 원인이 될 수 있다.

두 번째, 양해각서에 관한 경고다. 양해각서를 제출하기 전에 협상담당자는 관계자들에게 확인시켜야 한다. 그래야 누락 및 위탁 등의 실수를 피할 수 있다. 또한 양해각서는 어휘가 아닌 의향에 중점을 둬야 한다. 따라서 어려운 법률용어를 남발하지 말고 요점을 간단명료하게 밝혀야 한다.

협상자는 의견 일치를 본 사항을 모두 기록하고 서로 참고해서 최종 협상문 기안자가 이견을 보이거나 혼동을 일으키지 않도록 해야 한다. 가능하다면 이미 토론한 업무·조건·사양에 대해, 특히 가격·납기·보증 그리고 품질 기준 등과 같은 중요한 문제에 대해 구체적이고 상세하게 서술한다. 단 몇 분 펜을 드는 수고로 향후 발생할 문제를 줄일 수 있다. 합의각서를 쓰는 데는 그만큼 옳은 판단과 용기가 필요하다.

협상자라면 구체적인 부분을 계약기안자에게 미루는 것에 부담을 느껴서는 안 된다. 좋은 합의각서는 양측의 의향과 주요 합의 조건에 대해 규정할 뿐, 구체적인 내용을 담지 않는다. 만약 상대방이 합의각서를 작성한다면 여러 차례 반복해서 자세히 읽어보면서 누락되거나 위탁 관련 부분의 실수가 없는지 찾아본다. 이때 실수를 지적하지 않으면 이는 곧 당신의 손해로 이어지기 때문이다.

세 번째, 나눠서 체결한다. 모든 문제에 대해 의견일치를 보지 못할 경우, 부분으로 나눠서 계약을 체결하는 것도 좋은 방법이다. 위험성이 작은 일부터 먼저 합의하고, 곤란한 문제에 대해서는 시간을 두고 천천히 상의한다. 시간이 어느 정도 흐르고 조건이 갖춰져 양측이 만족할 때 다시 처리해도 늦지 않다.

신뢰를 쌓는 데는 시간이 필요하다. 서로에 대해 잘 알지 못하는 거래 당사자들은 모든 문제에 대해 의무를 져야 한다는 데 의구심을 가질 수 있기 때문이다. 이럴 때는 문제를 여러 부분으로 잘게 나누면 된다. 그런 다음, 각각의 작은 일에 한해 합의한다. 예를 들어 프랜차이저franchisor(프랜차이즈의 본사_옮긴이)는 조건에 맞는 사람과 계약을 맺어 관리를 맡길 수도 있고 지역, 상품 종류, 서비스센터 등에 따라 나눠서 관리자를 찾을 수도 있다.

구매자는 새 판매자를 만나면 종종 '분할계약' 체결을 원한다.

구매자는 규모가 큰 주문서 하나 대신 규모가 작은 주문서 여러 개를 건넨다. 만약 모든 것이 계획대로 순조롭게 진행되면 그제야 대규모 주문서를 발주한다.

판매자가 새 고객에게 신용대출을 제공할 때도 마찬가지다. 만약 일정 시간 이후 새 고객이 명세서를 청산할 수 있으면 신용대출한도가 증가한다. 이렇게 성공적인 거래 한 번은 다음 거래의 기반을 다진다.

네 번째, 분할계약과 포괄계약의 개념을 합친다. 분할계약을 하면 흥정을 진행하면서 서로 신뢰를 쌓을 수 있고, 전체적인 상황을 더 잘 파악하면서 상대방의 요구와 중점을 이해할 수도 있다. 차근차근 묻는 과정에서 양측 모두 걱정하는 부분을 확실히 알 수도 있다: 구체적인 비용을 파악하고 양측의 의견 차이도 크지 않다면 이런 식으로 흥정하면 큰 효과를 거둘 수 있다.

흥정은 전반적인 상황과 관계가 있고, 세부적인 상황과는 무관하다는 특징이 있다. 만족스러운 거래는 분할계약으로 마무리해야 한다. 분할계약은 인간의 본성과 요구를 더 많이 드러낸다. 열심히 경청하면 상대방의 권력구조에서 취약한 부분을 발견할 수 있다. 그래서 토론을 지속할수록 거짓된 태도를 자연스럽게 벗을 수 있고, 자신이 대표하는 사람들의 욕망도 만족시킬 수 있다.

유대인은 협상이란 합의가 이루어져야 효력을 발휘한다고 생각한다. 원칙적으로 동의한다고 해서 모든 부분에 다 동의할 필요는 없고, 부분적으로 동의한다고 해서 모든 부분에 다 동의할 필요도 없다. 어떤 문제에 대해 성실하지 못하다는 이유로 자신을 탓하면서 일단 어떤 점을 승낙해놓고 뒤로 물러나는 것에 난처해하는 사람들이 있는데, 전혀 그럴 필요 없다. 협상 중 각 부분의 총합이 전체와 같지는 않으니까 말이다.

목표 구간을 정한다

유대인은 협상이란 현실적으로 진행해야 하고, 이상적 목표도 '상(上)을 목표로 하면 중(中)이라도 얻을 수 있다'라는 원칙에 따라서 정해야 한다고 생각한다. 그러나 아무리 이상이라고 해도 터무니없는 값을 불러서는 안 된다.

유대인은 준비 단계에서 정한 목표에 협상의 성패가 달려있다고 생각한다. 협상테이블 앞에 앉기 전, 당신이 마땅히 해야 하지만 아직 하지 않은 그 일이 협상테이블에서의 당신의 태도를 결정하기 때문이다.

허브는 고장 난 냉장고를 버리고 새로 한 대 마련하기로 결심했다. 허브는 통장에 있는 500달러를 모두 인출했다. 다시 말해 새 냉장고를 사는 데 500달러까지만 쓸 수 있다는 뜻이었다. 허브는 고심 끝에 마트에서 파는 489달러짜리 냉장고를 점찍었다.

마트는 정찰제로 운영하는지라 흥정을 할 수 없었다. 그런데도 허브는 450달러로 마음에 쏙 드는 냉장고를 구입했다. 그가 목표를 이룰 수 있었던 것은 사전에 목표를 정해둔 덕분이다.

1. 이상적 목표를 세워라.

이상적 목표는 희망하는 목표다. 즉 이 목표에 이르면 자신의 이익에 큰 도움이 될 테지만, 이르지 못하더라도 자신의 이익을 해치는 것은 아니다.

한 열기구탐험가가 영국 런던에서 프랑스 파리까지 비행할 계획을 세웠다. 비행에 앞서 그는 목표를 몇 가지로 세분했다. '파리에 성공적으로 착륙하고 싶다. 프랑스에 착륙하는 것만으로도 괜찮은 결과다. 사실 영국과 프랑스 사이의 도버 해협에 떨어지지만 않아도 충분히 만족한다.'

유대인은 협상이란 현실적으로 진행해야 하고, 이상적 목표도 '상上을 목표로 하면 중中이라도 얻을 수 있다'라는 원칙에 따라서 정해야 한다고 생각한다. 그러나 아무리 이상이라고 해도 터무니없는 값을 불러서는 안 된다. 상대방이 제시한 가격에 놀라 나자빠지고 싶은 사람은 없으니까.

2. 중요한 것은 궁극적 목표다.

스코틀랜드에 소규모 타이어 공장이 있었다. 원래 이 공장은 일주일에 나흘만 가동했는데, 시장 경쟁력을 강화하고 싶었던 사장은 공장가동일을 닷새로 늘리고 싶었다. 이에 노조가 반대했다. 노조가 바라는 이상적 목표는 주 4일 근무였기 때문이다.

협상은 지지부진했다. 회사 측은 노조가 협력하지 않으면 회사가 문을 닫을 수밖에 없다고 재차 설명했다. 회사 측도 물러서지 않겠다는 결심이 확고해 보였지만, 노조도 만만치 않았다. 결국 협상은 실패했고 회사가 도산하면서 노동자들은 일자리를 잃었다. 노조는 이상적 목표만 좇다가 궁극적 목표, 바로 밥그릇을 잃고 만 것이다.

3. 목표 구간을 두는 것이 바람직하다.

목표 구간을 정하면 이상적 목표와 궁극적 목표 사이를 자유롭게 노닐 수 있다.

아침에 A는 오이를 사러 시장에 갔다. 상인 B는 1근에 5위안이고 하면서 흥정은 없다고 못 박았다. 이에 기분이 상한 A는 다른 상점으로 갔다. 상인 C는 1근에 6위안이지만 가격은 흥정하기 나름이라더니 가격을 5위안까지 깎아주었다. 기분이 좋아진 A는 오이뿐만 아니라 파까지 사서 돌아갔다.

결국 B나 C나 똑같이 5위안에 팔았는데 왜 A는 처음에 6위안을 부른 C에게서 오이를 샀을까? 이는 C의 가격에는 목표 구간이 있었기 때문이다. 최고가 6위안은 C의 이상적 목표였고, 최저가 5위안은 C의 궁극적 목표였다. 이러한 목표 구간을 정해둔 덕에 A가 심리적으로 기꺼이 받아들일 수 있었던 것이다.

높은 목표가
낮은 목표보다 낫다

성패는 기대치에 영향을 미친다. 사람들은 자신의 능력·행동에 따라 기대치를 정한다. 왜냐하면 이 룰렛게임에는 그 사람의 가장 고귀한 자본인 '자존감'이 포함되어있기 때문이다.

두 교수가 실험을 진행했다. 그들은 거래당사자들이 상대방을 볼 수도 없고 목소리를 들을 수도 없도록 두 사람 사이에 가림막을 설치했다. 거래당사자들은 메모를 통해서만 가격을 제시했다. 소통 과정에서 양측은 똑같은 정보를 얻었다.

그러나 한쪽은 7달러 50센트에 거래할 수 있다는 정보를 얻었고, 다른 한쪽은 2달러 50센트에 거래할 수 있다는 정보를 얻었다. 그 결과, 7달러 50센트에 거래를 원한다고 한 사람은 바라는 결과를 얻었다. 그리고 2달러 50센트에 거래를 원했던 사람도 희망사항에 가까운 결과를 얻었다.

한 유대인 상인도 이와 비슷한 실험을 해봤다. 다만 교수들의 실험과는 몇 가지 다른 점이 있었다. 일단 실험 대상이 달랐다. 두 교수들은 학생을 대상으로 실험했지만, 유대인 상인은 전문가를 선택했다. 또 교수들은 양측의 직접적인 접촉을 막았지만, 유대인 상인은 양측이 서로 마주보며 협상을 하도록 했다. 마지막으로 교수들은 양측에게 기대치를 제시하며 참고하도록 했지만, 유대인 상인은 협상자들이 스스로 판단해서 행동하도록 했다.

그 결과, 기대치가 높은 사람은 높은 가격으로 거래를 성사시켰고, 기대치가 낮은 사람은 낮은 가격에 거래를 마쳤다. 이 유대인 상인의 실험을 통해 사람들이 평소에 목표를 정하고 또 그 목표를 수정하는 과정을 통해 그들이 사업을 할 때 보일 수 있는 반응을 엿볼 수 있다.

유대인 상인은 살 곳을 정하거나 어떤 단체에 가입하거나 예배당을 선택할 때, 당시 상황에 따라 목표를 정한다. 기업가도 마찬가지로 친구·비서·보좌인에게 목표를 알려주고 피드백을 끊임없이 주고받으면서 목표를 상향 또는 하향 조정한다.

유대인 상인은 기대치가 곧 자신이 도달하고자 하는 목표를 반영한다고 생각한다. 다시 말해, 그것은 스스로에게 거는 기대다. 그 기대는 단순한 바람이 아니라 개인의 자아상을 내보이려는 의도를 포함하고 있다. 따라서 제대로 보여주지 못하면 자아상을 훼손할 수도 있다.

'다음에는 몇 점을 받고 싶은가?'라는 질문을 받았을 때 사람들이 정하는 목표는 '다음에는 몇 점을 받기를 기대하는가?'라는 질문을 받았을 때보다 진실하지 않다. 전자와 달리 후자는 자아상의 자존감과 관련이 있기 때문이다. 기대치 그리고 위험부담에 대한 각오는 성공과 직접 연관돼있다. 목표를 정할 때, 개인은 노름꾼이 돈을 걸 듯이 최대한 이득·대가·성패 사이에서 균형을 유지한다. 물론 이득·대가·성패 이 3가지 사이에서 백전백승의 지점을 찾아내기란 결코 쉽지 않다. 그래서 사람들은 과거의 경험을 바탕으로 행동한다.

성패는 기대치에 영향을 미친다. 사람들은 자신의 능력·행동에 따라 기대치를 정한다. 왜냐하면 이 룰렛게임에는 그 사람의 가장 고귀한 자본인 '자존감'이 포함되어있기 때문이다.

유대인 상인은 '협상이란 끊임없이 피드백을 구하며 공을 주고받는 과정'이라고 생각한다. 구매자·판매자는 모두 나름의 목표를 세운 뒤 계속 피드백을 요구한다.

권한 그리고 좋은 사람이라느니 나쁜 사람이라느니 하는 평가의 말조차도 양측의 기대치에 영향을 미친다. 어떠한 말 그리고 어떠한 동향이라도 '가격'의 높낮이를 좌우하는 결정적인 요소가 될 수 있다. 그래서 유대인 상인은 협상 과정에서 목표를 높게 정하는 것이 목표를 낮게 정하는 것보다 훨씬 낫다고 생각한다.

다만 기대치가 높을수록 실망할 일도 많으며 위험부담도 높아진다. 거래에 임할 때는 물론 뛰어난 판단력으로 주도면밀한 평가를 내려야 한다. 평가를 내릴 때는 어느 정도의 위험부담을 져야 할지라도 목표보다 더 높이 설정해야 한다.

상대방에게도
떡 하나쯤은 던져줘라

> 자기 혼자서만 떡시루를 독차지하고 상대방에게는 콩고물조차 주지 않는다면 협상은 있을 수 없다. 합리적인 범위에서 상대방의 마음에 들 만한 '떡' 하나쯤 넘겨주는 것이 좋다. 그래야만 협상에서 더 큰 이득을 볼 수 있다.

비즈니스 협상에서는 일반적으로 평등과 상호호혜의 원칙을 준수한다. 이 원칙이 지켜지지 않는다면 누구도 협상테이블에 앉지 않을 것이다. 즉, 자신의 이익을 고려하면서 상대방의 이익도 생각해줘야 양측 모두 성공적으로 협상을 마칠 수 있다. 자신에게 아무런 이득도 없는데 굳이 남 좋은 일만 시킬 협상에 나설 사람이 있겠는가?

세상에 공짜란 없다. 상대방에게도 떡 하나쯤은 기꺼이 던져줘야 한다. 협상이라는 것 자체가 자신과 상대방의 공동 이익을 찾는 행위니까 말이다.

상대방이 우위에 선 상황에서는 두려움과 당황을 떨쳐내야 한다. 상대방이 아무리 우위에 섰더라도 협상테이블에 앉았다는 말은 곧 그쪽도 협상이 결렬되기를 원치 않는다는 뜻이니까 말이다. 만약 협상이 실패로 끝난다면 상대방도 어느 정도 손실을 감수해야 한다.

그래서 자신이 상대방에게 밀릴 때는 두려움과 자괴감을 떨치는 것이 급선무다. 이길 수 있다는 믿음이 있어야 이길 수 있다는 희망도 생기는 법이다. 이를 바탕으로 우위에 선 상대방의 '약점'을 찾아내 자연스럽게 흥정을 이어가야 한다. 상대방의 기세에 눌리면 떡시루는 상대방에게 넘겨주고 자신은 콩고물만 핥게 될 수도 있다.

한 유대인은 이렇게 말했다.

"협상을 할 때는 얻을 수 있는 것을 최대한 많이 얻어야 하지만, 혼자서 모든 것을 독차지해서는 안 된다."

자기 혼자서만 떡시루를 독차지하고 상대방에게는 콩고물조차 주지 않는다면 협상은 있을 수 없다. 합리적인 범위에서 상대방의 마음에 들 만한 '떡' 하나쯤 넘겨주는 것이 좋다. 그래야만 협상에서 더 큰 이득을 볼 수 있다.

최고의 협상술은
'마음 공략'이다

> 마음을 공략하는 것은 유대인의 협상 비결이다. 그들은 말 그대로 수단·방법을 가리지 않고 마음을 공략한다. 유대인은 상대방이 암시에 걸려 협상을 마친 뒤에 설령 속임수에 당했다는 사실을 깨달아도 '오해'한 스스로를 탓할 수밖에 없음을 잘 알고 있다.

유대인 상인이 가장 잘하는 '마음 공략법'은 암시다. 이러한 '암시' 전략에 대한 유머도 있다.

가난한 영업자 페르난도는 금요일 저녁 어느 작은 도시에 도착했다. 밥 사 먹을 돈도 없는 마당에 호텔비가 있을 리 없었다. 결국 유대인 예배당을 찾아가 관리인에게 안식일(금요일의 해가 진 뒤부터 토요일의 해가 진 뒤까지의 시간_옮긴이) 동안 숙식을 제공해줄 가정을 소개해달라고 부탁했다.

집사는 수첩을 살펴보고 나서 말했다.

"이번 주 금요일에는 이 도시를 지나는 가난한 사람이 유독 많아 집집마다 손님이 계시네요. 보석상을 운영하는 짐멜 씨만 빼고요. 그는 한 번도 손님을 머물게 한 적이 없어요."

"저는 머물게 해주실 겁니다."

그렇게 큰소리를 탕탕 친 페르난도는 짐멜의 집을 찾아갔다. 짐멜이 문을 열자마자 페르난도는 영 수상쩍게 그를 한쪽으로 끌고 가더니 외투 호주머니에서 벽돌만한 크기의 묵직한 빵을 꺼내며 속삭였다.

"벽돌만한 황금은 값을 얼마나 쳐줍니까?"

보석상 주인인 짐멜은 눈이 번쩍 뜨였다. 그러나 때는 이미 안식일이었고, 유대교의 규정에 따라 안식일에는 사업을 논할 수 없었다. 그렇다고 이렇게 큰 거래를 놓칠 수는 없었다. 짐멜은 내일 날이 지면 다시 이야기하자며 서둘러 페르난도를 집안으로 들였다.

그리하여 페르난도는 안식일 내내 극진한 대접을 받았다. 토요일 저녁, 마침내 안식일이 끝나자 짐멜은 만면에 웃음을 띤 채 어서 '물건'을 보여달라고 재촉했다.

그러자 페르난도는 눈을 휘둥그레 뜨며 되물었다.

"제게 그런 물건이 어디 있겠습니까? 전 그저 벽돌만 한 크기의 황금 가격이 얼마나 하는지 궁금해서 물어본 것뿐입니다."

유대인은 협상 중에 종종 심리적 암시를 걸어 상대방의 '합리적' 추측을 유도해 마음을 공략한다.

마음을 공략하는 것은 유대인의 협상 비결이다. 그들은 말 그대로 수단·방법을 가리지 않고 마음을 공략한다. 유대인은 상대방이 암시에 걸려 협상을 마친 뒤에 설령 속임수에 당했다는 사실을 깨달아도 '오해'한 스스로를 탓할 수밖에 없음을 잘 알고 있다.

승리를 믿어야
승리를 기대할 수 있다

자신이 상대방에게 밀릴 때는 두려움과 자괴감을 떨치는 것이 급선무다. 이길 수 있다는
믿음이 있어야 이길 수 있다는 희망도 생기는 법이다.

수천 년 동안 박해를 받으면서 유대인은 늘 약자였지만, 그들에게는 고도의 협상술이 있었다. 아브라함은 '방주'로 유명한 노아의 10대손으로 '이스라엘 신앙의 아버지'라고 불린다. 그는 하나님과 몇 번에 걸쳐 협상을 한 끝에 유대인에게 유리한 계약을 맺었다.

하나님은 이웃한 두 도시국가들인 소돔과 고모라의 죄악이 심히 크고 무거우니 그곳에 살고 있는 모든 백성들을 멸하기로 결정했다. 하나님이 그들을 심판하려고 할 때, 아브라함은 용감히 나서서 하나님과 협상을 시작했다.

아브라함이 하나님에게 공손히 물었다.

"만약 소돔과 고모라에 50명의 의인義人이 있다면 그들도 다른 사람의 악행 때문에 사라져야 합니까? 그 50명의 의인을 보셔서 다른 사람들을 너그러이 용서해주실 수는 없습니까?"

하나님은 아브라함의 말에 따라 만약 소돔과 고모라에 50명의 의인이 살고 있다면 두 도시를 파괴하지 않겠다고 약속했다.

그러나 아브라함은 거기에 만족하지 않고 계속해서 하나님과 흥정했다.

"만약 딱 5명이 부족해 50명이 안 된다면 그래도 이 두 도시를 파괴하시겠습니까?"

결국 하나님은 만약 45명의 의인이 있다면 도시를 파괴하지 않겠다고 약속했다. 그러자 아브라함이 다시 질문을 던졌다.

"만약 의인이 40명이라면 어떻게 하시겠습니까?"

이런 식으로 아브라함은 하나님을 상대로 협상을 하면서도 조금도 기죽지 않고 흥정을 계속했다.

"그럼 30명은 어떻습니까? 아니, 의인이 20명이라면 어찌 하시겠습니까? 의인이 있는 도시를 모두 파괴하는 것이 과연 옳습니까?"

아브라함은 공손하면서도 엄숙하게 물으며 하나님을 설득해나갔다. 결국 하나님은 소돔과 고모라에 의인이 10명만 있어도 두 도시를 파괴하지 않겠다고 약속했다.

그러나 유감스럽게도 아브라함의 노력은 물거품이 되고 말았다. 두 도시를 이 잡듯 뒤져도 불과 10명의 의인조차 찾을 수 없었던 것이다. 결국 하나님은 하늘에서 유황불을 내려 이 두 도시를 완전히 파괴했다.

이 이야기에서 알 수 있듯이 상대방이 우위에 선 상황에서는 두려움과 당황을 떨쳐내야 한다. 상대방이 아무리 우위에 섰더라도 협상테이블에 앉았다는 말은 곧 그쪽도 협상이 결렬되기를 원치 않는다는 뜻이다. 만약 협상이 실패로 끝난다면 상대방도 손실을 어느 정도 감수해야 한다.

그래서 자신이 상대방에게 밀릴 때는 두려움과 자괴감을 떨치는 것이 급선무다. 이길 수 있다는 믿음이 있어야 이길 수 있다는 희망도 생기는 법이다.

성공적인 협상은
말로 하는 것이 아니다

성공적인 심리전술은 대개 구체적이면서 미묘하다. 이는 책을 통해 알 수 있는 것도 아니고, 사회적 약속으로 알 수 있는 것도 아니다. 이는 사람이 쓴 지혜와 전략이자 상대방의 심리에 가장 가까우면서 상대방을 공략할 수 있는 수단이기 때문이다. 이런 심리전술을 상대하려면 먼저 자신의 목표를 정확히 인식하고 상대방의 의도를 파악해야 한다. 그래야 상대방에게 끌려다니는 수모도 피할 수 있다.

어느 날, 한 미국 상인이 협상을 하기 위해 이스라엘로 향했다. 가는 길에 그는 유대인의 정신과 심리를 분석한 책을 한 꾸러미나 읽었다.

비행기가 이스라엘 땅에 내리자마자 이 미국인을 마중 나온 유대인 직원들이 깍듯이 예의를 차려 맞아주었다. 그들은 미국 상인 대신 모든 수속을 마치고 근사한 세단의 넓은 뒷좌석에 혼자 태웠다. 미국인이 물었다.

"왜 뒷좌석에 함께 타지 않습니까?"

유대인이 공손하게 대답했다.

"귀하는 중요하신 분이니 쉬시는 데 방해가 되면 안 되니까요."

그러더니 그 유대인이 물었다.

"혹시 히브리어(유대인들의 언어_옮긴이)를 하실 줄 아십니까?"

"아니요. 하지만 사전을 가지고 왔습니다. 한번 배워보려고요."

"돌아가실 날짜를 정해두셨습니까? 저희가 공항까지 모셔다드릴 수 있는데요."

"그렇게까지 신경 써주시다니!"

미국인은 기꺼운 마음에 돌아가는 비행기표를 꺼내 보여주었다.

유대인은 이로써 이 미국인이 14일간 머물 수 있음을 알게 되었지만, 미국인은 유대인에 대해 알아낸 게 전혀 없었다.

유대인은 미국인을 위해 다양한 유적지들부터 예배당까지 샅샅이 훑는 여행일정을 빡빡하게 짜뒀다. 그것만 보는 데도 꼬박 1주일 이상 걸리는데, '특별히' 영어로 하는 단기속성 유대교 강의까지 듣게 했다. 현지의 종교와 풍속을 더 잘 이해할 수 있도록 나름 배려한 것이라고 했다.

매일 저녁, 유대인은 미국인을 딱딱한 바닥에 꿇어앉히고 자신들의 융숭한 대접을 경험하도록 했다. 한번 앉았다하면 4시간 반은 앉아있어야 해서 지겨워 죽겠는데도 마음씀씀이가 고마워 어쩔 수 없이 감사인사까지 해야 했다. 하지만 그러다가 미국인이 협상과 관련해 운을 띄우면 유대인은 "시간도 많은데 급할 거 있나요"라면서 말머리를 돌렸다.

12일째 되는 날, 마침내 협상이 시작되었다. 그런데 오후에 뜬금없이 골프를 치러 가자고 했다. 13일째 되는 날, 다시 협상을 시작했지만 성대한 환송회가 준비되어있어 일찍 마무리할 수밖에 없었다. 그날 저녁, 미국인은 조급해졌다.

14일째 되는 날 아침, 다시 협상이 시작됐다. 그런데 협상이 막 중요한 단계로 접어들 때, 공항까지 태워다줄 차가 도착했다. 이때 유대인과 미국인은 공항으로 가는 차 안에서 가장 중요한 사항을 상의했고, 공항에 도착하기 전에 협상을 마쳤다.

협상 결과는 어땠을까?

이 미국인의 말을 빌리자면 "이번에도 유대인이 이겼소"였다.

'지피지기知彼知己' 끝에 백전백승한 사람은 누구였을까? 당연히 심리학 서적을 잔뜩 읽은 미국인은 아니었다.

성공적인 심리전술은 대개 구체적이면서 미묘하다. 이는 책을 통해 알 수 있는 것도 아니고, 사회적 약속으로 알 수 있는 것도 아니다. 이는 사람이 쓴 지혜와 전략이자 상대방의 심리에 가장 가까우면서 상대방을 공략할 수 있는 수단이기 때문이다.

이런 심리전술을 상대하려면 먼저 자신의 목표를 정확히 인식하고 상대방의 의도를 파악해야 한다. 그래야 상대방에게 끌려다니는 수모도 피할 수 있다.

Jewish
Wisdom

제11장

경영의 30%는 업무,
70%는 사람 관리다
관리의 지혜

Jewish wisdom

오늘 일을
내일로 미루지 말라

'당장 해결하라'는 유대인의 좌우명이다. 그래서 유대인은 문서를 처리하는 시간을 중요하게 생각하고, 업무를 미루는 것을 수치스럽게 여긴다. 유대인은 무슨 일을 하든, 특히 사업 문제를 처리할 때는 절대로 오늘 할 일을 내일로 미루지 않는다.

유대인은 '미결' 문서를 쌓아두는 사람을 무능하다고 여긴다. 그래서 유대인은 사무실에 들어서면 먼저 책상 위에 쌓인 문서의 양을 가늠해보며 그 사람의 능력을 평가한다. 유대인은 업무를 제때 처리하지 못한다는 것은 무능하다는 뜻이라고 생각한다.

유대인은 다재다능한 인재를 선호한다. 비즈니스맨이라면 사업뿐만 아니라 다양한 분야에 해박해야 한다는 것이다. 그렇지 못하면 유능한 상인도, 부자도 될 수 없다고 한다.

유대인의 책상 위에는 '미결' 문서가 없다. 유대인은 시간관념이 철두철미해 절대로 시간을 낭비하지 않는다. 그들은 책상 위에 문서를 쌓아두는 게 중요한 일에 영향을 미친다고 생각한다.

사업상 오가는 서신 등이 포함된 이런 문서들에는 사업상의 정보는 물론이고 사업상의 만남이나 상품 거래를 청하는 내용 등 다양한 정보가 담겨있다. 한마디로 돈 벌 수 있는 기회를 제공하는 정보가 들어있을 것이다.

서둘러 읽어보고 답신을 보내야 할 이런 문서를 책상 위에 쌓아뒀다가 한참 뒤에 처리하려고 해봐야 때는 이미 늦는다. 왜냐하면 기다리다 지친 상대방이 소중한 시간을 마냥 낭비할 수 없기에 결국 다른 동업자를 찾아 나섰을 테니 말이다. 그래서 유대인은 책상 위에 놓인 문서에 큰 의미를 부여한다.

유대인은 업무시간 중에 '문서만 처리하는 시간'을 따로 정해둔다. 대개 출근하고 약 1시간 동안은 문서를 처리하는 데 집중한다. 이 시간 동안 전날 퇴근 이후부터 오늘 출근하기 전까지 받은 서신에 회신을 보낸다. 이때는 문서 처리에만 온전히 집중할 수 있도록 누구의 방해도 용납하지 않는다.

'당장 해결하라'는 유대인의 좌우명이다. 그래서 유대인은 문서를 처리하는 시간을 중요하게 생각하고, 업무를 미루는 것을 수치스럽게 여긴다. 유대인은 무슨 일을 하든, 특히 사업 문제를 처리할 때는 절대로 오늘 할 일을 내일로 미루지 않는다. '날마다 그날의 계획이 있다'는 생각으로 업무를 처리한다.

시간이 없으면
이익도 없다

유대인은 자녀에게 노후를 기대지 않는다. 자신이 돈만 벌면 평안한 삶을 누릴 수 있다고
생각하기 때문이다. 유대인은 하나님의 뜻을 알고 있기 때문에 주어진 시간 동안 돈을 벌
기 위해 최선을 다한다.

유대인은 시간을 돈이라고 보기에 돈을 계산하듯 시간도 분 단
위, 시간 단위로 계산한다. 그래서 직원을 채용했으면 시간대로 임금
을 지불해야 한다고 본다. 유대인은 고객과의 약속시간도 철저하게
지키고, 결코 미루는 법도 없다.

고객도 반드시 사전에 약속을 하고 찾아와야 한다. 아무런 예고
도 없이 불쑥 방문했다가는 문전박대를 당하게 된다. 유대인은 갑작
스러운 방문을 몹시 불쾌하게 생각한다. 사업을 논의하러 가면서 약
속시간을 어긴다면 말을 섞기도 전에 둘 사이의 협력은 없던 일이 되
고 만다.

유대인이 이토록 시간을 중시하는 데는 까닭이 있다. 시간은 어
떤 거래에서든 중요한 조건이자 사업 목적을 이루는 전제조건이 되

기 때문이다. 상대방과 계약을 맺기에 앞서 자신의 납품 능력을 충분히 고려해서 상대방이 요구한 품질·수량·납기일을 만족시킬 수 있는지 생각해보아야 한다. 만약 할 수 있다면 계약을 체결하고, 할 수 없다면 경솔하게 계약서에 서명해서는 안 된다.

시간의 가치는 각각의 시기마다 시장을 차지하는 데서도 드러난다. 치열한 시장경쟁 와중에 양질의 참신한 상품을 가장 먼저 출시하는 사람이 가장 큰 이익을 얻는다.

예를 들어 전자시계가 처음 시장에 출시되었을 때, 개당 판매가격은 수십 달러에서 수백 달러나 했다. 그런데 경쟁업체들이 비슷한 제품을 잇달아 출시하면서 가격은 하루아침에 곤두박질쳐 개당 몇 달러 수준까지 내려갔다. 또 사람들이 평소에 먹는 채소도 제철이 아닌 때에 사려면 몇 배 많은 값을 치러야 한다. 이처럼 큰 차이가 생기는 까닭은 무엇일까? 바로 '시간'의 가치 때문이다.

시간의 가치는 사업의 전 과정에서 드러난다. 어느 기업의 경영이익의 높낮음을 평가하려면 비용 수준의 높낮음을 살펴보면 된다. 대다수 기업의 정산 내용을 살펴보면 경영비용 중 이자로 지출하는 비용이 무려 70%에 이른다. 만약 한 기업의 연간매출액이 10억 위안이라고 하고 매년 2차례 자금회전이 이루어진다면 이 기업이 매년 점용하는 자금은 5억 위안이 된다. 만약 은행이자가 12%(연이자)라면 1년에 6천만 위안을 이자로 지불해야 한다.

그런데 이 기업이 시간을 효율적으로 관리해 1년에 4차례 자금회전을 할 수만 있다면 지불할 이자를 3천만 위안으로 줄일 수 있다.

다시 말해 이 기업은 3천만 위안의 이득을 더 얻을 수 있다. 이 밖에도 물품 구입과 판매 속도를 높이고 대출금을 서둘러 상환하는 것도 시간의 가치를 보여준다.

유대인 아이는 어려서부터 '스스로 하는 법'을 배운다.

유대인은 자녀에게 노후를 기대지 않는다. 자신이 돈만 벌면 평안한 삶을 누릴 수 있다고 생각하기 때문이다. 유대인은 하나님의 뜻을 알고 있기 때문에 주어진 시간 동안 돈을 벌기 위해 최선을 다한다.

시간은 돈보다
훨씬 귀하다

"가치를 따지자면 시간은 돈보다 훨씬 귀합니다. 돈은 은행에 저축해 이자를 불릴 수도 있지만, 시간은 절대 한 자리에 머무르는 법이 없고 한번 흘러가면 다시 돌아오지 않기 때문입니다. 따라서 '시간은 돈'이라는 말은 '시간은 생명' 또는 '시간은 인생'으로 바꿔야 옳다고 생각합니다."

유대인은 시간도 상품이라고 본다. '시간을 낭비하지 마라'는 유대인의 비즈니스 법칙 중 하나다.

시간은 유한하고, 돈은 무한하다. 유한한 시간으로 무한한 돈을 좇으면 시간과 돈 양쪽에서 압박을 느낄 수밖에 없다. 또 돈은 다시 벌 수 있고 상품은 다시 만들 수 있지만, 한번 흘러간 시간은 다시 돌아오지 않는다. 그래서 시간은 상품이나 돈보다 훨씬 중요하다.

미국 뉴욕에 사는 한 랍비는 시계의 뒷면에 '시간을 소중히 여겨라'라고 새겨 넣었다. 어떤 교사가 학생들에게 이 시계를 보여주었지만 학생들은 식상하다는 반응만 보였다.

랍비는 학생들이 이렇다 할 반응을 보이지 않자 시계를 다시 차며 말했다.

"'시간은 돈'이라는 말이 있습니다. 나는 이 말이 틀렸다고 생각합니다. 오해를 일으킬 여지가 크기 때문입니다. 시간이 곧 돈이라면 우리는 2가지 부류의 사람 밖에 생각할 수 없습니다. 하나는 시간을 어떻게 사용할지 모르는 사람이고, 다른 하나는 돈을 어떻게 사용할지 모르는 사람입니다. 사실 가치를 따지자면 시간은 돈보다 훨씬 귀합니다. 돈은 은행에 저축해 이자를 불릴 수도 있지만, 시간은 절대 한 자리에 머무르는 법이 없고 한번 흘러가면 다시 돌아오지 않기 때문입니다. 따라서 '시간은 돈'이라는 말은 '시간은 생명' 또는 '시간은 인생'으로 바꿔야 옳다고 생각합니다."

랍비의 말에 학생들은 모두 수긍했다.

'월가의 제왕'이라 불리는 존 P. 모건은 위대한 유대인 상인이다. 그는 아들에게 시간을 아끼고 효과적으로 이용하라는 편지를 보낸 적이 있다. 그 내용은 이러했다.

'시간은 기업가의 성공을 위한 카드란다. 시간을 낭비하는 것은 곧 생명을 낭비하는 것이지. 생명을 소중히 여기듯이 시간도 소중히 여겨야 한단다. 생명은 시간이 쌓여서 이루어지니까. 그래서 아버지는 네가 기업가가 되는 길에서 먼저 시간을 소중히 여기는 법을 깨우쳤으면 한다.'

한 개인에게는 또는 한 기업에는 시간을 잘 이용하는 것이 매우 중요한 일이다. 하루 24시간을 계획적으로 잘 쓰지 않으면 자기도 모르는 사이에 낭비하게 된다. 결국 시간은 가치 없이 사라져버리고, 삶의 일부도 소득 없이 버려지게 된다.

시간 분배는 사업의 성패를 가르는 중요한 요소다. 혹자는 기껏 몇 분, 몇 시간 낭비했다고 인생이 어떻게 되는 것은 아니라고 할지도 모른다. 그러나 사실 그것만으로도 당신의 인생은 충분히 '어떻게 되어버릴 수도' 있다. 이런 차이는 대개 짧은 시간 안에서는 눈에 띄지 않기에 세월이 많이 흘러야만 확인할 수 있다. 그러나 경우에 따라서는 그 차이가 당신의 인생을 단숨에 끌어내리기도 한다. 그러므로 이런 안일한 생각은 버렸으면 한다.

시간은 우리가 손에 쥔 것 중 가장 소중한 자산이다. 시간을 소중히 여기지 않는 것은 생명을 소중히 여기지 않는 것과 같다. 성공한 기업가는 '여유'를 '여유'롭게 보내지 않는다. 일상생활과 업무를 하는 1분 1초를 소중히 여기고 근면성실하게 일한다. 당신에게 주어진 시간을 진지하고 합리적으로 나누면 쓸데없는 일에 시간을 낭비하는 상황은 없을 것이다.

모든 절약은 결국 시간을 절약하는 것을 의미한다. 시간의 가장 큰 특징은 되돌릴 수 없고 저장할 수도 없다는 점이다. 시간은 결코 재생되지 않는 특별한 자원이다.

시간은 모든 사람, 모든 일에 가차 없이 공평무사함을 보인다. 아무리 날고뛰는 능력이 있어도 시간을 붙잡을 수는 없다. 시간을 가치 없다는 듯이 아무렇게나 쓰는 사람이 있지만, 1분 1초마저 효율적으로 잘 이용하는 사람도 있다.

인생은 사실 무척 짧기 때문에 새로운 뭔가를 창조하는 데 쓸 시간은 그리 많지 않다. 예를 들어 80세까지 산다고 하면 그 사람에게는 70만 시간이 주어지는 셈이다. 이 사람이 기운차게 일할 수 있는 시간은 겨우 40년 밖에 되지 않는다. 이를 시간으로 환산하면 36만 시간, 근무일수로 계산하면 1만 5천 일 정도다. 그마저도 밥 먹고 잠 자는 시간을 제하면 약 20만 시간 정도가 남는다.

이처럼 유한한 시간 안에서 최대한 열심히 살아야 생명의 가치를 볼 수 있다. 이 시간 안의 업무 효율을 최대한 높이는 것은 곧 자신의 수명을 늘리는 것과도 같다. 한번 생각해보라. 당신은 얼마나 많은 생명을 낭비했는가? 훌륭한 기업가가 되어 가업을 발전시키고 싶다면 '효율이 곧 생명'이라는 말의 의미를 깨달아야 한다.

사람마다 자신만의 '여가' 선용 방식이 있다. 각자 여유롭게 책을 읽으며 지식을 쌓고, 친구를 만나고, 창작 활동을 하고, 사색에 잠기는 식이다.

단순히 시간을 소중히 여기는 것만으로는 부족하다.

그러면 시간을 소중히 다루는 방법에 대해 알려주겠다. 시간을 통제하고 업무 효율을 높이는 구체적인 방법은 다음과 같다.

1. 가장 중요한 일을 처리하는 데 집중해야 한다. 어차피 모든 일을 다 할 수는 없다. 불필요하고 덜 중요한 일은 과감하고 지혜롭게 거절해야 한다. 그러니 어떤 일이 생기면 일단 '할 가치가 있는 일'인지를 생각하라. 아무 일이나 주는 대로 덥석덥석 받지 말고, 자신이 놀지 않고 무언가를 하고 있다는 사실에도 안도하지 말라.

2. 시기를 잘 포착하라. 모든 기회는 전환점이 될 수 있다. 때를 제대로 잡으면 전체적인 국면을 바꿀 수도 있고, 최소의 대가로 최대의 성공을 거둘 수 있으며, 긍정적인 변화도 이끌어낼 수 있다.

   때를 제대로 잡지 못하면 다 된 죽에 코 빠뜨릴 수 있다. 성공하고 싶다면 시세를 잘 살피고 중요한 때를 잘 포착해 기회를 잡아야 한다.

3. 2가지 시간을 잘 조율하라. 성공한 사람에게는 2가지 시간이 존재한다. 하나는 스스로 통제할 수 있는 시간, 이른바 '자유시간'이고, 다른 하나는 스스로 통제할 수 없는, 타인 또는 타인의 일에 반응하는 시간, 이른바 '대응시간'이다.

   이 2가지 시간은 객관적으로 존재하고, 모두 필요하다. 일단 '자유시간'이 없으면 완전히 피동적인 위치에 놓이게 된다. 시간을 스스로 지배할 수 없다면 뛰어난 리더가 될 수 없다.

   그러나 자신의 시간을 절대적으로 통제하기란 객관적으로 불가능하다. '대응시간'을 모두 '자유시간'으로 바꾸는 것은 사실상 타인의 시간을 침해하는 셈도 된다. 모든 사람의 완전한 자유는 타인의 부자유를 대가로 하기 때문이다.

승리는 낙천주의자의 편이다

> 오늘날의 경영자들은 수시로 예측을 강요당하고 있다. 신상품의 출시는 위험이자 기회다. 생산을 하려면 위험을 무릅써야 하고, 위험을 무릅쓰지 않으면 기회를 잡을 수 없다. 그러나 위험을 무릅쓰는 것은 무모하게 행동하는 것과는 다르다. 과감한 행동 뒤에는 심사숙고를 거친 계획이 있어야 하고, 치밀하게 준비한 대책도 있어야 한다.

유대 민족은 오랜 세월 동안 핍박을 당하며 살았으나, 미래를 낙관하면서 그에 상응하는 행동을 취해왔다. 사실 사업을 하든 다른 일을 하든 승리는 낙천주의자의 편이고, 성공의 문은 낙천주의자에게 열린다.

뉴욕의 미술상인 유대인 프랭크 로이드가 이 사실을 증명한다.

1938년 3월, 나치독일군이 오스트리아 국경을 넘자 로이드는 서둘러 돈을 챙긴 뒤 어렵사리 영국으로 건너가 1948년 '말보로 파인 아트 갤러리Marlborough Fine Art Gallery'를 건립했다. 주로 영국 명문가들이 소장하고 있던 예술품을 판매했지만, 나중에는 아방가르드 미술품을 취급했다. 그러다가 겨우 6년 만에 아방가르드 미술품을 취급하는 최대 수출대리상으로 성장했다. 교황 바오로 6세도 그의 고객이었다.

사실 로이드는 미술품에는 별 관심이 없었다. 그의 모든 관심은 작품을 거래해서 돈을 버는 데 쏠려있었다. 그래서 로이드는 미술품 거래를 순전히 비즈니스, 즉 직업으로만 생각했다. 대부분의 작품은 모두 대리판매하고, 미술관은 거래를 마친 뒤에만 일반 관람객들에게 열었다. 로이드의 미술관은 미술품 거래 장소로만 쓰인 게 아니라 광고·마케팅·보험·택배 등 모든 서비스를 제공했다. 그래서 미술가들은 로이드의 서비스에 만족했고, 그들의 작품은 로이드의 손을 거치면서 높은 가격에 팔려나갔다. 게다가 판매 여부와는 상관없이 로이드의 미술관은 예술가들이 안정적인 생활을 영위할 수 있도록 보조금을 지급했기 때문에 각국의 화가들이 로이드와 거래를 하려고 했다.

얼마 후, 로이드의 미술관은 세계 미술계의 거두로 거듭났다. 스위스 취리히, 이탈리아 로마, 일본 도쿄, 영국 런던, 그리고 캐나다의 토론토와 몬트리올에 분관을 두었으며, 연매출액이 2,500만 달러에 달했고, 세계미술품시장의 5~10%를 점유했다.

1963년, 러시아 출신 추상표현주의 화가 마르크 로스코가 로이드의 미술관에 작품 15점을 14만 7,600달러에 팔았고, 미술관 측은 4년 안에 작품 값에 대한 지불을 모두 마쳤다. 1969년, 로스코의 작품 가격은 1점당 2만 1천 달러로 치솟았다. 이때 로이드는 다시 로스코와 계약을 맺어 105만 달러에 작품 87점을 받기로 했다. 그랬다가 다시 가격을 144만 6천 달러로 올리고 108점을 받기로 결정했다.

그러면서 앞으로 14년 동안 로이드나 미술관의 경영 상황에 변화가 생기더라도 로스차일드 은행에서 매년 로스코에게 10만 달러씩 지불하기로 했다. 이를 위해 로이드의 미술관은 로스차일드 은행에 막대한 자산을 저당 잡혔다. 그에 대한 보답으로 로이드의 미술관은 이후 8년 동안 로스코 작품의 독점대리상 자격을 얻었다.

이처럼 예술계의 흐름이나 미술가의 창작 상태의 변화를 고려하지 않는 '도박'은 누가 봐도 매우 위험했다. 그리고 로이드는 실제로 위험에 빠지게 된다. 계약을 맺은 지 1년도 안 돼 로스코가 자살로 생을 마감하자 로스코의 자녀들이 로이드가 자기 아버지와 부당한 계약을 맺었다며 로이드를 상대로 소송을 건 것이다.

다른 것은 차치해두고, 로이드가 위험부담을 진 채 미술품시장에 뛰어든 점만 보더라도 유대인 미술상의 남다른 안목과 패기를 엿볼 수 있다.

시대가 진보하면서 위험을 무릅쓰는 유대인의 사업 방식이 빛을 발하게 되었다. 오늘날의 경영자들은 수시로 예측을 강요당하고 있다. 신상품의 출시는 위험이자 기회다. 생산을 하려면 위험을 무릅써야 하고, 위험을 무릅쓰지 않으면 기회를 잡을 수 없다.

그러나 위험을 무릅쓰는 것은 무모하게 행동하는 것과는 다르다. 과감한 행동 뒤에는 심사숙고를 거친 계획이 있어야 하고, 치밀하게 준비한 대책도 있어야 한다. 그리고 깊은 지혜와 과감한 행동, 치밀한 계산, 이익 추구 본능이 합쳐져야 최대의 이익을 얻을 수 있다.

융자 여부는
기업 체질에 달려있다

소규모 회사가 스스로 자본을 마련하려면 대내외 환경을 정확히 분석해 가장 좋은 자금 조달 방식과 루트를 정해야 한다. 그래야만 자본을 경제성·합리성·편리성·안전성이 보장되는 상태에서 축적할 수 있다.

기업 발전에 필요한 자금을 빨리 조달하려면 경제적이고 합리적인 자금 조달 루트를 확립하고, 자금 조달 능력도 갖춰야 한다. 유대인 상인은 회사를 세울 때 자금 조달 능력 제고를 핵심으로 하는 각종 전략적 조치를 마련한다. 여기에는 다음과 같은 내용이 포함되어 있다.

1. 기업의 신용도를 높여 은행에서 유리한 조건으로 대출을 받는다. 은행은 기업에 대출을 해줄 때, 주로 기업의 수익성과 유동성, 상품의 특징 및 수요 상황, 대출 사유와 상환 가능성, 경영 상태와 경영 능력 같은 요소를 기반으로 대출 여부와 대출 규모를 판단한다. 만약 기업의 체질이 뛰어나고, 이

윤이 높으며, 발전 전망도 밝다면 은행에서 장기대출을 받을 수 있다.

2. 기업의 영향력을 확대하고 인지도를 높여 자금 조달 루트를 다수 확보한다. 경영을 잘하면 기업의 인지도를 높일 수 있다. 이는 사회적으로 좋은 이미지를 쌓고, 각종 루트를 통해 자본을 늘리고, 회사채를 발행하고, 회사의 신용도를 높이는 밑거름이 된다. 결국 다양한 자금 조달 루트를 개척하는 데 도움이 되는 것이다. 기업의 체질을 강화하는 것은 기업의 자금 조달 능력을 높이는 데 있어 가장 기본적인 작업이다. 그러므로 기업의 자금 조달 능력을 높이려면 기업 내부 관리 능력과 기업의 체질 강화를 이루어야 한다.

3. 장기적이고 안정적으로 대출을 받을 수 있도록 회사와 금융 기관의 관계를 돈독히 한다. 작은 회사가 유리한 조건하에서 은행 대출을 안정적으로 받으려면 은행과 우호관계를 다져야 한다.

4. 유연한 자금 조달책을 정해 외부 경제 환경의 변화에 융통성 있게 대응한다. 회사를 둘러싼 경제 환경은 끊임없이 변화한다. 이런 변화에 가장 큰 타격을 받는 것은 소규모 회사다. 만약 소규모 회사가 자주 금융의 '조절 밸브'가 된다면 금융 긴축 상황에서는 소규모 회사에 대한 대출이 줄고 반대의 경우에는 대출이 늘어난다. 이런 상황에서 소규모 회사는 유연한 자금 조달책을 마련해 외부 환경의 변화에 융통성 있게 대처

해야 한다.

정리하자면 소규모 회사가 스스로 자본을 마련하려면 대내외 환경을 정확히 분석해 가장 좋은 자금 조달 방식과 루트를 정해야 한다. 그래야만 자본을 경제성·합리성·편리성·안전성이 보장되는 상태에서 축적할 수 있다.

유대인 상인은 자금을 조달할 때, 다음과 같은 3가지 금기 사항을 철저히 조심한다.

1. 가짜뉴스를 만들어내지 않는다.

일부 기업가는 필요한 자금을 제때 받기 위해 수단·방법을 가리지 않는다. 이때 '가짜뉴스 만들기'는 그들이 자주 사용하는 수법 중 하나다. 가짜뉴스는 금방 들통 난다. 일단 들통 나면 필요한 자금도 빌리지 못하고, 명성에도 금이 간다. 이는 앞으로의 융자를 더욱 어렵게 만들 뿐이다.

2. 융자를 받았으면 투자한다.

융자는 투자를 하고 회사 규모를 키우고 이윤을 늘리기 위해서 받는 것이지, 돈을 물 쓰듯 써보려고 받는 것이 아니다. 기업가는 융자를 받아 마련한 돈을 함부로 써서는 안 되며, 흥청망청 낭비하는 것은 더더욱 금물이다. 융자 받은 돈은 꼭 필요한 곳에 써야 한다. 아무렇게나 써버릴 돈이라면 차라리 융자를 받지 않는 것이 낫다.

3. 융자를 무한정 받지는 않는다.

기업가 중에는 더 많은 자금을 마련할 욕심에 '융자는 많이 받을 수록 좋다'고 생각하는 사람이 적지 않다. 사실 이런 생각은 매우 잘 못된 것이다. 융자는 반드시 '꼭 필요한 만큼만' 받아야 한다. 융자도 많이 받으면 탈이 난다는 사실을 명심하라.

이익이
설교보다 강하다

타인의 이익이 나의 이익과 긴밀히 연관돼있을 때만 타인의 일을 내 일처럼 여기니까 말이다. 그 죽은 유대인은 아들이 이러한 진리를 깨우치도록 유도했던 것이다.

유대인의 지혜를 보여주는 이야기가 있다.

오랜 옛날, 예루살렘에 살던 유대인이 여행 도중 병에 걸려 여관에 머물게 되었다. 그는 자신의 병이 깊어 남은 날이 많지 않음을 깨닫고 여관 주인에게 뒷일을 부탁했다.

"나는 죽을 날이 머지 않았습니다. 내가 죽으면 예루살렘에서 찾아오는 이에게 이 물건들을 건네주십시오. 하지만 내가 어느 여관에서 묵었는지는 알려주지 마십시오."

말을 마친 유대인은 곧 숨을 거뒀다. 여관 주인은 유대인의 장례 절차에 따라 그를 묻어주고 마을 사람들에게 이 여행자가 죽었다는 소식과 유언을 전했다. 그리고 그가 남긴 유언대로 예루살렘에서 찾아오는 사람에게 그가 묵었던 여관을 알려주지 말라고 했다.

죽은 사람의 아들은 예루살렘에서 아버지의 죽음을 전해 듣고 곧바로 길을 나섰다. 그러나 아버지가 묵은 여관이 어디였는지 아무도 알려주지 않아 하는 수 없이 직접 찾아 나섰다.

마침 땔감을 메고 지나가는 나무꾼을 본 아들은 그에게서 땔감을 사주면서 자신을 예루살렘에서 온 여행자가 죽은 여관으로 데려다달라고 부탁했다. 그렇게 해서 아들은 나무꾼을 따라 여관에 갔다.

여관 주인이 나무꾼에게 말했다.

"나는 땔감이 필요 없습니다."

이에 나무꾼이 말했다.

"당신에게 팔려는 게 아닙니다. 내 뒤에 서있는 이 사람이 이 땔감을 샀고, 여기로 가져다달라고 했습니다."

여행자의 아들은 자신의 물음에 대한 대답을 거래 조건으로 삼았던 것이다. 이에 땔감장수는 자신의 이익을 위해 아들이 맞닥뜨린 어려운 문제를 대신 해결해주었고 말이다.

이처럼 실질적인 이익을 주는 것이 맨입으로 설교하는 것보다 훨씬 힘이 세다. 타인의 이익이 나의 이익과 긴밀히 연관돼있을 때만 타인의 일을 내 일처럼 여기니까 말이다. 그 죽은 유대인은 아들이 이러한 진리를 깨우치도록 유도했던 것이다.

여직원을 뽑는 것이
더 낫다

> 여성은 사교 능력까지 타고났다. 남성들이 죽을힘을 다해 달려들어도 못 해낼 일을 따뜻한 말 한마디와 부드러운 눈빛만으로 해낸다.

윌리엄 셰익스피어의 비극 작품의 주인공 햄릿이 내뱉은 '약한 자여, 그대의 이름은 여자로다!'라는 말은 인류의 수천 년 역사 속에 자리한 고정관념을 고스란히 보여준다. 그러나 심리학자와 사회학자의 연구에 따르면 여성은 성실·순결·충성·신뢰·열정·인내·흡인력 등 비즈니스에 필요한 특수한 자질을 타고난다.

여성의 많은 장점 중 가장 주목해야 할 것은 직관력이다. 직관력은 정확한 결정을 내리고, 상대방을 파악하며, 사업 전망을 평가하는 데 도움이 된다. 이 밖에도 가정의 안녕과 평안·번영을 추구하는 여성의 본능도 비즈니스 현장에 반영할 수 있다. 유대인이 오늘날 엄청난 부를 거머쥔 것도 '여성'을 제대로 이해한 덕분이다.

유대인 사업가 카퍼의 회사는 여직원이 절대다수를 차지한다.

게다가 유능한 여직원은 갈수록 더 많아지는 추세다. 카퍼는 여직원을 선호하는 이유를 설명하며 여성의 장점을 3가지 꼽았다.

1. 술을 즐기지 않는다. 술만 보면 입꼬리가 올라가는 여성은 매우 드물다.
2. 남성과 노는 데 돈을 쓰지 않는다. 그래서 업무 중에 딴생각을 하지 않아 일을 망칠 염려도 적다.
3. 충성심이 강하다. 여성들은 자신이 일하는 회사에 대한 충성도가 높아 회사를 배신하는 경우가 드물다.

여기에다 여성은 사교 능력까지 타고났다. 남성들이 죽을힘을 다해 달려들어도 못 해낼 일을 따뜻한 말 한마디와 부드러운 눈빛만으로 해낸다.

카퍼가 여직원을 선호하는 것도 사실 매우 이성적인 판단에 따른 행동이다. 그는 일부 여직원은 사장이 리더십을 행사하는 데 방해가 되는 게 사실이지만, 이 문제를 해결하는 것도 그다지 어렵지 않다고 했다. 카퍼의 대책은 이러했다.

1. 대상을 자세히 연구한다. 여성의 특징을 연구하면 여성이 대부분 감성적이고, 타인의 시선을 의식하고, 아부에 약하고, 권위를 두려워하고, 환경의 영향을 쉽게 받으며, 인내심이 강하다는 사실을 알 수 있다. 이러한 특성에 따라 상응하는 방

안을 정할 수 있다.

2. 여직원에 대한 관리 방식을 반성한다. 경영자와 남직원은 여직원을 봐주는 경향이 있다. 만약 기존의 방식을 반성하고 생각과 행동을 바꾸지 않으면 여직원을 효과적으로 관리할 수 없다.

3. 작은 장점도 포상한다. 포상을 받으면 여성들은 경영자에게 감사의 마음을 갖고 더 열심히 일하게 된다. 아부나 듣기 좋은 말에 약한 점을 잘 이용하는 것이다.

4. 여직원들과 회합을 갖는다. 여직원들과 함께 머리를 맞대고 포상을 받을 일을 계속 해나가게끔 분발시키는 방안을 짜내며, 그 실행 방안도 여직원들과 함께 정한다.

5. 책임감을 발휘하게 한다. 여직원들의 의견을 경청하고, 가급적 그녀들이 원하는 일을 맡긴다. 여직원도 남직원처럼 책임을 회피하려는 경향이 있고, 현실에 안주해 더 나아가지 않으려고도 한다. 이런 경향을 방치하면 여성의 잠재력을 충분히 발휘할 수 없다 보니 쉽고 간단한 업무 밖에 맡을 수 없다.

당신의 가치는
손이 아니라 머리에 있다

> 무지하면 성인이 될 수 없고, 천국에 들어갈 수 없다. 세속의 일에만 관심을 두고 돈만 밝히는 사람은 그저 평범한 사람일 뿐이다.

유대인 사이에는 부와 머리의 관계에 대한 이야기가 전해진다.

부자와 가난뱅이가 한자리에 있게 되었다. 가난뱅이는 편안하고 만족스러운 부자의 삶을 보고 이렇게 말했다.

"당신의 집에서 3년만 일을 시켜주세요. 품삯은 필요 없습니다. 그저 숙식만 제공해주시면 됩니다."

부자는 웬 횡재냐 싶어 기꺼이 가난뱅이의 부탁을 들어주었다. 3년 뒤, 약속한 기한이 되자 가난뱅이는 부자의 집을 나와 어딘가로 떠났다.

그로부터 10년이 흐른 뒤, 가난뱅이는 굉장한 부자가 되어있었다. 그와 비교하니 지난날의 부자도 초라해 보일 정도였다. 그래서 부자는 지난날의 가난뱅이에게 거금을 줄 테니 부자가 된 경험을 팔라고 했다. 그 말에 지난날의 가난뱅이는 크게 웃으며 말했다.

"나는 당신에게서 배운 경험으로 돈을 벌었는데, 당신은 돈을 주고 내 경험을 사겠다고 하는군요."

가난뱅이는 3년 동안 부자 곁에 있으면서 부자가 되는 법을 배웠고, 그 방법으로 돈을 모아 지난날의 부자보다 훨씬 부유해졌던 것이다. 부자도 가난뱅이가 자신보다 부유해진 까닭은, 가난뱅이였던 그가 부자의 경험에 자신만의 경험을 더 쌓았기 때문이라는 사실을 깨달았다. 그래서 더 큰 부자가 되기 위해 가난뱅이였던 그 부자의 경험을 사야 했던 것이다.

부자가 되고 싶다면 부자의 경험을 배워야 한다. 배워야만 그들의 경험을 내 것으로 만들 수 있다.

유대인은 아무 생각 없이 그냥 아무렇게나 사업을 하는 것 같지만 사실 그들은 끊임없이 머리를 굴린다. 부는 머리로 일구는 것이라 말한 뒤 "당신의 가치는 손이 아니라 머리에 있습니다"라고 말하면서 다음과 같이 덧붙인다.

"돈은 널렸지만 안타깝게도 당신의 호주머니가 너무 작군요. 당신의 생각이 넓어지면 당신의 지갑도 불룩해질 겁니다."

유대교 랍비들도 이렇게 말한다.

"무지하면 성인이 될 수 없고, 천국에 들어갈 수 없다. 세속의 일에만 관심을 두고 돈만 밝히는 사람은 그저 평범한 사람일 뿐이다."

"상인의 임무는 사고를 넓힐 방도를 강구하는 것이다."

이것이 유대인의 비즈니스 원칙이다.

식탁에서는
업무를 논하지 않는다

> 유대인은 일을 할 때는 일에만 전념하고, 식사를 할 때는 일은 제쳐두고 눈앞의 음식만 즐긴다. 그렇게 해서 체력을 충분히 회복한 유대인은 다시 열심히 일에 몰입한다. 일할 때는 일만 열심히 하고 쉴 때는 다 잊고서 충분히 쉬는 것, 그것이 유대인의 방식이다.

유대인은 절대로 식탁에서 일 이야기를 꺼내지 않는다.

유대인의 업무 스타일은 매우 전투적이다. 1분 1초도 허투루 쓰지 않고 빡빡한 일정을 소화한다. 유대인은 그야말로 죽기 살기로 돈을 번다. 긴장된 분위기 속에서 온종일 열심히 일한다.

그런 뒤에 집에 돌아와 맛있는 저녁을 즐기니 얼마나 행복하겠는가! 맛있는 냄새를 풍기는 음식은 열심히 일한 자신에게 주는 최고의 상이다.

유대인은 맛있는 음식을 좋아한다. 삶은 곧 먹는 것이고, 그러니 먹는 즐거움을 제대로 누려야 한다고 생각한다. 유대인은 말한다.

"맛있는 냄새가 솔솔 풍기는 음식은 하나님이 내리신 선물이므로 마음껏 즐겨야지 대충 아무렇게나 먹어서는 안 된다."

유대인 부자들의 돈 버는 지혜

유대인은 음식을 먹는 것은 매우 수준 높은 즐김이라고 생각한다.

특히 저녁식사 때는 더욱 그렇다. 유대인은 근사하고 화려한 장식이 자신들의 신분과 딱 맞아떨어지는 고급 식당에서 만찬을 즐긴다. 향긋하고 정교한 음식이 올라오면 유대인은 친구들과 다양한 주제에 대해 정답게 이야기를 나눈다. 다만 정치·전쟁·사업·여자에 대해서는 말하지 않는다. 이때는 하루 중 가장 행복한 시간이기 때문이다.

유대인은 낮 동안 열심히 번 돈을 거침없이 쓴다. 그래야 인생이 보람차다고 생각한다. 식사를 마치면 다시 자신만만한 모습으로 업무를 시작한다.

유대인은 정교하고 아름다운 음식을 마음껏 즐길 뿐, 괜히 일 이야기를 꺼내 행복한 시간을 망치지 않는다. 유대인은 일을 할 때는 일에만 전념하고, 식사를 할 때는 일은 제쳐두고 눈앞의 음식만 즐긴다. 그렇게 해서 체력을 충분히 회복한 유대인은 다시 열심히 일에 몰입한다. 일할 때는 일만 열심히 하고 쉴 때는 다 잊고서 충분히 쉬는 것, 그것이 유대인의 방식이다.

유대인은 휴식을 매우 중요하게 생각한다. 일을 너무 힘들게 하기 때문에 약간의 휴식은 업무에도 큰 도움이 되기 때문이다. 또한 삶을 누릴 줄도 아는 유대인은 절대로 일 때문에 먹는 즐거움을 포기하지 않는다.

유대인은 음식을 중요하게 생각한다. 하지만 충분한 휴식과 인생을 누리는 것을 더 중요하게 생각한다.

사실 유대인의 지난 역사를 들여다보면 그들의 생각이 십분 이해가 된다. 2천여 년간 유대인은 모진 박해와 억압 속에서 오직 평안하고 잘 먹고 잘 쉴 수 있는 삶을 바랐다. 마침내 오랜 염원이 이루어졌는데 마다할 이유가 없지 않은가!

유대인은 삶과 맛있는 음식을 즐긴다. 그렇게 해서 건강해진 몸으로 바쁜 업무 때문에 나가떨어지지 않을 만큼 왕성한 정력을 유지한다.

'일에 중독된 사업가'로 유명했던 '석유왕' 존 록펠러도 식사시간에는 일 이야기를 꺼내지 않았다. 그래서 사람들은 "록펠러는 잘 때와 식사할 때만 사업 이야기를 하지 않는다"라고 할 정도였다. 록펠러는 식사를 할 때 오로지 맛있는 음식을 먹는 데만 집중했다. 이런 습관 덕분에 록펠러는 90세의 고령에도 활발하게 일했다. 당시 록펠러는 세계에서 가장 부유한 사람이자 성공한 사업가 중에서 가장 장수한 사람이었다.

젊은이에게
말할 기회를 줘라

새로운 수와 참신한 사고를 가진 젊은이들은 기성세대의 눈과 귀를 틔워주는 역할을 한다. 그러니 젊은이에게 일을 맡겨라. 낡고 딱딱한 것을 거부하고 새로운 관점과 사상을 갖도록 격려하라. 오늘날의 세계는 그들의 것이니까.

한 유대인 상인이 이런 말을 했다.

"만약 모든 사람이 한 방향으로만 걷는다면 이 세상은 뒤집어질 것이다."

옛날 유대인 사회에서는 상의할 일이 있을 때마다 모두 한자리에 모여 토론했다. 그런데 회의를 주재하는 나이든 랍비는 항상 먼저 젊은 사람들에게 발언권을 준 다음에 세상 물정 좀 알고 경험도 있는 사람들에게 발언하도록 했다. 그리고 나서 다 같이 자유롭게 토론하거나 변론하고 나면 연장자이자 권위 있는 랍비가 모두의 의견을 수렴해 공정하게 평가하고 정리한 다음, 최종적인 결정을 내렸다.

《위대한 상인의 비밀》이라는 책에도 이런 내용이 있다. 유대교 법정에서는 먼저 젊은 법관이 발언한 다음, 순차적으로 나머지 사람들이 발언한다.

이처럼 젊은 사람에게 먼저 발언권을 주는 문화 덕분에 유대인은 보다 새롭고 젊은 분위기를 유지할 수 있었다.

만약 젊은 사람이 먼저 발언하기를 거북해하거나 부끄러워하면 랍비가 나서서 용기를 북돋았다.

"진리 앞에서는 나이의 많고 적음이 없습니다. 당신과 나는 모두 진리의 소환에 따라야 합니다."

젊은 사람들의 발언은 새로운 사실을 깨닫게 해주었고, 그들의 젊은 혈기는 다른 사람들에게도 불같은 열정을 전해줬다.

왜 젊은 사람이 먼저 말해야 하는지에 대해 《위대한 상인의 비밀》에는 이런 내용이 있다.

한 사람이 다른 사람에게 말했다.

"젊은 사람을 스승으로 모시는 것은 무엇과 같은가? 이는 마치 덜 익은 포도를 먹는 것, 술독 안에서 술을 마시는 것과 같다. 나이든 사람을 스승으로 모시는 것은 무엇과 같은가? 이는 마치 다 익은 포도를 먹는 것, 오래 묵힌 술을 마시는 것과 같다."

이에 또 다른 사람이 반박했다.

"술병이 아니라 그 안의 내용물을 보아야 하네. 새 술병에도 오래 묵은 술이 담겨있을 수 있고, 오래 된 술병에는 새 술조차 없을 수도 있어."

젊은 사람은 세상 경험이 많지 않기 때문에 유치해 보이지만 고리타분하지 않다. 물론 그것이 지나치게 낭만적이고 비현실적이라는 단점이 있지만, 경험이 적은 만큼 세상에 대한 아름다운 동경과 기대를 품고 있다. 그러나 나이든 사람은 세상을 다 겪었기 때문에 매우 현실적으로 변해 더 이상 비현실적인 것들을 좇지 않는다. 열정을 잃었고 기발한 생각도 사라졌다. 나이든 사람들은 완전히 자신의 경험에 따라 판단한다.

디즈니랜드는 동화 속 세상이다. 그곳에서 수많은 귀여운 동물 캐릭터가 탄생했다. 재치 있고 똑똑한 미키마우스, 어벙하고 둔한 도널드 덕, 활발하고 귀여운 '아기돼지 삼형제', 무섭지만 아기돼지 삼형제에게 휘둘리는 늑대까지 셀 수 없이 많다.

디즈니랜드를 만든 월트 디즈니는 원래 광고회사에 다니다가 그만두고 애니메이션 제작사를 설립했다. 나중에 디즈니는 〈이상한 나라의 앨리스〉라는 애니메이션을 제작했다. 이 애니메이션에서 시선을 사로잡은 것은 천사처럼 귀여운 주인공과 낭만적이고 잘 꾸며낸 애니메이션 디자인이었다. 이 작품은 공개되자마자 엄청난 사회적 반향을 이끌어냈고, 영화제작사들의 러브콜도 쇄도했다.

상상력이 넘치던 디즈니는 뒤이어 〈행운의 토끼 오스왈드〉도 제작해 대중의 열광적인 사랑을 받았다.

그 후 똑똑하고 장난기 많고 성급한 미키마우스가 탄생했다. 뒤이어 찰스 린드버그가 최초로 비행기를 몰아 대서양을 건넌 사건에서 영감을 받아 디즈니도 자신이 만들어낸 미키마우스가 애니메이션 속에서 비행기를 몰고 다니게 했다. 미키마우스가 비행기에서 푸른 하늘로 뛰어오를 때, 전국 각지의 극장도 미키마우스를 보러 온 관객들로 미어터질 지경이었다. 평점을 짜게 주기로 유명한 영화평론가들도 어쩔 수 없이 디즈니에게 엄지를 들어 올렸다.

당시에는 무성흑백영화가 대세였기에 그에 맞춰 제작된 애니메이션은 유치하고 조악하기 그지없었다. 이에 디즈니는 몹시 분노했다.

'더 이상 아이들이 무채색의 세상에서 살게 할 순 없어. 아이들에게 다채로운 세상을 선물할 거야!'

그리하여 컬러애니메이션인 〈꽃과 나무〉가 제작됐고, 곧 〈아기돼지 삼형제〉 그리고 〈백설 공주와 일곱 난쟁이〉도 나왔다. 이들은 애니메이션 팬들의 시선을 사로잡은 세계 최초의 장편 애니메이션들이었다.

1955년, 디즈니는 미국 서부의 캘리포니아 주에 디즈니랜드를 만들었다. 동화를 그대로 옮겨놓은 것만 같은 이곳은 어린이는 물론이고 어른까지 사로잡았다. 디즈니랜드는 미국 서해안의 관광객들이 반드시 들르는 곳이 되었고, 나중에는 피라미드나 바빌론의 공중정원 등 '세계 7대 불가사의'라 불리던 기존의 고대 유적과 어깨를 나란히 하는 '세계 8대 불가사의'로 불리게 되었다.

자신은 마음껏 상상의 나래를 펼치고, 다른 사람들이 이를 즐겁게 소비하도록 하는 것, 이는 디즈니의 생활신조였다.

자신의 상상력과 창의력 덕분에 디즈니는 미국에서 가장 부유한 사람 중 하나가 되었다. 그의 삶은 찬란했다. 스무 살의 그는 빛을 발하기 시작했고, 서른을 넘긴 그는 미국 전역에 이름을 떨쳤으며, 서른여섯 살에는 전 세계에 이름을 알렸다.

이것이 젊은 사람의 힘이다. 이렇게 새로운 수와 참신한 사고를 가진 젊은이들은 기성세대의 눈과 귀를 틔워주는 역할을 한다. 그러니 젊은이에게 일을 맡겨라. 낡고 딱딱한 것을 거부하고 새로운 관점과 사상을 갖도록 격려하라. 오늘날의 세계는 그들의 것이니까.

개성이 없으면
발전도 없다

어떤 상품을 다른 상품과 섞지 마라. 하지만 품질을 높이기 위해서라면 도수가 높은 포도 주를 도수가 낮은 포도주에 쏟아 부을 수도 있다.

개성이 없으면 타인들의 기억에서도 지워진다. 개성 있는 전략, 개성 있는 상품, 개성 있는 관리는 타인들의 기억에도 쏙쏙 박힌다.

《위대한 상인의 비밀》이라는 책에 이런 말이 있다.

"어떤 상품을 다른 상품과 섞지 마라. 하지만 품질을 높이기 위해서라면 도수가 높은 포도주를 도수가 낮은 포도주에 쏟아 부을 수도 있다."

그러니까 오늘날에 들어서야 품질 관리가 시작된 것이 아니라, 일찍이 고대 유대 사회에서부터 품질 관리를 해왔던 모양이다. 유대인은 같은 상품이라도 생산지에 따라 구분하고 관리해야 좋은 가격에 거래할 수 있다는 것을 일찌감치 알고 있었던 것이다.

어떠한 차이에라도 세심한 관심을 기울여야 한다. 바로 그 차이가 큰 이득을 가져올 수 있기 때문이다. 같은 종류의 기존 상품을 대체할 신상품을 내놓아야 한다. 그래야 차이가 곧 돈이 된다.

오늘날처럼 경쟁이 치열한 시대에는 창의적이어야 살아남을 수 있고, 시장경쟁에서 이길 수 있으며, 경쟁자를 꺾을 수 있다.

기업이 기적적인 고속 성장을 이룰 방법은 오로지 혁신뿐이다. 혁신적이지 못한 기업은 정체되고 도태된다. 유대인 기업을 보면 잘 알 수 있다. 유대인 사업가는 항상 남들이 생각지도 못한 기발한 아이디어로 경쟁자를 제치고 승리한다.

유대인 부호 케몬스 윌슨은 호텔 사업을 구상하면서 일류 호텔을 짓기로 결심했다. 그의 호텔에는 객실마다 에어컨이 설치됐다. 즉, 최초로 객실마다 에어컨을 설치한 호텔이 된 것이다.

또 객실마다 텔레비전도 설치했다. 그리하여 여행객들은 여행길의 낯선 풍광을 즐기고 나서 외로움을 느낄 새도 없이 재미있는 프로그램을 시청할 수 있게 되었다. 또한 아이들을 위해 특별히 수영장을 만들고, 아이들을 돌봐주는 서비스도 늘렸다. 심지어 여행객의 애완견이 머물 개집을 무료로 제공하기도 했다. 이 모든 것들이 당시에는 파격적인 아이디어였다.

방안 가득 비치는 햇살, 가슴이 탁 트이게 해주는 맑은 공기, 부드럽고 편안한 색상의 인테리어, 포근한 객실 환경에 투숙객의 마음에도 봄바람이 일었다. 그 결과, 다른 호텔은 텅텅 비어 죽을상인데 윌슨의 호텔은 밀려드는 손님에 즐거운 비명을 질렀다.

윌슨의 '홀리데이인' 호텔이 성공한 까닭은 당시의 평범한 호텔 경영 방식을 혁신해 최신 설비를 들이고 손님의 '홀리데이ᴴᵒˡˡʸᵈᵃʸ(휴일)'를 겨냥한 맞춤식 서비스를 제공하는 등 다른 호텔들과의 비교를 불허하는 수준의 경쟁력과 특징을 갖췄기 때문이다.

어떤 것이라도 나름의 개성이 있어야 한다. '개성이 있어야 살아남는다'는 진리는 수많은 기업들에 의해 증명되고 있다.

유대인은 이렇게 생각한다.

'비즈니스의 개성은 독창적인 경영이념, 특별한 경영 방식, 환경의 차이로 인해 단순모방이 불가능한 상품 품종과 가격 등의 요소가 합쳐져 형성된다.'

유대인이 볼 때, 사업의 성패는 비즈니스 관념이 시대의 흐름을 맞출 수 있는가에 달려있다. 우리는 없는 것이 없는 시대를 살아가고 있다. 이런 시대에 개성의 부재는 곧 도태를 뜻한다.

결코 낙심하지
않는다

실패는 학습곡선과 경험곡선의 독립변수다. 실패를 겪어봐야 다음 성공을 위한 깨달음을
얻고, 경험도 쌓을 수 있다.

　　줄리어스 로젠월드는 미국 시어스 백화점의 최대 주주로 20세
기 미국 재계를 주름잡던 인물이다. 그러나 의류 사업으로 백만장자
가 된 이 인물도 숱한 실패와 어려움을 겪었다.

　　로젠월드는 1862년 독일의 한 유대인 가정에서 태어났다. 소년
기에 미국으로 이주해 일리노이 주 스프링필드 시에 정착했다.

　　가정 형편이 어려웠던 로젠월드는 중학교를 졸업하고 뉴욕으로
건너가 옷가게에서 허드렛일을 하기 시작했다. 로젠월드는 어려서
부터 유대인식 가정교육을 받은 덕에 고달프고 힘들어도 꿋꿋이 참
고 견디는 '악바리정신'이 강했다.

　　로젠월드는 마음속으로 굳게 믿었다.

　　'누구에게나 빛을 발할 날이 온다. 목표를 향해 포기하지 않고

끊임없이 나아가면 틀림없이 뜻을 이룰 수 있다.'

로젠월드는 이런 마음으로 열심히 일해 수백 달러를 모았다.

로젠월드는 '의류업체 사장'이 되겠다고 마음먹었다. 이 목표를 이루기 위해 로젠월드는 일하는 중에도 학업을 손에서 놓지 않고 시장 상황을 유심히 살폈다. 그는 남는 시간에 틈틈이 비즈니스를 공부하고 관련 서적을 찾아 읽었다. 1884년, 로젠월드는 경험과 자금이 어느 정도 쌓였다고 생각해 옷가게를 차렸다.

그러나 사업은 생각보다 만만치 않았다. 가게를 차린 지 1년 남짓 됐을 무렵, 몇 년 동안 알뜰살뜰 모은 피 같은 돈이 바닥나고 말았다. 어쩔 수 없이 가게 문을 닫은 로젠월드는 낙심한 채 뉴욕을 떠나 일리노이 주로 돌아갔다.

로젠월드는 실패의 원인을 찾으려 애썼다. 그리고 기나긴 고민 끝에 드디어 이유를 알아냈다. 옷은 생활필수품이자 장식품이다. 따라서 실용적이면서도 참신한 매력이 있어야 고객의 눈을 사로잡을 수 있다. 그런데 로젠월드의 옷가게는 별다른 특색도, 참신하거나 매력적인 디자인도 없었다. 게다가 신용과 명예를 쌓을 만큼의 시간이 부족했고, 판매망도 확보하지 못했다. 이런데도 실패하지 않는다면 그것이야말로 이상할 노릇일 것이다.

실패의 원인을 알았으니 잘못된 점을 고치면 될 터였다. 로젠월드는 낙담하지 않고 계속 의류업에 대해 공부하고 경영법을 연구했다. 그는 의류디자인학교에 다니면서 의류업계에 대해 시장 조사를 실시했다. 특히 세계 각국의 유행 의상을 연구하고 분석했다.

1년 뒤, 의류디자인에 대해 나름의 철학이 생기고 시장 동향도 어느 정도 파악한 로젠월드는 다시 시작할 때가 되었다고 생각했다.

로젠월드는 친구에게서 수백 달러를 빌려 시카고에 10제곱미터 남짓한 크기의 의류수선가게를 차렸다. 로젠월드는 가게에 자신이 직접 디자인한 의류 도안을 전시하기도 했고, 손님의 요구대로 기성복을 수선하기도 했으며, 아예 손님이 설명하는 디자인의 새옷을 만들기도 했다.

로젠월드는 다양한 디자인의 옷을 선보였는데, 하나같이 참신하고 아름다웠다. 게다가 수완이 좋은 덕에 금세 손님들의 호평을 사서 장사는 날로 번창했다.

2년 뒤, 로젠월드는 기존의 수선가게를 수십 배 확장한 의류업체를 세우고 다양한 유행 의류를 대량 생산하기 시작했다. 이때부터 로젠월드의 주머니는 날로 두둑해졌고, 명성도 날로 높아졌다.

비즈니스맨은 실패를 두려워해서는 안 된다. '발명왕' 토머스 에디슨처럼 아무리 실패하더라도 훌훌 털어버릴 줄 알아야 한다. 에디슨은 평생 수천 가지 발명품을 세상에 내놓았다. 누군가가 에디슨에게 숱한 실패를 거듭하면서 낙심한 적이 없느냐고 묻자 에디슨은 이렇게 대답했다.

"낙심한 적은 없습니다. 나는 잘못된 실험 방법을 버리고 새로운 방법으로 다시 실험할 뿐, 절대로 낙심하지 않습니다."

백번 옳은 말씀이다. 실패했다고 낙심하지 마라! 현대 관리학에서는 이렇게 말한다.

"실패는 학습곡선과 경험곡선의 독립변수다. 실패를 겪어봐야 다음 성공을 위한 깨달음을 얻고, 경험도 쌓을 수 있다."

유대인 부자들의 돈 버는 지혜

초판 1쇄 인쇄 2021년 5월 25일
초판 1쇄 발행 2021년 5월 30일

지은이 시멍
옮긴이 정주은
펴낸이 인창수
펴낸곳 태인문화사
디자인 플러스
신고번호 제10-962호(1994년 4월 12일)
주소 서울시 마포구 독막로 28길 34
전화 02-704-5736
팩스 02-324-5736
이메일 taeinbooks@naver.com

ISBN 978-89-85817-91-2 03320